# 超级达坂城
# CHAOJI DABANCHENG

刘云　著

廣東省出版集團
花城出版社

图书在版编目（CIP）数据

超级达坂城：另类人才战略/刘云著—广州：花城出版社，2007.5
ISBN 978-7-5360-5018-1

Ⅰ.超...　Ⅱ.刘...　Ⅲ.人才学—通俗读物
Ⅳ.C96—49

中国版本图书馆 CIP 数据核字（2006）第 159692 号

责任编辑：欧阳衡
技术编辑：易　平
封面设计：罗子安

---

出版发行　花城出版社
（广州市环市东路水荫路 11 号）
经　　销　全国新华书店
印　　刷　佛山市浩文彩色印刷有限公司
（南海区狮山科技工业园A区）
开　　本　787×1092 毫米　16 开
印　　张　15.375　1 插页
字　　数　300,000 字
版　　次　2007 年 6 月第 1 版　2007 年 6 月第 1 次印刷
印　　数　8,000 册
定　　价　32.00 元

---

如发现印装质量问题，请直接与印刷厂联系调换。
购书热线：020—37604658　37602819
欢迎登陆花城出版社网站：http://www.fcph.com.cn

# 目录
# CONTENTS

## 上篇　造就天才

## 下篇　培养人才

# 前　言

2003年12月，全国第一次人才工作会议在北京召开，胡锦涛总书记在讲话中指出："要牢固树立人才资源是第一资源的观念，大力实施人才强国战略。"据2006年3月17日新华社发布的"十一五"规划纲要，纲要第二十九章标题为"推进人才强国战略"。

自从胡锦涛总书记提出人才强国战略后，报刊上发表的相关文章不计其数。这些文章都有各自的可取之处，但给读者的印象是，这些文章所研究的人才强国战略均属常规型人才战略与思路，笔者并无意否定这种常规型人才战略与思路。但《孙子兵法》曰：以正合，以奇胜。意思是指在正面与敌军交战的同时，要以奇兵、奇计出奇制胜。所以实施人才强国战略，不仅需要常规型人才战略与思路，还需要超常规乃至反常规的人才战略思路与思路，我们可称之为另类人才战略。另类人才战略并不是要取代常规型人才战略，而是对常规型人才战略的有益补充和完善。有了另类人才战略的支撑，常规型人才战略才能更有效地贯彻执行，并取得更好的效果。另类人才战略用《孙子兵法》的话来讲就是以奇制胜、取得奇效。

凡读过笔者《中国制造》（1999年）一书的读者，留下的最深印象是另类，这倒不是笔者有意为之，而是事出无奈，是因为没有其他人研究和提出这些另类观点。坦率地讲本书的另类色彩远远超过《中国制造》，读者仅从本书的书名和目录就可看出这点，另类人才战略是本书的最大特点，也是本书的主题。

本书的结构分为两大部分，本书上篇前四章主要是论述通过实施美女战略来产催生"达坂城效应"，以造就乃至人工制造大量天才。本书下篇后五章主要是论述通过教育创新来培养人才，通过人力资源管理的创新来充分开发全社会每个人的潜能和特长，使人人成才、个个成功。

本书第一章的主题是美女战略，但美女战略决不等同于美女经济，现在美女经济是个时髦话题，美女经济的实质，一言以蔽之，就是利用女性的容貌、身体甚至性的特征来刺激消费，追逐经济利益，一本据称是国内美女经济奠基作的专著下了个"权威定义"：美女经济就是围绕美女资源所进行的财富创造和分配的经济活动。在这里，将女性商品化和工具化的意图是十分明显的，商业机构操纵女性的身体与容貌，使之沦为赚钱机器，女性的独立人格和社会价值荡然无存，而女性的形象和尊严也受到极大的贬损。这样庸俗的美女经济自然不是本书探讨的对象。本书虽也论述美女问题，但侧重的是美女优秀的遗传基因和美女所生高智商混血儿，并把美女基因、美女混血儿与国家战略这两个表面看来没有任何联系的领域紧密结合起来，可称之为美女战略，这样的研究思路大概在世界范围内都是第一次，相信会引起读者的兴趣。

央视"非常6＋1"节目制片人哈文是李咏的夫人兼领导，李咏有一次对全国电视观众"坦白交代"，说他和夫人从大一就开始恋爱。正是由于上大学（原北京广播学院，现中国传媒大学），才为来自新疆的乌鲁木齐李咏和来自青岛的哈文提供了相识相恋的机会，李咏紧紧抓住了这个机会，组成了一个跨省的"达坂城家庭"，生了一个特别聪明漂亮、人见人爱的"达坂城女儿"。媒体报道说，李咏最引以为傲的是其聪明过人的女儿，李咏逢人就夸自己的女儿如何聪明，这就是跨省远缘通婚的优势与好处。可以说美女的产生与通婚圈密切相关，笔者主张未婚青年在恋爱择偶时应效法李咏，跳出本乡本土择偶的小圈子，尽力拓展自己通婚圈，最好把通婚圈拓展到国外，娶个西洋媳妇，生个聪明漂亮的中西混血儿，本书对如何娶洋媳妇提出了一些另类建议和设想，供未婚男性参考。

本书还有大量成功学（励志）方面的内容，因此，此书也可以说是一本风格独特的成功学全书，完全适合于众多在人生道路上饱尝艰辛，却始终收效甚微乃至一事无成、渴望成功却找不到前进方向的人士阅读。

每个青年人所追求的目标都是婚姻圆满、事业有成、孩子聪明，本书将有助于每个青年人实现这一梦想目标。

在本书的封面上有以下五句话：

本书是中国第一部另类美女战略专著，另类择偶通婚专著，另类励志成功专著，另类人才战略专著，另类教育战略专著，这五句话表明本书内容分为五大板块，按通常做法，为了做到主题集中，这五大板块应各出一本书，如同各管一段的铁路警察，择偶通婚的书只是单一论述择偶通婚；成功学（励志）的书籍只是单一论述成功学（励志）方面的内容；教育的书只是单一论述教育……总之，这些众多的，以单一论述、单一板块为特征几大类书籍，将几大板块的内容完全割裂开来，使之成为互不联系的碎片，把读者变成挖煤的矿工，只能看到眼前的一小片，只能使读者从狭窄、单一的角度来观察、思考问题，因而有待改进和完善。而且读者分别买这五大板块的书，花费也很贵，而本书把这五大板块内容有机地串联为一体，一本书顶五本书，花费省得多。

每个人的一生都要经过教育与学习、成功励志、择偶通婚这三大阶段，不能各说各的，把三大阶段完全割裂开来。社会是多样化，读者需求也是多样化的。读者肯定希望不仅有以单一论述、单一板块为特征这几类书籍，还希望有综合性的书籍出版，本书在这方面做了大胆的尝试与探索。本书的与众不同之处在于，以读者闻所未闻的另类观点把教育、励志、择偶三大板块有机地串联成一个整体。能使读者像大地测绘员一样拥有一个非常开阔的视野，而不是像挖煤的矿工只看到眼前的一小片，能使读者以开阔的思路来观察、思考问题，为读者及其子女在三大阶段的困惑与难题提供全程、全方位的指导帮助，相信每个读者都会从中受益。对本书不足之处欢迎读者批评指正。

# 上篇　造就天才

# 第一章　美女战略论

## （一）达坂城漂亮姑娘产生与消失之谜

家喻户晓的新疆民歌《达坂城的姑娘》中所说的“达坂城”位于天山东段最高峰博格达峰南部，距乌鲁木齐市区仅80多公里，312国道在城中穿过，从乌鲁木齐去吐鲁番，达坂城是必经之地。《达坂城的姑娘》使这所小镇名扬天下，有不少游客慕名而来，想欣赏达坂城长辫子的漂亮姑娘，其结果往往是乘兴而来，失望而去，因为达坂城并没有多少漂亮姑娘。早在1991年12月，时任乌鲁木齐市市长的王素甫·艾沙（现任新疆自治区副主席）到达坂城检查工作，又听到了这首歌，不由得留心起达坂城的姑娘们，然而他十分失望，低沉问随行干部：“漂亮的达坂城姑娘哪里去了，都被侏儒和傻子代替了吗？”那么达坂城的漂亮姑娘到哪里去呢？

在生物领域，血缘关系很远的同类物种进行交配后所产生的后代，往往能同时继承父母（雄雌）双方的优点，产生杂交优势。如在植物中，野生稻种与家稻杂交产生优质高产的杂交水稻，为解决13亿人口吃饭立下了头功，对人类社会来说也是如此。

医学与遗传学研究一致认为，近亲结婚的男女，或虽不是近亲结婚，而是近距离、小范围的通婚，夫妻双方来自同一祖先的基因很多，某些基因总有一定的缺陷，如夫妻双方有相同的缺陷基因，极容易使自己身上存在的缺陷基因遗传给后代而致病，所以小范围、近距离通婚会严重影响下一代的素质。世界卫生组织的一项调查表明，通婚圈小的民族和较开放的民族相比较，前者的各种遗传性疾病的发病率比后者高215倍。血缘亲近的男女所生的子女为畸形的比率也比通婚圈大的高150多倍，婴儿死亡率则高3倍多。现代医学公认，通婚圈大，范围广、距离远，可以防止共同祖先的血亲婚配。男女双方通婚圈越大、通婚距离越远，血缘关系也就越远，下一代的质量就越高，就越易生育一个聪明漂亮的孩子。用医学术语叫远缘婚配，即两个血缘关系相距甚远的人通婚，说得难听点就是所谓“杂交优势”。

巴西一个村庄有这样一个不成文的规定，女嫁千里之外，媳妇也必须娶千里之外。由于该村通婚者血缘关系很远，故其后代个个聪明漂亮。

据新华社2006年1月15日电：英国科学家最新研究表明，混血人种，特别是欧亚混血人种，由于父母双方没有任何血缘关系，其混血后代拥有某些更健康的遗传优势，从外表来看也更有魅力。心理学家菲尔德曼说："混血人种可消除面部的一些不对称的不同特性。因而显得更有魅力。"

英国科学家的研究还表明，基因多样性和美丽之间存在某种联系。英国利物浦大学生物学家罗伯茨进行了一项个体魅力的实验，将美丽和基因的多样性相对照，结果发现基因的多样性对免疫系统的强度有很大影响。欧亚混血儿由于继承了来自两个不同人种的基因，其基因的多样性使其容貌和身材对异性更具的吸引力，身体更为健康。

据我国优生学专家研究，省内异地通婚，智商可提高 5 分，跨省通婚，后代智商平均可提高 10 分。中西跨国通婚情况下，后代智商平均可提高 15 分。混血儿之所以聪明漂亮，道理也就在这里。

智商提高 5 分不等同于智力提高 5%，两人智商相差 5 分，差距就很明显，决定了两人谁能考上重点中学、谁上普通中学；谁能考上重点大学、谁上普通大学；谁能考上研究生、谁只能读完本科。两人智商相差 10 分，差距就很大了。

翻开史料，在清初 1760 年前后，清政府从陕、甘、宁等各省组织移民到新疆达坂城屯垦，血缘关系很远的不同省份移民相互通婚所产生的远缘婚配造就了一大批漂亮姑娘。小小的达坂城因《达坂城的姑娘》这首民歌而闻名全国。然而，自私的达坂城男人为了把漂亮姑娘统统占为己有，不准漂亮姑娘嫁出去，只能嫁给家族内的人，通婚圈的狭小使现在到达坂城的游客已难以目睹达坂城姑娘昔日的风采。不过类似清朝初年达坂城这种远缘婚配现象在国内外和自然界普遍存在，笔者为这种现象取了个新名词即"达坂城效应"。

### 1. "达坂鼠"

人们总是以为自己处于"进化"的顶峰。其实，很多生物的自身完善程度远远超前于人类，比如老鼠。英国科学家的一项研究结果表明，人类基因的健全、健康程度要达到目前鼠类的水平，还需要几万年甚至几十万年的自然选择。

由于人类迁移的困难和群居生活，古人类在选择配偶时余地太小，在几十万年间不得不小范围乃至近亲交配，致使基因演化不完善。让现代人类痛苦不已的很多疾病，追根溯源都由此产生。

相比之下，鼠类要幸运得多。在古猿只有一万只左右的时代，鼠类数量就已经很多了，且分布广泛，能做到远缘交配。因此，鼠类基因"病变"很少，任何不良变异基因通过远缘交配很快就会在鼠类演化过程中被自然选择法则消灭。

笔者对这项研究成果要补交的一点，老鼠是对自然环境适应能力最强的物种之一。从冰天雪地的极地到高温酷暑的赤道，老鼠的踪影无处不在，自然环境对老鼠迁移影响不大。当然更不会受到人类社会诸如户籍、住房、工作、环境之类限制，这使老鼠可随心所欲的迁移。加之老鼠的本性是四处乱窜，会从东窜到西、从南窜到北，不会像人一样在一个地方老老实实呆一辈子，这使老鼠的活动范围、交配圈比人大得多，“达坂城效应”在老鼠身上得到很好体现，自然界中的老鼠大概个个都是远缘交配所生的“达坂鼠”，这使老鼠非常聪明，人鼠大战中总是老鼠占上风，老鼠是越灭越多。大概再进化几百万年，依靠“达坂城效应”，自然界中的老鼠自然一代更比一代强，鼠丁兴旺、鼠患愈烈，总有一天会“鼠智”过人，老鼠也许会控制乃至统治人，但愿这不是危言耸听。

## 2.“超级达坂国”与“超级达坂城”

众所周知，美国是一个典型移民国家，来自世界上各个国家、各个民族的移民远缘婚配的现象在美国十分普遍，远缘婚配组成的“达坂城家庭”比比皆是。可以说美国遍地都是混血儿，遍地都是“达坂城”，于是众多的“达坂城”组成了一个“超级达坂国”，这极大地提高了美国人素质。美国能在科技、经济上居世界领先地位，应该说与此密切相关。日本曾讥讽美国是个杂种国家，然而混血优势或远缘婚配恰是美国保持自己超级大国地位的一张王牌。

不少国外移民登陆美国时往往把纽约作为第一站，其中一些人就在纽约定居下来，于是在纽约有来自世界上百个国家的移民，民族的数量多达几百种，可以说世界上人数稍多的民族都可在纽约找到，民族的多样性是纽约一大特色，这在世界性大城市中是十分罕见的，纽约也因此被誉为人种大熔炉。跨民族远缘婚配现象在纽约十分普遍，有的混血儿身上融合了三四种民族的血统，因此在纽约大街上，满眼都是美女，这就是远缘婚配的优势。如果说美国是“超级达坂国”，纽约则是当之无愧的“超级达坂城”。

## 3.澳洲的“达坂城”

据2000年8月2日《中国妇女报》报道（白兰：悉尼遍地是美女）：客居澳洲，常听当地人自豪地宣称：“咱们悉尼出美女!”的确，只要稍加观察，你就不能不承认：“悉尼的确是个美人窝窝!”漫步街头，总有几个似从画里走下来的绝色女子袅袅娜娜撞进眼帘，令你似梦非梦，顿感惊艳。澳洲虽是英语背景，但这些美女却不一定都是英国的蓝眼白肤、高鼻金发的盎格鲁·撒克逊纯种，有的头发、眼睛、肤色等已经“变异”（如栗发、灰眼、棕肤），有的索性就是一副亚裔面孔或非裔面孔……然而，这一份变奏之美却丝毫不逊色于出过绝代佳人黛安娜的英伦三岛，相比之下，却更趋“绚烂多彩”。这里面自然有环境、气候、饮食等原因，但究其根底，恐怕还是

“杂交”的优势所致——澳洲是一个移民国家，而悉尼则又是移民的主要聚居地（与美国的纽约类似）。据悉尼有关部门统计，目前，悉尼的外来移民和原住居民的比例已是 7∶3，也就是说，每 10 个悉尼人中有 7 个是外地移民，只有 3 个是原住居民，而这个数字还不包括在悉尼出生的每二代、第三代移民。澳洲提倡“多元化”，异族通婚很常见，故混血儿的比例远远高于其他欧洲国家，即便是较为保守的英裔家庭，也难免没有“异族入侵”。

在 2000 年奥运会中，悉尼的有关方面很懂得如何利用自己的“美女优势资源”大作宣传，以吸引各国的游客。除了环境、气候、风光、人文之外，其中重要的一条就是“美女招徕”——如专门选拔培训一批美女来参与奥运会开幕式上的服装表演，为奥运会提供服务。但凡五环“出击”，皆有美女“赤膊”（指身穿吊带裙）上阵，就连宣传悉尼奥运会的小册子里，也不忘印上几个性感悉尼美女。

## 4. 巴西的“达坂州”

光洁的肌肤、高挑的身材、完美的线条，这些源于优秀遗传基因的品质正使位于巴西最南部的南里奥格兰德州成为享誉国内外的一个模特之邦。在南里奥格兰德州居住的绝大多数是欧洲人的后裔，在 20 世纪初期，大量的德国人、波兰人和意大利人移居这里。长时间的不同人种杂居和远缘婚配，使该地成为巴西的“达坂州”，产生出最优良的混血儿，造就了浑然天成的美女体形和风姿，被誉为“美丽人口密度”最高的地区，这里注定要成为提炼顶尖模特的“富矿”。

如今的世界第一名模也是巴西第一名模特吉塞拉就来自南里奥格兰德州。现在，因为吉塞拉的一炮走红，作为经理人的斯坦因也在时装界声名大噪。

吉塞拉已经成为巴西模特著名的招牌，这位经纪人毫不掩饰地透露，自己手下的模特几乎有一半来自南里奥格兰德州，南里奥格兰德州已经成为巴西最大的“模特出产基地”。

斯坦因已在南里奥格兰德州开始了一项名为“觅芳”计划，希望能够继续挖掘出一些具有模特天分的巴西女孩子。

南里奥格兰德州是一个以农业为主的贫穷地区，那里的女孩子做梦都想跳出农门，更不要说是能够前往令无数都市女孩子也望眼欲穿的国际时装天桥了，所以这个隐藏了巨大商业利益的“觅芳”计划如今在巴西十分引人瞩目。

斯坦因希望在南里奥格兰德州能够挖掘出 8000 名具有模特潜质的女孩子，之所以抱有这么高的期望，斯坦因有自己的理由，因为贫穷偏僻的南里奥格兰德州虽然只拥有巴西总人口的 6%，却为这个国家贡献了 40%到 50%的顶尖模特。换句话说，这里是巴西“美丽人口密度”最高的地区，是巴西的“达坂洲”。

无独有偶，在另一个南美国家委内瑞拉，“世界小姐”“环球小姐”两项桂冠经常戴到委内瑞拉美女们头上，被誉为美女之国。来自“美女之国”的冈萨雷斯大使自豪地对中国记者说：“是的，委内瑞拉的女人十分美貌，可能是因为我们的印第安人和欧洲人混血人口占大多数的缘故。在我们国家，你可以发现闪着湛蓝双眸的黑皮肤少女，飘着漆黑长发的白皮肤少女或金发碧眼的棕色皮肤姑娘，她们都天生散发着美女的光辉，所以我们的确是一个美女之国。”

## 5. 北京的“达坂镇”

据《北京青年报》报道，中专奖500元，大专奖1000元，京郊西红门镇兴起了远招远娶。

近一段时间，本来就很繁忙的大兴县西红门镇政府的公务员们又多了一项工作。计划生育办公室的李主任常常接到咨询电话，问到西红门落户的事。主管文教卫生的马士刚副镇长桌上堆了几十封天南海北的自荐信，请求镇政府给他们做红娘，能在西红门镇成个家。而帅镇长则忙着接待记者们的采访。就连传达室的大妈也没得空，找上门来的家长们在她那儿问这问那……

是什么让这个普通京郊小镇如此受人关注？原来自去年起，西红门镇的民政部门实施了一项特别的奖励政策；本镇的适龄青年，若与外地人在此成亲有奖！外地嫁娶对象学历是高中、中专的奖500元，学历在大专以上奖1000元。到今年6月1日前，镇政府将集中奖励六七对这样的新人。

在北京市计生系统的工作经验交流会上，西红门镇的这项特别政策只露了一个小小的头，就成了记者们关注的对象，于是，短短一篇新闻报道就引来了四面八方想落户的人。马副镇长是又喜又愁，喜的是一石激起千层浪，他们当初制定政策的初衷——改变当地人择偶观念，扩大通婚圈的目的达到了。愁的是，天南海北的自荐者们一时又无法答复。于是，这个小镇又开始筹备建立自己的婚姻介绍所，打算通过闭路电视介绍自荐者们的情况。

帅镇长最初到西红门镇来工作是在工商所，每天她上班时，都能看见镇上十多个智残人聚在那里。每一次看见他们，帅镇长的心就一沉。她说：“人生无知是最悲惨的!”

西红门镇位于大兴与丰台的交界处，方圆10平方公里，人口11000多人，是一个大的自然村，是满、汉、回三族聚居地，其中有三个小队是回民村，他们由于民族习惯更愿意在本民族内选择配偶。计生办的李主任介绍，1995年他们在镇小学搞了一次智商测试，结果让人大吃一惊：1100位在校小学生中，130人智商水平达不到国家正常智力标准，而达到聪明标准的却无一人。镇领导们分析，由于西红门镇特殊的封闭环境，镇里人难与城里人结婚，又不愿与外乡人结婚，近20年来本地通婚率极高，甚至有人认为“找不到本镇的对象是没本事”！结果，通婚双方往往乡里乡亲、沾亲带故，狭小的通婚圈严重影响人口素质。

要想提高当地的人口素质，得从扩大通婚圈这个根上下手。用帅镇长的话说，“再这样下去，20 年后西红门就找不出人才了!”于是，镇政府发动了一场宣传攻势，大会小会讲扩大通婚圈的好处，还请专家做讲座。后来政策出台，镇人代会正式通过了前面介绍的远招远娶的奖励政策，镇里做父母的也爱对子女说，“你找对象，要是咱本镇的，我可不答应!”

有大学学历的内蒙古姑娘阎梅嫁到西红门有阵子了。她不仅在镇中学找到了自己喜爱的教书工作，也生下了可爱的宝宝。她家那个刚有两个月大的宝宝人见人爱，透着股机灵劲儿。

而本镇的另一家人就没这么幸福了，两口子都是本镇人，生下的两个孩子却都患有苯丙酮尿症，虽然外表没什么毛病，可智力发育却迟滞不前。到医院检查的结果，是父母双方的遗传所致，让人称奇的是，这种万分之一的发病率，竟让这两口子占了，而且成了亲、生了子。当然，这里有巧合，但谁也不能否认狭小的通婚圈是个重要原因。

苯丙酮尿症的形成除了遗传因素还有环境因素，通婚圈狭小，甚至有可能往上数十几代都有可能是个共同的祖宗，对于优生而言，自然是不利的。

西红门镇人均年纯收入为 7800 元，比起一些富裕乡镇来说并不算富。但他们投在优生优育上的人力、财力可算有胆有识。政府出资奖励远招远娶，更新择偶观念，这在全国也许是第一家，照此下去再过十多年，远招远娶所产生“达坂城效应”必将在西红门镇显现出来，西红门镇将成为京郊的“达坂城”，北京人再也不用千里迢迢地去新疆达坂城看漂亮姑娘，完全可以舍远求近，京郊“达坂城”——西红门镇去欣赏漂亮姑娘。

## 6. 军中的“达坂营”

据笔者观察，军官的后代大都聪明漂亮，比如在央视时常可看到空军蓝天幼儿园的精彩演出。原因何在呢？按部队服役规定，服役者应远离家乡出生地即原籍，来自北方的军官大都到南方服役，来自南方的军官大都到北方服役，来自东部的军官大都到西部服役，自西部的军官大都到东部服役，因此任何一个军营的军官都来自祖国的四面八方，来自当地土生土长的军官并不多。现在的青年军官不同于老一辈军官，不愿千里迢迢回老家找对象，一般倾向与军营附近特别是城市女青年结合，正因军营的军官都来自祖国的四面八方，有效扩大了军营附近女青年的通婚范围，军营于是成了“达坂营”，自然产生“达坂城效应”。

“神六”航天员聂海胜就是一个这方面的典型，1987 年，聂海胜从空军第七飞行学院毕业后分配到江西南昌市航空兵某师任飞行员，随着年龄的增长，他的个人问题也被提上议事日程，他的生活环境几乎没有女性，更别说谈情说爱。在聂海胜所在的部队，像他这样的青年军官为数不少，为解决他们的个人问题，聂海胜所在部队的首长决定和附近一家医院开一次联欢会，就是在这次联欢会上，聂海胜认识了现在的妻子聂捷琳。聂海胜是湖北人，聂捷琳是江西人，他们组成了一个跨省远距离通婚的“达坂城家庭”，产生“达坂城效应”，在 1994 年生了个“达坂城后代”即他们的女儿，他们的女儿自然特别聪明漂亮，上学后学习成绩一直名列班级前茅。央视曾播过聂海胜在“神六”上与妻子女儿的天地对话，相信很多电视观众对聂海胜聪明漂亮的女儿印象深刻。

与军营类似的是，我国企事业单位可分为中央直属单位和地方单位两大类，中央直属单位在人员构成上，像军营一样，来自祖国的四面八方的人多，单位内部通婚圈大，后代素质高，北京的中央直属机关和单位是这方面的典型。而地方单位主要是由土生土长的当地人组成，通婚圈小，后代素质明显不如中央直属单位。

### 7. 空中的“达坂机”

初次乘坐客机的人都对貌若仙女的空中小姐印象深刻，目前乘坐飞机的基本上是国内高收入阶层，或者说精英阶层，按照传统的郎才女貌的择偶模式，男乘客追求空中小姐的事很常见，空中小姐也乐于嫁给这些精英乘客，空中小姐与乘客恋爱通婚现象很常见，而任何一班乘客都来自祖国的四面八方，这使得空中小姐通婚圈比常人大得多，“达坂城效应”在空中小姐的通婚上得到了很好的体现。笔者有一位朋友在航空公司工作，据他观察，航空公司幼儿园中最漂亮、最聪明的小朋友十有八九是空中小姐的后代。

## （二）任长霞是高智商的天才

在个别人看来，任长霞是仅靠其道德品质和精神力量而成就的一个典型，任长霞是一个与普通人差不多的凡夫俗子。可笔者以极其崇敬的心情看了任长霞的有关报道后，一个很深的感受是任长霞的成功决不仅靠其道德品质和拼搏精神（这也是媒体着力宣传的），任长霞决不是个凡人，而是一个罕见的高智商天才，这正是被很多人所忽略的。当然没有任何一篇报道专门介绍任长霞如何聪明，但如果把一些报道中零散的相关内容合并在一起，我们就可以发现任长霞无论从哪个方面来讲都是少见的高智商天才。

1981 年，任长霞在 100 多名新生中以最高分考入当时的河南省公安干部学校（现河南省警察学校），两年学习期间她一直是一位品学兼优的好学生，各科成绩门门优秀，两年都是三好学生，毕业时也是同届毕业生中成绩最好的（以各科全优成绩毕业）。据任长霞同事回忆，她刚从警察学校毕业，到郑州公安局实习时，她的聪明能干给每个同事留下非常深刻的印象，实习期间，无论再难的业务，只要同事教她一遍，她这个新手就能牢牢记住，熟练掌握，不用再教第二遍，而且她这个新手干得和老手一样好，甚至比老手还要好，这让同事们佩服不已，同事们都说，他们第一次遇上这么聪明能干的实习生。

任长霞在去登封之前，在郑州市公安局技侦支队任支队长，她是通过专家打分、竞争上岗获得这一职务的，足见任长霞对业务非常精通。任长霞参加河南省公安系统岗位练兵比武，竟然次次都夺得第一，同事戏称她为“冠军专业户”。正是由于她的出类拔萃，2001 年 4 月，任长霞调到登封市任公安局长。到登封后，与登封任何一个干警只要接触一次，见一次面，就能牢牢记住对方的名字。上任后没多久，登封全市 700 余名公安干警的名字她都记下来，她超强的记忆力又让同事们佩服不已。

人们常说智者千虑，必有一失，而任长霞工作 20 年以来，查办、侦破的 1000 余起案件，竟无一起错案，这真是一个在全国公安系统也是绝无仅有的奇迹。众所周知，犯罪分子不仅凶残，而且狡猾，破案是一场与犯罪分子智慧的较量。任长霞到登封市任职仅三年，却破获了一系列大案要案，其中包括几任局长遗留下来的重大积案，使犯罪分子闻风丧胆，纷纷落网。然而要取得如此辉煌业绩，仅靠精神、勤奋认真是不够的，任长霞的高智商也起了至关重要的作用。电视剧《任长霞》是纪实性质的电视剧，没有虚构的内容。该剧有几集描写她与黑社会头目房聪斗智斗勇，巧设连环计，智擒房聪的生动故事。任长霞同事们不仅佩服她的敬业精神与道德品质，也佩服她的超人的智慧。登封市公安局副局长岳建国回忆说，在破获大案时我们非常佩服任长霞，她的破案思路很新。任长霞正是凭着过人的智慧、独特的办案思路脱颖而出，成为专家型警察，这使她在生前就荣获公安部“办案能手”称号。不难想象，任长霞如果仅是一个才智一般的凡人，如何能领导得动登封市公安局几百名大老爷们。

即使在日常生活中，也处处表现出任长霞的高智商。矮个的女人常为如何穿着打扮而发愁，任长霞虽然个子不高，但从媒体公布的她的生活照来看，她穿着打扮非常得体，给读者留下深刻印象。任长霞的烹饪手艺在亲朋好友中享有盛誉，被称为“一绝”，大家都爱吃她做的菜。任长霞还颇有文艺天赋，她的毛笔字写得非常好，被同事赞誉为“霞体”；她能歌善舞，有时还自编自导小节目，逗得全家人开怀大笑；她是父母和兄妹心中的主心骨，家里遇到大大小小的困难和矛盾，都找她去解决，她总能找出最适当、最巧妙的解决办法。看来任长霞真是无所不能、无所不通、无所不精的“超人”。

笔者断言，凭借任长霞的高智商，即使她不干警察，从事其他工作同样也会非常出色。我等凡人虽可以学习任长霞的敬业精神与道德品质，但无法做出类似的业绩，因为我们不具有像任长霞那样的高智商，用一句老话讲，叫心有余而力不足。

毫无疑问，实行人才强国战略需要千千万万任长霞式高智商的天才，然而靠自然孕育方式产生天才，数量非常稀少，因为天才对任何一个国家、民族都是很吝啬的。像牛顿、爱因斯坦这样的超天才，全世界也许要100年才出一个，像钱学森这样的天才，中国也许要几十年才出一个，像任长霞这样的天才，大概全国一年也出不了多少。任长霞办案千起，能做到无一起错案，打破“智者千虑，必有一失”的惯例，大概全国公安系统也找不出几个类似的办案高手。如果靠顺其自然方式孕育产生天才，速度太慢、数量太少，根本不适应人才强国战略需要，为此需要采用另类和超常规做法，那就是倡导中西男女通婚，因为黄种的中国人与欧洲的白种人是两个完全没有任何血缘关系，完全不同的两个人种，中西这两个人种通婚，根据“达坂城效应”，必能产生最聪明漂亮的中西混血儿，从中产生天才的概率将大大提高。自改革开放以来，中西（外）通婚就一直存在，但数量一直很有限。笔者在这里所倡导中西（外）通婚行为是有选择的，笔者把中西（外）通婚的对象锁定在俄罗斯美女身上，建议成千上万中国优秀男性，效法美国人、意大利人，到俄罗斯去寻找爱情。

## （三）到俄罗斯去寻找爱情

“19岁，俄罗斯女大学生，忠实、浪漫、乐观，欲寻找正式伴侣。心灵美比外表美更重要，我能讲一点英语。”

“法律专业大学生，23岁。我会弹钢琴和吉他。我想建立一个家庭并使一个男人幸福。我会给他一个温馨的家，我能讲一点英语。”

这些芳名埃莱娜、塔蒂亚娜、柳德米拉、奥尔佳的女人正如浪潮般从俄罗斯涌入美国。她们年轻、娇嫩，体态轻盈，容貌秀丽。她们的玉照被登在特殊的目录表上，在那里展示着她们的魅力。她们明显偏爱成熟男性，似乎认为他们更值得信赖。在她们眼中，美国男人具备许多她们的男同胞所没有的品质：温文尔雅、精力充沛、收入稳定、殷勤体贴而且很少酗酒。此外特别重要的一点是，他们有善待女性的好名声，这也比她们的男同胞强得多。

目前美国有300多家婚姻介绍所通过报纸和互联网登广告，向无数渴望爱情的美国男人推荐俄罗斯及独联体地区的单身女性，这对于那些既没有时间也没有耐心在酒吧或健身房里追女朋友的单身汉来说，的确是一个福音。那么他们到底想在这些婚姻介绍所找到什么呢？他们说是爱情，是一个懂得照料他们的女人，一个把家庭幸福看得比事业成功更重要的女人。也就是说，一个在女权主义运动出现之前的那个时代的女人。他们认为，70年代出现的那种女权主义运动已经使美国女人彻底地变坏了。总之，他们想找到的是一个温顺可爱的女人，既有欧洲女人的健美身材，又有亚洲女人的温柔性格。

由于供求两旺，这块跨国婚姻介绍的市场出现了空前的繁荣。那些前来征婚的女子大都把美国看成是她们心中的福地乐土。择偶时毫不掩饰地称：“如果能嫁给一位美国男人，移民到美国去，那将是理想的归宿了。”头等美女嫁“美军”，已成为俄罗斯社会不言而喻的现实景观。

俄裔女士娜塔莎在美国开了家“跨国婚姻”俱乐部，专门向美国单身汉推荐俄罗斯女郎。一位50多岁的美国王老五，要找一位绝色美女，并且还要求对方是20多岁的年轻姑娘。此公的这番妄想在美国他的机会绝对是零，但到了俄国后情形却大不相同了，他瞬间突然变成俏货了。

美国的农场主拥有成群的牛马，然而做农场主的妻子并不是现代美国妇女的理想。因为很少有人愿意生活在周围几十公里空无一人的农场里，大批的牛马也不是美国妇女心中向往的。所以这些农场主们宁肯在秋收后花上一千多美元来到俄罗斯，在几十个美貌女子中挑上一个满意的带回来，而不愿在美国浪费时间。

连黑人也成为俄罗斯美女的选择对象。尽管黑人在他们国内名声不好，被认为是播下种子就不见踪影的浪荡公子，但现在俄罗斯女人与黑人结婚已司空见惯。俄国有许多来自非洲的黑人留学生，他们大都是些官宦子弟，出手阔绰，算得上是“黑大款”。人穷志便短，许多俄国女孩成为“傍款一族”。看来俄罗斯女孩是“傲傲待嫁”，且“嫁不择食”。

亚特兰大的一家婚姻介绍所每年都要组织好几批来自社会各界的美国男子去俄罗斯观光。第一批有数百人，旅程为期10天，费用为3000美元。在那里他们将可以每天见到600名俄罗斯女人。出发时他们的脑子里大多只有一个念头：找到最美的那颗珍珠，与她结婚并把她带回美国。

男女双方见面时的情景通常是这样的：在房间的一侧坐着这些美国男人和他们的翻译，另一侧则是那些面带微笑的俄罗斯女人，胸前挂着号码牌。若有人会说英语，则会在其身上挂个印有绿圈的牌子，其他的则由中介机构提供翻译服务。她们在进门时都要先出示身份证以证明她们无犯罪记录并且是未婚。在那些渴望幸福的美国人看来，她们脸上的每一个笑容似乎都是一种承诺，表达着她们对自己的欣赏与爱慕。从这些女人身上，他们重又找回了男子汉的自尊。

在头3天里，他们每天都要花5个小时会见那些“女候选人”。这期间他们总是把自己打扮得衣冠楚楚，脖子上系着领带，身上洒上香水，头发上喷上发胶，然后端坐在那里向女人们提问，平均在每个女人身上花15分钟。一旦发现了意中人，他们便把她们的号码小心翼翼地记在每张照片背后，以免弄混。余下的几天时间他们便和自己选中的女性一起度过。花75美元就可以给他们的“未婚妻”搞到签证，但要使她们留在美国还必须在90天内与其结婚，然后申请绿卡，两年后再申请永久居住权。仅1998年有1500多名俄罗斯、乌克兰等独联体国家的女性通过这种方式进入美国，而实际的结婚人数要比这多得多，因为还有很多人是用旅游签证入境的。

相亲时男方常常表示，他们不远万里跑一趟是因为他们对美国姑娘已经厌烦，因为她们不但会得寸进尺提要求，而且脑子里压根没有要谦让丈夫的意思，这让他们难以忍受。这些俄罗斯姑娘们刚见到美国男人时总是对他们说，虽然在俄罗斯也有男朋友，但这些男人实在太穷了，无法满足她们出国开眼界的愿望，且经常酗酒乃至打骂她们，她们只希望能遇到一个真正欣赏她们的男人，找一个有能力赡养家庭的男人。她们表示完全理解美国男人为何心甘情愿地绕地球半圈来到俄罗斯寻找梦中佳人。

23岁的玛莎是位大学生，她说："俄罗斯姑娘没有太高的要求，他们知书达理，而且甘愿在家当家庭主妇，伺候丈夫，抚养孩子。与美国女人最大不同的是，俄罗斯女子对忍受美国男人的大男人作风更有心理准备。"

事实上对俄罗斯姑娘来说，嫁个美国人首先是能保证她们过上更富有的生活。她们当中的大多数不是没工作，就是只能挣到每月不足200美元的薪水。连养活自己都成问题，更别说孩子。

"当我认识玛尔雅娜时，她在一家面包店工作，每月只挣50美元。"拉里说。一提到"玛尔雅娜"这个名字，他的声音就哽住了，半是激动半是气愤。42岁的他曾有过一次失败的婚姻，和许许多多对美国女人感到失望的男人一样，他离婚后也决心从俄罗斯女人身上寻找幸福。"女权运动使美国女人的举止就跟男人一样。"他说，"她们已经完全失去了女人味儿，只对事业和金钱感兴趣，一心只想有辆更大的汽车、一所更大的房子……她们已经被物欲败坏了。我想也许在美国以外的地方我能找到某个有着传统价值观念、懂得欣赏我为她所做的一切的女人。"在莫斯科的一家婚姻介绍所里，他偶然看见了玛尔雅娜的照片。"在我看到她的那一瞬间，她就已经俘获了我的心。"只花了12美元，他就得到了她的地址和电话号码。在后来的3个月里，他们互相写了200多封信。"当我在旅馆的大厅里见到她时，她穿着红色的外套，戴着红色的帽子，手臂上捧着一束鲜花。我简直都喘不过气来了。她看上去就像个电影明星。从第一天晚上开始她就坚持要为我做饭。她非常了解我的口味。我呆在俄罗斯的那段时间里，她服侍我就像在服侍一位国王。"

随着电脑的普及，网上征婚也流行起来，美国男人纷纷借助互联网来寻找、选择俄罗斯姑娘。38岁的威尔斯于两年前离婚后就开始约会，但他要见个女人的面却不容易，原因是他在太平洋的一个美军基地内，离最近的大城市也有2000英里。这种情况下，他决定求助于因特网。他找到一家电脑红娘的网址，键入"俄罗斯女子"几个字。在这之后的每天晚上，他都要花好几小时在电脑上浏览俄罗斯美女，他从15家国际婚姻介绍所那儿买下了大约600位网上征婚的俄罗斯美女的地址。功夫不负有心人，他终于在网上找到了他的意中人——叶莲娜，22岁，莫斯科郊外的一位护士。通过一家网络婚姻介绍所的安排，两人很快见面，并一见钟情，决定共结连理。威尔斯觉得为这桩婚姻虽然前前后后花了1.5万美元，完全划得来。

美国男人找俄罗斯美女这股风气在美国许多地方成为热门话题，休斯敦有一位电脑程序工程师干脆发起了一个兴趣组织，600多会员全都是有志于通过因特网结识俄罗斯美女的美国单身男人。仅两年时间，该组织会员就发展到1000多人。

在美国各地，从事网上跨国婚姻介绍的机构正在不断涌现，美国至少有 100 多家网上跨国婚介公司专做俄罗斯及独联体美女的生意，眼看俄罗斯美女行情看好，越来越多公司开始涉足这一生意，向俄罗斯美女“进军”。许多网上跨国婚介公司在介绍俄罗斯美女时喜欢用“传统”、“重家庭”等字眼，这恰是西方女子所不具备的。有不少在网上征婚的美国男子说，俄罗斯姑娘既是白人，又有异国情调，更重要的是，“她们不会漫天要价”。俄罗斯姑娘在美国大为走俏的原因恐怕就在这里。

俄罗斯姑娘上网征婚不用花钱，这些费用是由那些求偶的男人支付。他们想得到一位女子的通信地址，必须向中介公司付一笔钱。当然，这还是小意思，真正让这些男人花大价钱的是赴俄罗斯及独联体的“爱情之旅”，去莫斯科、圣彼得堡或基辅的代办费用为 3000 至 4500 美元，主要是结识俄罗斯姑娘，男女比例为 1∶5，也就是说，每到一地，每个男子至少有 5 个俄罗斯姑娘可供挑选。

圣彼得堡的普里巴尔茨卡亚旅馆的夜总会就是这样一个相亲的场所。在去年情人节那一天就有 5 名美国男子支付 3500 美元来此欢度为期两周的“爱情之旅”，目的自然是来找俄罗斯姑娘做妻子。闻讯赶来相会的俄罗斯姑娘多达 50 多人，她们所求的无非是离开俄罗斯，即使不成功也可度过一个良宵。该活动由一家网上婚介公司安排，来此“相亲”的俄罗斯姑娘是这 5 位美国男人在因特网上挑选的。

万里迢迢赶到地球另一端来“相亲”的美国男人斯蒂夫还在电梯里就急不可待地取出一张电脑打印的名单，看着今晚要过目的“对象”。这些“对象”或是他自己在网上选中的，或是从对方寄来的信件中选中的。他认为她们都非常不错，由于已有两个同伴在他之前找到意中人，他对此番“相亲”寄予了很大希望。

另一位美国男人迈克尔说，他离婚后约会的美国姑娘有 25 个，但没有一个中意的。于是他约了因特网上一位 20 多头的金发女郎，专门到俄罗斯来相见，他说：“她长相迷人，为人忠诚，还非常爱我，非常令我满意。”

其实，俄罗斯美女远嫁国外早已成为一股汹涌的潮流。这一现象始于 20 世纪 90 年代中期，到 20 世纪 90 年代后期，俄罗斯美女远嫁国外愈演愈烈。有人甚至专门写了本名为《如何嫁给外国人——101 条建议》的书，甚为畅销。一位名为弗兰克·科尔曼的美国作家于 2004 出版了名为《到俄罗斯寻找爱情》新书，此书生动形象地展现了现代俄罗斯女性的无穷魅力，马上成为美国的畅销书。

调查显示，俄罗斯美女最愿意嫁给美国人、意大利人、法国人和德国人。这些国家的男人也非常愿娶俄罗斯姑娘为妻，因为她们年轻漂亮、吃苦耐劳、文化水平高。据美国司法部统计，最近 12 年来，领取新娘签证到美国的俄罗斯妇女就多达 7.8 万人。

到俄罗斯寻找浪漫爱情的不光有美国人，还有意大利人、法国人和德国人。他们认为，不管是美国女孩还是法国女孩都无法与俄罗斯女孩相比。俄罗斯女孩富于同情心，善于倾听，容易交流与沟通。而西方女性不愿意对他人敞开心扉，更不愿意倾听别人的意见。因此，他们更愿意找一位俄罗斯女孩做终身伴侣。

据2004年4月17日《中国妇女报》报道（秋凌：男人来自意大利，女人来自俄罗斯）：意大利人恩佐·贝利尼知道俄罗斯女人最想要的是什么：一位意大利丈夫。以前贝利尼在意大利东北部城市塞西纳蒂科做出售食糖的生意，如今在俄罗斯南部的罗斯托夫市与他人注册了一家俄意跨国婚姻介绍所，生意竟然出奇地红火。

## 1. 意大利青年谱写莫斯科之恋

意大利人恩佐·贝利尼打算在2004年5月把200名俄罗斯女人的录像带，送到意大利的一个地方电视上播放，把更多的女人介绍给意大利男人。现年50岁的贝利尼在接受采访时表示："我认为仅凭一张照片很难说明问题，因为女人的迷人风采无法在照片中展示出来，只有通过录像才能让男人领略到她们这些优点。"

在同自己的俄罗斯妻子结婚10多年后，他的体会是："俄罗斯女性是世界上最优秀的女性。"

1992年，贝利尼第一次到莫斯科，为一家新开的意大利餐馆装修，与俄罗斯女孩尤丽娜不期而遇，贝利尼对尤丽娜产生了好感，虽然两人在语言方面有隔阂，但通过翻译向她要了电话号码。后来，他帮尤丽娜在新开张的意大利餐饮找了份工作。在以后的日子里，他时常送玫瑰花给尤丽娜。没过多长时间，贝利尼就发现自己已经爱上了她，并产生与她结婚的念头。

贝利尼回想起初识的尤丽娜依然记忆犹新："她是高个子，长着一双迷人的蓝色眼睛，简直太漂亮了。即使她在很远的地方，你也能被她的美丽所吸引。"为了能更好地了解未婚妻和俄罗斯，他关闭了在意大利的商店，移居莫斯科。4年后，他在莫斯科开了一家洗衣店，而尤丽娜也开始学习意大利语。

## 2. 从业余媒人到专业跨国婚介

1996年，他们终于结为夫妻，定居意大利。贝利尼的朋友都非常羡慕他有一位这么好的俄罗斯妻子，还问他妻子尤丽娜是不是有姐妹或者朋友和她长得一样漂亮，希望也找个俄罗斯女人做妻子。

在贝利尼的帮助下，尤丽娜的三个朋友先后嫁到意大利。贝利尼回忆说："正是从那个时候开始，我从业余爱好者逐渐变成一位专业婚介人士。有一天，我突然想到不能只帮愿意到意大利生活的俄罗斯女人，也可以替很多意大利男人做点事情。"

在接下来的5年时间里，他在意大利与俄罗斯之间总共促成了30桩婚姻，对自己的婚介工作乐此不疲。他表示，以后将协助更多的俄罗斯的罗斯托夫市女人找到中意的意大利丈夫。贝利尼说："在俄国的罗斯托夫市，女人比男人多得多，而一半男人又是酒鬼，另外男人结婚后会有不少情妇，所以，女人要找个好男人嫁出去就成了一件很困难的事。这也是我在这里开婚姻介绍所的一个重要原因。”

他认为，意大利女人回到家后就失去了女人温柔，尽管她们是很好的工作伙伴，但是她们却越来越像男人，而失去了传统女性的温柔。曾到过罗斯托夫市的贝利尼的客户之一安德里亚说，他以前希望找到一个既关心家庭又照顾丈夫的女人做妻子，但在意大利始终未能如愿以偿，因为“意大利女人总是先为自己着想，然后才是家庭和丈夫”。

### 3. 两国青年碰出爱情火花

贝利尼表示，每个月他至少去俄国的罗斯托夫一次，与那些可能的客户——年龄介于20岁到40岁之间的俄罗斯女人见面。他说：“我会边喝茶，边与她们聊15分钟，对她们有个直接印象，同样了解到她们想找个什么样的男人。因为在意大利，很多单身汉会问我：你见过那个女人吗?”

当然，他也用同样的方式与俄罗斯女人们的未来丈夫聊一聊，并努力驱除女人们和男人们心中的疑虑。贝利尼说：“许多没有到过意大利的女人认为，那里是黑手党的天下；而不了解俄罗斯女人的男人可能会认为她们是妓女。我们的工作就是扮演好减震器的角色，让双方对对方的国家和人民有个正确的认识。”

他在罗斯托夫婚介所的合作伙伴名叫泽姆菲拉·扎伊塞娃，她经营着一家美容院，以前对婚介这一行并不了解，但与贝利尼创建婚介所时感到十分兴奋，并认为这个企业肯定会成功，因为她认识这座城市的许多漂亮女人。她说：“许多女人，我的朋友、客户，年纪在20岁出头，或30岁以下，很多人没有找到丈夫。她们都表示，不希望未来的丈夫多么富有，只要心好，两个人能谈得来就行。”

扎伊塞娃承认，刚开始的时候，她也有顾虑，因为她看过许多报道，一些假的婚介公司强迫俄罗斯妇女到国外卖淫。她说：“我对贝利尼说，‘你担心俄罗斯女人只把婚介所当成前往意大利的跳板，而我担心她们会困在意大利。’现在，这里的姑娘们对贝利尼的印象非常好，对未来充满了自信。”

贝利尼的妻子尤丽娜同意扎伊塞娃的观点：“我们已经帮助促成了30对跨国婚姻，他们现在都生活得很幸福，现在还像相识的第一天那样充满爱意。而我与贝利尼的生活仍像玫瑰一样美好。”她表示，在她遇到贝利尼之前，从来没有想到有一天会嫁给意大利或其他国家的男人。当时她认为，这些外国男人像来自另一颗星球一样。

通过将意大利男人和俄罗斯男人进行比较，尤丽娜表示，如果让她现在选择的话，她是不会考虑俄罗斯男人的，她说：“意大利男人脾气更火爆，也更容易吃醋，但他们对妻子更体贴，更关心。”

随着俄罗斯与外界交流的机会增加，有越来越多的俄罗斯女性远嫁西方发达国家。一方面，西方男性主动到俄罗斯寻找自己的浪漫爱情，一方面，俄罗斯女性主动走出去，推销自己的浪漫爱情。看来，在经济全球化的今天，俄罗斯女性的浪漫爱情也在全球化。

毫无疑问，俄罗斯女人成了向国外移民的主力。她们移民国外不是为了挣钱，而是寻找丈夫。在俄罗斯，每天光顾数以百计的国际婚姻介绍所里的妇女中，不仅有受过良好教育的，也有为数众多的事业有成的妇女。她们的收入足以保障自己和家庭过上相当不错的生活，移民远嫁是由于俄罗斯本国的男人不能让她们满足，她们需要国外那些事业有成、更有爱心、责任感更强的男人。

俄罗斯男人具有极大的权力和绝对的权威，但所有责任都推脱给妻子、母亲。男人的主要作用就是建立家庭，所有的家务活一概不管不问。然而可悲的是，即便这样的家庭也不是所有俄罗斯女人都能拥有的。俄罗斯男女比例失调，不是所有的女人都能找到丈夫，不少俄罗斯妇女只好找男人怀上孩子，然后和这个孩子相依为命。

中国最流行的歌是《老鼠爱大米》，俄罗斯最流行的歌却是《要嫁就要嫁普京这样的人》，在短暂的前奏后，是三个女孩动听的合唱。歌中唱到：我的男友打了一场架/打得遍体鳞伤/喝得大醉又沉沦毒素/他简直令我无法忍受/把他赶离我的身旁/我如今想要找一个像普京那样的人/像普京那么强有力/像普京那样不酗酒/像普京那样不会令我伤心/像普京一样不会舍我而去的人。

从歌词中可以看出，与其说此歌是赞美普京，倒不如说通过与普京这样好男人的对比来数落俄罗斯男人的种种不是，这首歌唱出了俄罗斯妇女哀怨与不幸，自然受到了俄罗斯妇女的欢迎，成为俄罗斯最流行的歌。显然，俄罗斯妇女要找一个普京那样的好男人确实是太不容易了，于是只能外嫁国外。

今年25岁的叶莲娜嫁到瑞士，她在写给《共青团真理报》编辑部的信中说："和许多俄罗斯妇女一样，我也曾渴望在自己的国家找到一位终身伴侣，但遗憾的是，在俄罗斯，男人对女人总是那么傲慢、自私，损害我们的尊严。在俄罗斯，一个不酗酒的男人就是'天使'。俄罗斯妇女无法通过与本国男人的婚姻来获得安全感和幸福的家庭，许多嫁给外国人的俄罗斯妇女是为了寻求一个美好的未来，希望重新成为女人，相夫教子，而不是找一个靠老婆生活的男人。"

看来，俄罗斯妇女嫁给外国人追求的不是在家庭中的统治地位，而是想找个强壮有力的支撑，找个能落泪的肩膀。而俄罗斯妇女外嫁后在她熟不过的——看孩子、洗衣做饭和打扫卫生的圈子里过正常生活的机会。尽管这些仍是她的分内事，但她得到了更多的宽容，更多的呵护和帮助，这也让她们感到很满足。

和俄罗斯妻子分手后痛苦不堪的外国丈夫，经心理医生抚平心灵创伤后，就又加入了到俄罗斯寻找伴侣的大军中。"我无法忘掉她"，"见到俄罗斯女人，我的血压就升高"，"我无法摆脱她的诱惑"……这些外国丈夫无一例外都有自己的辩解理由，而这又促使更多的俄罗斯妇女源源不断地走向海外，循环往复地重蹈着她们的情感辛酸路。

## （四）嫁不出去的俄罗斯美女

美国人、意大利人等纷纷到俄罗斯去寻找爱情，并大获成功，主要有以下原因：

### 1. 俄罗斯男女比例严重失调

俄罗斯女性纷纷外嫁有自己响当当的理由：俄罗斯国内和其他独联体国家男人要比女人少。最近一次调查表明，女性比男性多出 1000 万人。这是历史原因造成的，很多男人死于二战中。近来，俄罗斯，尤其是在莫斯科和圣彼得堡这样的大城市，独身的现象愈来愈普遍，独身的人数在迅速增加。根据俄罗斯最近一次人口调查的资料，在整个俄罗斯每 1000 名男人中有 374 人，每 1000 名女人中有 474 人处于独身状态。在莫斯科和圣彼得堡，独身者中，女人比男人多得多，仅在莫斯科一地，女独身者就有近百万之众。当然，在选择独身生活上还有一个更为重要的因素，那就是俄罗斯的人口比例问题，即男人和女人的比例问题。俄罗斯历来男女比例失调，女人的数量比男人多。而近年来这种失调的比例关系日见突出。男女比例的失调使女人组建家庭的可能性在缩小、女人独身数量在增加。由于俄罗斯美女“内嫁”给本国男性越来越困难，只好外嫁给美国人、意大利人等。

### 2. 俄罗斯大男子主义严重

在俄罗斯受过高等教育的女性比例很高，但相当一部分女性在结婚后辞职回归家庭，养育儿女、照顾丈夫。但在俄罗斯家庭里，很多男人大男子主义严重，根本不做家务，也不过问家庭事务，全部的家庭重担都压在妇女身上，而且认为自己有权随便处置老婆，打骂老婆成风。

莫斯科女性危机干预中心负责人玛琳娜说：“殴打妻子的事在俄罗斯得到社会容忍。妇女们不敢去警察局举报。有的举报者反而被认为是冒犯了丈夫，罪有应得。如果不是女人被打死，一直都无人去查个究竟。法庭通常将丈夫殴打妻子的事件视为家庭内的私事，如果受伤严重，又能出示证据，法院才不得不受理这类案件。但很少有妻子愿意冒险把丈夫送上法庭，更不愿丈夫被判刑，因为她们在经济上还得依靠丈夫，而且住房也是一个极难解决的问题。”

据俄罗斯《新消息报》的调查表明，目前在家庭内部，俄罗斯男子仍然希望拥有绝对权威，甚至还倾向于通过暴力来解决矛盾。俄罗斯《消息报》调查，俄目前每天有 3.6 万妇女遭到丈夫或同居男友的殴打，每年竟有 1.5 万名妇女死于丈夫或其男友的毒打，而被打伤、打残的妇女竟多达 56000 人。而随着时代的发展，俄罗斯越来越多的女性开始追求个性解放，许多家庭正是因为妻子的这种愿望得不到回应而陷入破裂。俄罗斯女性普遍不愿找大男子主义思想严重的丈夫，这又会使她们缺乏选择余地而嫁不出。由于是对俄罗斯男人酗酒、打老婆的失望，现在，俄罗斯妇女与异国男子通婚的现象越来越盛行。

### 3. 俄罗斯女性在经济上陷入困境

前苏联解体前，妇女与男子的就业率几乎持平。但是自从社会转型以来，俄罗斯经济持续低迷，严重地冲击了妇女就业群体，妇女失业率居高不下。据俄罗斯统计委员会的数据显示，截至 2003 年 9 月底，俄罗斯共有 550 万人失业，而妇女失业人数竟达到八成左右。

许多妇女整日为生计奔波，由于俄政府对妇女问题关注不够，所以没有采取措施为失业妇女提供再就业的机会。俄罗斯某些官员声称，在男子尚有大批失业的情况下，完全没有考虑妇女的就业问题。这样就造成了很多失业妇女永远失去了工作。为了生计，她们不得不在“地下”经济领域寻找出路。如在地铁通道、路边、人群流量大的火车站等场所摆地摊，出售一些低档服装和各种小商品。这些妇女没有劳保卡，也无法享受医疗保险、退休金等社会保险权利，因此她们的经济处境非常困难，她们很想找个有钱的丈夫，可不少俄罗斯妇女认为俄罗斯男子缺乏自信，不成熟，很少有男子能够挣到足够养家餬口的钱。

俄罗斯社会转型后，在打破传统婚姻观念的同时，金钱婚姻和利益婚姻呈明显上升趋势。最有代表性的是涉外婚姻，其中一个重要原因是，前苏联解体后，人们尽管已经摆脱了共产主义意识形态，但并没有找到新的具有凝聚力的国家思想，因此很多人向往西方，追求美国生活方式。俄罗斯有相当一部分妇女把个人的幸福赌在与外国人的婚姻上。异国通婚现象，在前苏联解体后变得非常盛行。一些妇女是以市场价值来选择丈夫的，她们把爱情和幸福变成了金钱买卖，多数妇女希望嫁给有钱的西方人，好一步迈进“天堂”。因此每年都有大约 4000 到 6000 名俄罗斯妇女与美国人结婚。另外还有嫁到法国、德国和意大利等国的。俄一位婚姻问题专家说，许多女性不管男方家境的好坏，执意嫁给外国人，好像只有在国外才能找到幸福。

另外，据俄罗斯人权组织称，由于缺乏打击人口走私的法律，越来越多的俄罗斯妇女在海外沦为性奴隶。俄罗斯的一个妇女组织“天使联盟”主席格尔察科娃说：“俄罗斯妇女正受到数以千计的掠夺者的威胁，这些人在报纸上刊登假的海外工作广告，以诱骗妇女出国，这些妇女出国后就落入犯罪组织的手中，她们的护照被没收，而且经常遭到毒打、强奸，被迫充当性奴隶。”据统计，俄罗斯已成为摩尔多瓦和乌克兰之后的欧洲第三大性奴提供国。每年至少有 3500 名妇女沦为性奴。目前俄罗斯妇女组织已发起反对贩卖妇女运动，告诫年轻妇女和少女提高警惕。看来俄罗斯妇女确实处境不妙，这为我们引进俄罗斯女孩创造有利条件。

## 4. 俄罗斯男人酗酒成风

伏特加酒和酗酒在俄罗斯是对永远也分不开的双胞胎。有了伏特加酒，就有了酗酒，而酗酒又使伏特加酒更有名。

按理说酒和酗酒并没有必然的联系，也没有永远解不开的结。而在俄罗斯，从喝酒到酗酒，从正常人到醉鬼，这几乎成了不变的生活准则：伏特加酒不停地在喝，喜事、悲事都喝，狂饮、凶饮，直至烂饮，于是，醉鬼到处都是。据莫斯科的首席麻醉学家说，现在，俄罗斯人（包括年轻人和领养老金者）每人每年要喝掉 13 升纯酒精！根据他的调查，仅仅在莫斯科就有 1.7 万名深度酒精中毒者，隐性酒精中毒者 11 万人，已到医院求治的酒精中毒者约为 50 万人。综合这些数字，是个什么概念呢？那就是在莫斯科，10 个人中就有 1 个人是酒精成瘾者。

俄罗斯人戏称“伏特加酒在俄罗斯的社会地位等同于国家机构”。媒体也嘲讽自己的国家为“酗酒的国家”。在莫斯科街头巷尾，常可看到摇摇晃晃、摔得鼻青脸肿的酒鬼。下班后，几个互不相识的人居然可以凑钱买一瓶伏特加，就上几片面包、干咸鱼或香肠就痛饮一顿。

说起来，在历史上，酗酒现象就一直是令俄罗斯当局头疼的问题。在俄罗斯人看来伏特加酒不能不喝，因为气候冷，他们习惯把伏特加酒叫做“暖和身子的”、“四十度的热水”，甚至是“活命水”，但是喝着喝着就容易多了，特别是当国运不济时，比如战争、灾荒、社会动荡，人们就喝得更厉害。有时候，政府觉得许多罪责（如灾荒的出现、时局的不稳等）都是伏特加酒闹的，就开始禁酒，但最终都不了了之。

苏维埃时期，禁酒的口号是：“同志，站直了！趴下是建不成共产主义的！”戈尔巴乔夫的禁酒指令是：“人们不能泡在伏特加酒里进入共产主义！”事实上，尽管酒鬼在清醒时都发誓要戒酒，但总是戒而复发，屡戒无功。

众所周知，伏特加酒一向被视为俄罗斯人“命根子”，但自 20 世纪 90 年代以后，烈性伏特加的销售受到严格限制，嗜酒的俄罗斯人便将目光转向了啤酒。1996 年至今，俄罗斯啤酒业发展迅猛，其增长速度位居世界第二，仅次于中国，2002 年俄啤酒年产量为 210 万吨，居中国、美国、德国和巴西之后，跻身世界五强之列。同年莫斯科市民的人均啤酒消费量达到 90.5 升，超过了荷兰、芬兰和美国几个啤酒文化发达的西方国家。2003 年俄啤酒年产量更是增加到了 760 万吨。

没有人说得清俄罗斯市场上到底有多少啤酒，无论是本国生产的还是进口的，品种繁多，淡味、经典型、超浓、爽口型、琥珀色、黑色等多个品种，可谓应有尽有。可以毫不夸张地说，俄罗斯啤酒市场的丰富已经走到了世界的前列。

啤酒市场的繁荣减少了伏特加等烈性酒的销售量，对贪恋杯中之物的俄罗斯人来说这自然是件好事。不过凡事都有分寸，啤酒毕竟是酒精饮料，狂饮的害处不比伏特加多少。

俄罗斯人特别是男人嗜酒成风给俄罗斯女性婚姻带来三大影响：

其一，俄罗斯女孩都不愿找个酒鬼丈夫，问题是男人嗜酒成风，不找酒鬼丈夫就可能嫁不出去，这使俄罗斯女孩面临两难处境，这迫使俄罗斯女孩大量外嫁。

其二，导致高离婚率。2004 年 8 月，俄罗斯《新消息报》公布一份调查报告让俄罗斯社会感到震惊。报告指出，目前俄罗斯全国平均离婚率已经高达 80%。据统计，1950 年，俄罗斯的离婚率为 3%，1960 年为 10%，1970 年为 27%，1980 年为 34%，1990 年为 54%。在莫斯科竟有 70%的妇女对自己的婚姻状况不满意。调查表明，俄罗斯人离婚率的不断升高与丈夫酗酒密切相关，丈夫酗酒是俄妇女最无法容忍的。对离异女性来说，更不愿找个酒鬼丈夫，这使他们更难以嫁出去。

其三，导致俄青壮男性高死亡率，使男女比例失调更严重。调查显示，在俄罗斯，眼下年满 16 岁的男孩中，估计只有一小部分能够活到 60 岁，而在 100 年前，每 100 个 16 岁男孩中，能活到 60 岁的超过一半。目前，俄男子的平均寿命要比美国人少 15 年。

2004 年 5 月，俄罗斯《共青团真理报》发表了一份惊人的报告：三分之二的俄男性死亡时是处于醉酒状态，他们大部分人是深度酒精中毒。报告说，酗酒是导致俄青壮男性高死亡率的一个很重要原因，俄罗斯壮年男性最易在星期一死去，那是因为不少人在周末喝得大醉。目前，俄罗斯全国约有酒精依赖者（酒鬼）300 多万，而且未成年人酗酒的人数逼近成年人。劣质酒的销量上升，也造成大量的人命丧黄泉。据俄官方统计，仅 2004 年 9 个月，就有近 3 万人因饮用劣质酒而丧命，其中大部分是青壮男子。在莫斯科，每年冬天都有数百名酒鬼冻死在街头，在夏天因为喝多了酒后游泳溺水而亡的也不少。这让人联想到一句英国谚语——“淹死在酒里的人比淹死在水里的人还要多”。

酗酒还造成各种大量的意外事故，使各种意外事故直线上升。2004 年下半年莫斯科发生 300 多起火灾，其中 130 余人因为醉酒葬身火海或被严重烧伤致残。据莫斯科交警部门统计，在频频发生的汽车交通事故中，一半多是由于司机酒后驾车造成的。近年来，俄每年死于意外事故的人数 30 余万，其中多数是壮年男子，酗酒应是一个很重要原因。

酗酒还使俄罗斯男人健康状况越来越差，药店的生意却日渐兴隆；50 多岁的男子说死就死，肺结核病竟然可以四季流行。伴随着经济下滑和社会动荡，某些在前苏联时期就早已绝迹的传染病又死灰复燃。

俄罗斯 20 岁至 59 岁年龄段的成年男子的死亡率比妇女死亡率高出 75%。男性寿命比女性寿命短近 12 岁。因意外事故遇难的 65 岁以下的男性比欧盟国家高出 4 倍以上。因此，俄罗斯男性的平均预期寿命甚至低于亚非拉许多欠发达国家。本来俄罗斯就男少女多，酗酒导致的男性高死亡率更加剧了男女比例失调状况，使一部分俄罗斯女孩嫁不出去，只能大量外嫁国外，这为我们引进俄美女创造有利条件。

酗酒不仅严重影响俄罗斯女性婚嫁，还能导致其民族素质的退回，印第安人的现状证明这点。据《参考消息》报道，在加拿大，绝大多数印第安部落生存困难，在位于温尼伯市东北的印第安人保留区从远处眺望，一排平房傍水而立，犹如世外桃源，颇有诗情画意；走近一看，没有自来水，室内没有卫生间，也没有现代化的生活用品。许多屋子用木柴生火取暖。墙壁千疮百孔。可能有 15 人或 20 人挤在一个屋里。

一位非印第安人顾问约拉姆·伊斯特说："这里根本没有快乐可言。这是一个由 1000 人组成的残疾人社区。虽然只有两三个人坐轮椅，但他们都是残疾人。"这句话可以用来形容加拿大的大多数印第安人部落。

社会服务工作者已把这里三分之一的儿童从各家中转移出去，因为他们被忽视、受到性骚扰、酗酒或受到家庭暴力。在利特尔大急流村，只有 50 多人有工作，在达到工作年龄的成年人中约占 10%。人们对保留地上印第安人的悲惨生活作了种种解释，但是公认酗酒是元凶。

据国外资料显示：一向体魄强健、富有个性的印第安人，由于嗜酒成性，脑体逐渐退化，现在正面临着生存的威胁。在美国东南部和大平原的一些印第安人居住地，有 25%的印第安儿童因其母酗酒而患了"胎儿酒精综合症"，简称 FAS。它最大的危害表现为广泛的畸形与智力低下，目前可分为四大症候：

a. 中枢神经系统的畸形与智力低下是最常见的症状之一，另一特点为头小畸形，其次为讲话与语言障碍。

b. 儿童身高、体重都低于正常均值，发育速度明显迟缓。

c. 特殊的面部畸形，占 57%－85%，眼睑短少，斜视、近视、上睑下垂、鞍鼻、短鼻孔朝天、长人中、耳轮发育不全等。

d. 其他器官的畸形，如心血管的房间隔残缺、尿道下裂等。

FAS 病症已确定为宫内酒精损伤胎儿。国外医学专家证实，日进酒精大于或等于 89 毫升，相当于 6 次痛饮量，肯定威胁胎儿，FAS 的重点在预防，母亲孕期应禁酒，否则印第安人的悲剧会重演。

我们完全有理由相信俄罗斯人正在步印第安人后尘，20 世纪 50 年代中苏交往中有一句口号是"中国的明天就是前苏联的今天"，那么我们是否可提出一句类似的问题"俄罗斯人的明天是否就是印第安人的今天"？

## （五）希特勒为何气急败坏

自从苏、德两国于 1939 年 8 月 23 日签订了《苏德互不侵犯条约》后，为了拉拢和稳住前苏联，使德国能放手进攻西欧，两国还开展了军事技术合作。希特勒不顾一些人的反对，允许前苏联由专家组成的代表团去参观德国最先进的兵工厂和武器装备，并把一些先进技术如把当时最先进的“俾斯麦”战列舰设计图纸卖给前苏联。因为希特勒认为，俄罗斯是个劣等种族，这个原始民族无法造出同样先进的武器，让他们参观一下先进武器，向他们提供一些先进技术也没关系，不用担心泄密。可德方陪同人员却向希特勒报告说，尽管已把德国最先进的兵工厂和武器装备展示给了前苏联代表团，可前苏联代表团却很不满意，抱怨德国一定把最先进的武器装备隐藏起来，不让其参观。德方陪同人员怀疑前苏联有比德国更先进的武器装备才这么说。报告打到希特勒那里，他当然不相信。此事就不了了之。

然而苏德于1941年6月22日开战后，令希特勒惊叹的是，苏军武器装备总体上并不比德军落后，有些甚至比德军还先进，如著名的喀秋莎火箭炮令德军闻风丧胆，而德军并没有类似的武器。战争初期，德军37毫米反坦克炮根本无法从正面击穿苏军K型重型坦克，只能靠88毫米高射炮平射救急。苏军T—34坦克在平地上的最高时速可达50多公里，跑得比一般汽车还快。在尘土飞扬、（雨季冬节）遍地泥泞、道路条件恶劣的俄国战场，其优越的机动性能令德军坦克望尘莫及。而德军虎式坦克尽管威力巨大，然而过于笨重，机动性能太差，被德军士兵讥讽为“大象”。令人感到可笑的是，在一些战斗中，当苏军发现“大象”将向某方向进攻时，有时居然来得及在“大象”冲过来之前铺设反坦克地雷，将其炸毁。如果T—34坦克与德军威力巨大虎式坦克正面交锋，T—34坦克根本不是虎式坦克的对手，然而T—34坦克却能凭借其良好的机动性能很快绕到虎式坦克装甲较薄的两侧和背后将其击毁。

德军装甲兵司令古德里安上将对T—34坦克优异性能羡慕不已，他曾向希特勒建议仿制T—34坦克，然而在希特勒看来，优等种族怎么能仿制劣等种族的坦克，此建议当然被希特勒驳回。

在苏德战争初期，德军采用闪击战方式发动一个个重大战役，几十万、几十万地围歼苏军，苏德战争头2个月，苏军共损失360万人（基本上与抗战八年期间国共抗日军队伤亡总额380万人相当），苏军损失的飞机、坦克、大炮更是难以数计，如此巨大的损失如果换成别的国家早就土崩瓦解，然而前苏联强大的军工生产能力开始发挥作用，前线损失多少飞机、坦克、大炮，后方军工厂就能补充多少。可以说苏德战争爆发后，苏军武器装备数量之多，技术之先进是希特勒做梦也想不到，这让希特勒目瞪口呆。希特勒对古德里安将军说：“如果我相信在你那本书中（指古德里安将军在1937年所著《注意！坦克》一书，他在书中估计前苏联约有1万多辆坦克）所列举的俄国坦克数量是真实的，我也许不会发动这场战争。”希特勒又气急败坏地叫嚷道：“一个原始民族怎么能在如此之短时间内就取得这样的技术成就。”

1941年10月初，进攻莫斯科“台风”战役一开始，古德里安将军的坦克部队就在苏军防线上捅开了一个大缺口，德军中央集团军群百万大军从缺口处蜂拥而入，在维亚济马地域一举围歼苏军4个集团军共60余万人。古德里安将军的坦克部队进展神速，一天挺进80多公里，一鼓作气地冲进了有莫斯科大门之称的奥廖尔，这时城中有轨电车上的乘客还误把德军坦克当成自己坦克而挥手致意。“台风”战役开始前，进攻莫斯科德军有180万，防守的苏军为120万，苏军在维亚济马的惨败，使德军由3比2的相对优势转为3比1的绝对优势。捷报传来，希特勒高兴得一天都没有吃饭，在他看来，通向莫斯科的大门已经敞开，攻下莫斯科指日可待。希特勒得意洋洋地向德国和全世界宣告：“我们东方的敌人已被彻底打垮了，再也不能站起来了。”然而希特勒高兴得太早了，斯大林仍可把大批援军开往前线，阻挡德军的疯狂进攻。希特勒胃口再大，也吃不了苏军源源不断的生力军和大量武器装备，希特勒最终患了消化不良症。当德军打到莫斯科城下，斯大林还能从远东调来几十万生力军和大量坦克、大炮，希特勒再也“消化”不了，最后只能“撑死”。

令人感到可笑的是，早在1941年10月初，希特勒就已提前印制了大批的勋章，准备在打下莫斯科后颁发给有功将士。然而德军在莫斯科城下的败退，却使这批提前印制大批的勋章“发不出去”，按理应回炉销毁，可希特勒却别出心裁把这批勋章更名为“冲击莫斯科纪念章”，强行发下去，以打肿脸充胖子。此事不仅在盟国，在德国也被私下传为笑谈。具有讽刺意味的是，在今天的俄罗斯，纳粹军功章比苏军军功章更受欢迎，“冲击莫斯科纪念章”居然成为很多人收藏的抢手货，一枚“冲击莫斯科纪念章”居然能被炒到5000美元，比很多苏军战时颁发的勋章价格还要高。于是盗挖德军士兵坟墓，获取和买卖纳粹军功章已成为俄罗斯一桩生意兴隆的“买卖”。

1943年3月，德军南方集团军群司令曼施坦因元帅向希特勒建议，利用德军在攻占哈尔科夫后所形成的有利态势，趁苏军因刚失利而惊魂未定之机，德中央集团军群南下，德军南方集团军群北上，从南、北两个方向进攻库尔斯克，一举围歼位于库尔斯克突出部的几十万苏军，以雪斯大林格勒惨败之耻。希特勒虽接受曼施坦因元帅的建议，但却自作聪明的主张，为了确保这场进攻战役的胜利，必须给德军装备大量诸如虎式坦克之类的先进坦克，于是德军进攻日期是一拖再拖，一直拖到1943年7月。可这时苏、德两军坦克力量对比已发生了根本性变化。有一句老话是计划没有变化快，这句话用在希特勒和斯大林这两个死对头身上倒颇为合适。按斯大林如意算盘，苏军将在1942年做好对德战争准备。可希特勒却提前到1941年入侵前苏联，打得斯大林措手不及、损失惨重，真可谓斯大林计划没有希特勒的变化快。而到1943年，情况则完全颠倒过来，希特勒计划没有斯大林的变化快，斯大林的变化快主要是指在斯大林狠抓下，苏联坦克生产能力直线上升，斯大林格勒战役结束仅1个月，尚处于废墟之中的斯大林格勒拖拉机厂流水线传送带上就生产出第一辆坦克，其生产恢复速度真是快得惊人（注：前苏联拖拉机厂均是军民两用，平时生产拖拉机，战时生产坦克）。前苏联搬迁到中亚和西伯利亚的巨大拖拉机厂、坦克厂全部恢复正常生产，于是前苏联在坦克生产能力上遥遥领先于德国。可以说在苏德库尔斯克坦克大会战之前，还有一场不为人知的苏、德两国坦克生产能力“大战”，斯大林是这场“大战”

的大赢家。结果到 1943 年 7 月库尔斯克坦克大会战之前，苏、德两军坦克力量对比已发生了根本性变化，苏军拥有 9000 辆坦克，德军仅拥有 6000 辆坦克。论数量，苏军占压倒优势，论技术，拥有虎式坦克等最先进坦克的德军占优。不少德军高级将领自信地认为，苏军坦克虽在数量上占优势，但德军坦克将凭借技术上优势取胜。希特勒更是踌躇满志地说："库尔斯克的胜利将成为照亮世界的火炬。"

库尔斯克会战一开始，德军坦克发起猛攻，靠技术优势也取得了一些效果和进展，然而当苏军开始反攻时，情况马上发生了逆转。一位德军高级将领事后形容苏军 T－34 坦克就像蝗虫式的猛扑过来，尽管德军依靠虎式坦克等先进坦克不断击毁 T－34 坦克，T－34 坦克数量之多令数量居劣势的德军坦克根本打不过来，招架不住，大部分 T－34 坦克仍能突破德军防线。随后 T－34 坦克依靠其数量优势，采取二对一、三对一、四对一的方式来围攻德军虎式等先进坦克，虎式坦克威力再大也是好虎斗不过群狼。苏军即使以损失 3 辆 T－34 坦克为代价来击毁一辆虎式坦克仍是合算的，因为前苏联 T－34 坦克生产能力是虎式坦克的 10 倍以上，德国每生产出一辆虎式坦克，前苏联至少能生产出 10 辆 T－34 坦克。交战中苏军损失的坦克能很快得到补充，德军则不能。

苏军凭借坦克数量优势所组成的钢铁洪流滚滚西进，势不可挡，德军防线随即土崩瓦解，全线败退，苏军乘胜前进，解放了哈尔科夫，彻底赢得了库尔斯克会战的胜利。假如德军能在 1943 年三四月间进攻库尔斯克，那时苏、德两军坦克数量大致相当（德军为 4500 辆，苏军为 5000 辆），苏军在数量稍占优势，德军进攻即使不能取得胜利，也不会吃亏。可以说希特勒的计划败于斯大林的变化快。

如果说在库尔斯克会战中，苏军坦克在技术上与德军坦克尚存一定差距的话，那么在军用飞机上，苏军不仅在数量上占据优势，而且在飞机技术性能指标上也超过德国飞机，在库尔斯克会战中，德军共损失飞机 4000 余架，从此德军在苏德战场上丧失了制空权。苏军的伊尔－2 强击机给德军地面部队带来巨大损失，因此机涂成黑色，德军士兵惊恐称之为"黑色死神"。希特勒曾对他的军备部长叫嚷道："何时造出德国的伊尔－2"？但德国一直未造出类似伊尔－2 的性能优良的强击机，前线部队为了救急，一旦缴获苏军的伊尔－2 强击机，马上涂上纳粹军徽，由德军的王牌飞行员操作去打击苏军。当然，这一切都是瞒着希特勒的，因为希特勒决不允许优等种族使用劣等种族的武器。

在苏德战争期间，苏军总人数一直维持在 500 万以上，战争结束时达到 1140 万，这大概是人类有史以来人数最多的一支庞大军队。这支庞大军队装备有 16000 架飞机、12000 辆主战坦克、1150 万门火炮、66 万辆作战摩托车、1700 艘军舰。能为如此庞大的军队提供大量武器装备，表明前苏联工业特别是军工研制、生产能力确实是强大和先进的。对比之下抗日战争期间，与日军作战中国军队人数维持 500 多万左右，中国当时人口是前苏联一倍半，却不能组织更多的军队与日军作战，主要是当时中国工业太落后了，无法提供数量多、技术先进的装备。

苏德战争是一场机械化战争，机械化战争实际是场工业生产能力和科技研发能力的较量，谁能生产更多、更先进的飞机、坦克、大炮、汽车等，谁就能在战争取胜。在苏德的军工生产较量中，从1943年起，前苏联就开始在军工生产上占上风，1944年则取得压倒性优势，于是纳粹德国的失败也就不可避免。

## （六）打败希特勒的秘密武器

令人难以置信的是，前苏联在德国入侵就具有强大的、先进的工业与科技体系是仅用10年时间建设起来。直至20世纪20年代末，前苏联还是一个相对落后的国家，从20世纪30年代初开始进行大规模的工业建设，仅用短短10年时间就初步实现了工业化，其速度之快创造了一个前无古人，后无来者的记录。

俄罗斯科技目前大体拥有前苏联时期约70%的科技实力，在众多的科技领域达到世界领先水平。前苏联解体后，虽然俄罗斯科技部门在财物方面面临巨大困难，但由于科技基础良好，并仍有一批科学家操守本分，以事业为重，孜孜不倦地工作，因而仍然在数学、物理、化学、生物技术、航天航空、军工等领域不断取得新成果。在十分困难的经济条件下，俄罗斯科学院在基础研究的所有领域，几乎都有世界水平的科研成果，包括那些不进行多年耗资和巨大努力，就不可能取得成就的研究。俄罗斯总统普京自豪地说："俄罗斯在世界基础科学研究领域仍占有牢固的地位，拥有独一无二的技术。"

目前俄罗斯在航天、航空、核技术、制导技术、激光技术等方面名列世界前茅；在光学、数学、理论物理学、生物化学、地质学、无线电技术、新材料、化工、自动化控制、大型发电设备及制造技术、遥测遥感、冶金技术等研究领域和实际科技水平方面已取得巨大成就，得到了国际科技界的公认。

推动工业化和科技发展的主要是两大类人才即优秀科学家和工程师，而要成为优秀的科学家和工程师必须具有在理工科学习和应用上的天赋，无论是前苏联，还是现在的俄罗斯，都是享誉世界的科技、工业强国，始终在科技、工业上保持世界领先地位，这是与俄罗斯民族较高的理工科天赋分不开的。俄罗斯民族是聪慧的民族，天生就是学理工科的料。例如前苏联曾涌现出一大批享誉世界的飞机设计师，如米高扬、图波列夫、安东诺夫、雅科夫列夫、伊柳辛等，以他们的名字命名的飞机设计局和设计的众多型号的飞机在全世界享有盛誉。再如世界第一座核电站、第一颗人造地球卫星、第一艘载人飞船、第一枚洲际导弹都出自前苏联。

顺便一提的是，美国人一向自以为老子天下第一，自我感觉良好，一旦美国先有什么高科技，只要中国随后完全靠自己力量搞出什么高科技成果，就诬蔑中国是从美国"偷来"的。可美国的第一座核电站、第一颗人造地球卫星、第一艘载人飞船、第一枚洲际导弹都在前苏联之后搞出来的，按美国人这种逻辑，那么美国的这些高技术是否是向前苏联“偷来”的？不知美国人如何自圆其说。在二战德国投降前夕，美国派出了一支名为“阿尔索斯突击队”，抢在前苏联人之前，将德国V型导弹的技术专家、图纸、设备洗劫一空，全部运往美国，美国的导弹技术就是在此基础上发展起来的，美国的导弹技术的确是从纳粹德国偷来的，美国却不以为耻，反诬中国，真是强盗的逻辑。

俄罗斯族理工科天赋还可以从哈萨克斯坦对俄罗斯人态度的变化得到印证。哈萨克斯坦在发展经济中饱受本民族理工科天赋不高的影响。哈萨克斯坦独立之初，把哈萨克语定为国语，把俄语降格为族际交流语言。俄罗斯族被哈萨克族排挤，大批返回俄罗斯。刚开始哈萨克人还暗自高兴，甚至幸灾乐祸。但不久，哈萨克人就高兴不起来了，因为俄罗斯族较高的理工科天赋使他们占据了哈萨克斯坦科技领域几乎所有的重要技术岗位，当俄罗斯族大批返回俄罗斯后，缺乏理工科天赋的哈萨克族根本顶不上去，要么无法胜任；要么找不到人干，如此一来使哈萨克斯坦经济、科技发展受到严重影响，于是纳扎尔巴也夫总统大声疾呼，要求俄罗斯族留在哈萨克斯坦，并保证俄罗斯族享有与哈萨克族同等的待遇。纳扎尔巴也夫总统还于2001年颁布法令，把俄语也定为国语。以吸引和留住俄罗斯族。但现在独联体各国的俄罗斯族的出生率均低于死亡率，即使哈萨克斯坦能吸引和留住俄罗斯人，在哈萨克斯坦境内具有较高理工科天赋的俄罗斯人只会越来越少。尽管哈萨克斯坦幅员辽阔（270万平方公里），资源丰富，但不可能成为地区经济、科技强国，其他几个中亚国家也将如此。

笔者认为俄罗斯族有较高的理工科天赋，并不是说俄罗斯族人人擅长理工科学习和运用，但其码有较大比例的人具有较高的理工科天赋，我个人推断俄罗斯族的理工科天赋在很大程度上来自本民族的遗传基因。可以说俄罗斯族的理工科天赋是打败希特勒强有力的秘密武器，而这恰恰是被所有人忽视的。

## （七）娶位俄罗斯美女当媳妇

那些到过俄罗斯的中国人都有一个感受即“姑娘总比小伙长得帅”，最令俄罗斯男人自豪的是，俄罗斯美女如云，姑娘是俄罗斯的宝贵财富。的确，俄罗斯最大的特产既非石油，也非高科产品，而是美女。俄罗斯姑娘被公认是世界上最美丽的姑娘之一，她们大部分是金发女郎，她们都有迷人的“杏眼”和高挑的身材，有着雪白的肤色和修长的双腿，即使不化妆也很漂亮。也许有人会说，别看俄罗斯女孩年轻时漂亮，一生完孩子形象就成木桶。其实这是老眼光。如今新一代俄罗斯姑娘非常重视健身和饮食，即使生育后发胖的也不多。且不说莫斯科、圣彼得堡等大城市街头美女如云，令人眼花缭乱，即使在远离莫斯科的海参崴同样遍地美女。一位中国记者写了篇《海参崴的美女》一文（作者：吴跃农，载《采风》2004年3期），介绍了他对俄罗斯美女的见闻，现将部分内容引用如下：

在绥芬河一踏进国际列车候车厅，满眼是金发碧眼身材高挑的俄罗斯姑娘和少妇，美得让人目眩。这一路上我只看到了两个村庄，穿过了两个小城市，在路上，除了看到三三两两的军人匆匆行走，几乎都是女性，凡姑娘少妇，身高都在 1.70 米之上，衣着讲究紧身，华美高雅。

我终于醒悟：这俄罗斯给人感觉几乎就是女人国。下车过关签证，工作人员工无一例外地都是女性，要么是姑娘，要么是中年妇女，沿公路的售货店，售货员当然更是女性了。驶近海参崴了，私家轿车多起来了，呼呼地来来往往的，也是女性在驾驶着，或者坐着的是女性，这就让人好生纳闷了，俄罗斯的男人呢？他们上哪儿去了？在干什么？酗酒睡觉么？据说，针对俄罗斯如此严重的男女比例失调和人口负增长的危机，俄罗斯议会曾经有人提出议案，允许有能力的男人娶 4 个妻子，当然，没有通过。

海参崴风景令人愉悦，更赏心悦目的是姑娘的美。俄罗斯人会骄傲地说，全世界的姑娘，数俄罗斯姑娘最美，俄罗斯姑娘数海参崴姑娘最美。此言不虚！是啊，听海看海看美女，秀色无边，令人陶醉。

周末，是俄罗斯人的结婚日，新婚夫妇在英雄纪念碑和长明火前举行婚礼；周末，也是举城欢聚的日子，在金角湾的海水浴场广场上，人山人海，不管是小伙，还是姑娘少妇，以及带着孩子的单身母亲，几乎都是人手一瓶啤酒，在那儿边啜饮边看海，在那儿边聊天边欢唱。放眼望去，美女如云，神情悠闲，这就是夏日里迷人的海参崴，无处不在的金发女郎的风韵，她们的笑靥，让人感觉到海参崴奔放、飘逸、潇洒。

入住酒店，餐厅里端盘子的姑娘黑裤白衣，紧紧绷在身上，丰满而水灵，她的身高在 1.75 米之上，走起路来款款有韵，杨柳春风。商店的营业员们个个貌若天仙、天生丽质、亭亭玉立，令人赏看不够，必须要说明一点的是，像这样的美女不是众里寻她千百度似的难寻，而是铺天盖地，遍地开花。

我在市中心胜利广场拍照时，坐在街边的椅子上休息，正好看到有一个过街地道的出口在眼前，结果，我发现，拾级而上的基本上全是女性，这是美得波涛汹涌，俄罗斯美女当然成了一道风景在饱览。她们踏着飘逸诗意的脚步越发昂首挺胸，磁力十足。她们也是大方的，你感觉她们逼人的美的光芒，不必躲闪扭头，完全可以对视着她们，并说“姑娘你太漂亮了”，她们会很高兴的，抛给你一个明朗的笑。

从这篇文章介绍来看，俄罗斯姑娘非常美丽迷人，可她们中有不少人在国内又嫁不出去，那么中国的优秀男人为何不效仿美国人、意大利人，到俄罗斯去寻找浪漫爱情，娶个俄罗斯美女当太太，生一个聪明漂亮的混血儿呢！

在男少女多的俄罗斯，俄罗斯女孩自小就被训练如何做家务，如何伺候、讨好男人。在家庭关系中，总是男人占主导和支配地位，用一个中国词来形容俄罗斯男人那就是“死懒”，俄罗斯男人基本不干任何家务，回到家后经常靠看报纸和家务打发时光。俄罗斯女性一直习惯于伺候男人，只要俄罗斯丈夫不酗酒、不找情人、不打老婆，俄罗斯女人就谢天谢地，以为自己找了个好丈夫而非常满意。但嫁到中国来的俄罗斯女孩发现中国男人非常主动地帮她们家务，甚至把大部分家务都包下来，中国男人反过伺候她们，这让她们感到非常意外和惊喜。俄罗斯男人有点钱就酗酒、找情人、打老婆，而中国男人一般不会。俄罗斯女孩在嫁到中国之前往往是不被人所关注的平常女孩，甚至是谁也看不上“丑小鸭”，但嫁到中国来后，却成为众人关注的“白天鹅”，备受丈夫及家人的宠爱。常言道“家花那有野花香”，如果用在嫁到中国来的俄罗斯女孩身上，则成了“洋花那有土花香”。所以现在嫁到中国来的俄罗斯姑娘人数虽很少，但绝大多数都生活得非常幸福，她们觉得生活在中国就像生活在天堂似的。

报纸上经常谈论中俄两国贸易结构具有很大的互补性，即俄罗斯重工业产品多，轻工、农副产品少，不能满足需要。而中国则恰恰相反，所以中俄两国具有很大的贸易潜力。其实中俄两国男女结构上也具有很大的互补性，俄罗斯男少女多，中国则男多女少，让俄罗斯姑娘大批嫁到中国来，可使中俄双方剩男剩女“余缺”相互调剂，这对双方都有好处。

## （八）“以夷制夷”

俄罗斯人口仅为我国的十分之一，俄国大学每年招生人数比我国工科招生总数还要少，俄国大学每年毕业的理工科专业的学生才40多万，我国每年毕业的理工科专业的学生却多达上百万，但人数少得多的俄国科技人员依靠其理工科天赋，科技创新能力却远强于我国的科技人员。解放军所需要的不少高科技武器装备，我们自己的科技人员因科技创新能力差而研制不出来，只得从俄罗斯引进，其中购买数十架苏－27歼击机及能生产200架苏－27歼击机的生产线，数十架苏－30歼击机，若干导弹驱逐舰、潜艇和水面舰艇以及S－300导弹等等。

引进高科技是要花大代价的，据不完全统计，20世纪90年代以来，我国从俄方引进的军工技术设备和武器装备，价值超过200亿美元，仅引进苏－27歼击机在中国的生产（组装）许可证就花了14亿美元，从俄国引进的某型军用飞机发动机大修寿命为500小时，但俄国却不肯向我国转让发动机维修技术，发动机还得送到俄国工厂去大修，关键零件也得依赖俄国人提供，虽然目前中俄关系尚好，但不怕一万就怕万一，将来中俄关系因某种原因而恶化，昔日的老大哥就会像20世纪60年代初那样翻脸不让账，卡我们的脖子，俄国人在发动机维修技术上留一手大概就是出于这种考虑。

虽然我们的舆论宣称中俄是战略协作伙伴，可俄国人却并不这么看，俄国人一直把中国视为最大的竞争对手，俄国的报刊充斥着对中国不友好的言论。坦率地讲在俄国对中俄友好感兴趣的人并不多，更多的只是对中国日益强大的担心和恐惧。从深层次讲，中、俄更多的是竞争关系，正当俄国许多军工企业摇摇欲坠时，正是中国的巨额订货把俄国这些军工企业从破产的边缘挽救过来，说得不好听点，是养虎遗患，为我们的竞争对手输血。有什么办法呢！谁叫我们科技人员科技创新能力不强。

要改变这种被动局面，最好的办法是借鉴我国古人所说"以夷制夷"的策略，"以夷制夷"，原来含义是指古代中原汉族统治者通过各种手段以少数民族来控制、制约和征服少数民族。笔者主张应通过中俄通婚方式引进大批俄罗斯美女，这倒不是笔者对俄罗斯美女感兴趣，笔者深居远离俄罗斯的四川成都，根本接触不到俄罗斯美女。笔者感兴趣的是，俄、中两个没有任何血缘关系的俄罗斯美女与中国男子远距离通婚所生中俄混血儿，根据"达坂城效应"，必将继承中、俄双方父母的优点，很有可能就遗传上俄美女母亲的理工科天赋，将来就很有可能从中俄混血儿中培养出我们所急需的杰出的科学家和工程师，为我所用，从根本上提高我国科技自主创新能力，这样就可摆脱在高科技上对俄罗斯严重依赖的局面。既然俄罗斯人的理工科天赋是打败希特勒的秘密武器，中俄混血儿的理工科天赋同样是我们与俄罗斯进行综合国力、科技竞争的秘密武器。这印验了一句老话：以其人之道还治其人之身。这也可以说是"以夷制夷"策略在现代国际竞争中的变通和新应用。也许有人会说"以夷制夷"的想法太离奇，然而这也是无奈之举，谁叫我国科技人员创新能力不强，不"以夷制夷"，我们又拿不出其他什么好办法。

2005 年初，胡锦涛总书记曾在一个月左右的时间内连续四次发表了关于科技工作的重要讲话，其核心就是自主创新。在同年九十月对中东部地区和企业的考察中，更是把自主创新提高到一个新的高度。胡锦涛总书记以如此之高的频率和异乎寻常的口气强调自主创新问题，是异乎寻常的，反映了中央高层对我国科技自主创新现状的担忧和焦虑。也正因为如此，"十一五"规划把增强自主创新能力作为调整产业结构，转变经济增长方式的中心环节。

笔者一直认为增强自主创新能力关键靠人才，特别是以两院院士为代表的顶尖科技天才，但我国最缺的是以两院院士为代表的顶尖科技天才。现在全国共有 1300 多名两院院士，按我国 13 亿人口计算，平均每 100 万人口才产出一名两院院士，产出的概率低得出奇。我国每年出生 1600 万人，按此比例计算，将来只能从中产生十多位两院院士，如此少的产出数量如何能满足我国科技事业发展的需要？如何能提高科技自主创新能力？所以我们在实施人才强国战略上必须采取超常措施，通过大量引进俄罗斯美女所生中俄混血儿来获取俄罗斯族理工科天赋可以算一个超常却可行的措施。

像北京这样的大城市为什么不可以吸引 10 万俄罗斯美女落户（与北京优秀男性）结婚，允许俄罗斯美女母亲破例超生 3 胎，生 30 万高智商的中俄混血儿，让北京成为中俄混血儿诞生与成长的“超级达坂城”。再从30万高智商的中俄混血儿中筛选3万最具有理工科天赋的中俄混血儿，实行从幼儿园、小学、中学到大学的一条龙式的免费英才教育，将来从中培养出几十位两院院士是完全可能的。与此相仿，如果上海也引进10万俄罗斯美女落户结婚，稍小一点的大连、青岛及哈尔滨等北方大城市各引进5万俄罗斯美女，那么几十年后产出两院院士的数量就会大大增加，我国科技自主创新能力必会大大提高。

现在我国人口素质是典型“逆淘汰”，或者说劣胜优汰，即人口素质越高地区，人口出生率越低，如上海已连续10年负增长。低素质的农村人口出生率远高于城市，越贫穷、素质越低的地区，人口出生率越高，就像一句顺口溜所说，越生越穷，越穷越生，照此下去天才产生数量只会越来越少，而庸才和蠢材在人口总数中所占比重会越来越大。这十分令人忧虑，而中俄混血儿由于“达坂城效应”，从中产生天才的概率比一般孩子高得多，所以在计划生育政策上必须大大放宽。即使将来大批引进俄罗斯美女，其所生混血儿数量在每年全国新增人口中所占比例也是微乎其微的，这就叫开（混血儿）小小口子，堵低素质人口超生的大大口子。

当然，引进俄罗斯美女不仅是只让她们生育混血儿，俄罗斯美女的高素质也可为我所用。2003年，俄罗斯国内一家很有影响的女性杂志就西方人对俄罗斯女性的评价，对在俄罗斯工作的100名意大利人进行了调查。参与调查的人共分为三个阶层：社会上流人物，即意大利驻俄罗斯外交官或在俄罗斯大型公司的主管；在俄罗斯企业的中层管理人员；在俄罗斯公司的普通工作人员。调查结果表明，意大利人普遍对俄罗斯妇女评价很高，俄罗斯女性温柔而不失刚毅，浪漫而不失尊严，迷人而又善解人意。

西方人看重受过高等教育、具有良好职业素养的员工，在意大利公司就职的俄罗斯女性90%都受过高等教育，这一点很受意大利老板青睐。尤其令总经理和各级主管满意的是，俄罗斯妇女表现出令人难以置信的工作能力和敬业精神。和男性不同的是，她们不讲条件，不计报酬，因此，外国公司的老板更愿意招收俄罗斯妇女。除了职业的优势之外，意大利人还更多发现了俄罗斯妇女人性上的优点。他们发现，这些文学作品中描绘的“可爱而又富于牺牲精神的妇女”工作起来精力十分充沛，同时能坚决捍卫自己的人身权利。欣赏之余，有不少西方老板对其俄罗斯女下属产生了好感，萌生了爱意。

中国人常说妇女能顶半边天，而笔者以为，俄罗斯现状却是妇女能顶“大半边天”，高素质俄罗斯妇女才是这个国家真正的财富，而只知酗酒、缺乏责任感的俄罗斯男性却不知道珍惜身边的幸福，大大方便了来俄罗斯寻找爱情的西方男性。引进俄罗斯美女在某种程度上也是引进俄罗斯最宝贵的财富来为我所用，“以夷制夷”。

众所周知，中俄科技、经济合作的潜力巨大，但极端缺乏这方面的人才，而引进的高素质俄罗斯女孩完全可以为我所用，在中俄科技、经济合作中起牵线搭桥作用。

独联体中乌克兰共和国的主体民族乌克兰族和白俄罗斯共和国的主体民族白俄罗斯族，虽然族名不同，但与俄罗斯族属同一人种即斯拉夫人，都信仰东正教，语言相近，也非常具有理工科天赋。所以我们引进的美女自然也包括乌克兰族和白俄罗斯族美女。本书中引进俄罗斯美女的建议也适用于引进乌克兰族和白俄罗斯族美女。

日本在明治维新时期，为了完成资本的原始积累，实现强国的目标，什么歪招、损招都敢用，如组织大批妇女到东南亚去卖淫，影片《望乡》则是反映这一历史事件。不过很多人所不知的是，日本政府当时还提出了一个“改良人种”的口号。

《蝴蝶夫人》是一出著名的西洋歌剧，讲一个叫蝴蝶的日本女人与一位美国水兵相爱，后被美国水兵抛弃，最后跳海自杀的悲剧故事。此剧的西方作者根本不了解日本姓氏，日本根本没有一个叫蝴蝶的姓氏，但此剧内容并非完全杜撰，而是有相应的历史背景。西洋歌剧《蝴蝶夫人》创作年代正是日本明治维新时期，日本政府看到大和民族长期在一个孤岛内婚配繁衍，导致当时日本人身材矮小（日本女性当时平均身高仅1.5米）、体质下降、智商偏低的状况，非常不利于日本社会的发展。于是，日本政府提出了一个“改良人种”的口号，鼓励日本女子远涉重洋去欧洲，找到合适的西洋男子带回本土，一旦生下孩子政府给予丰厚的奖励，以改善和提高下一代的素质，这对日本现代化起了特殊的作用。且不论日本“改良人种”效果如何，但其超常规的做法我们还是可以借鉴的。日本“改良人种”多少有点屈辱的成分。今日的中国不同于过去的日本，中俄通婚，外嫁的又不是中国女子，而是俄罗斯美女，至少从心理上的感觉是没有吃亏，还占便宜，又得到了聪明漂亮的中俄混血儿，我们何乐而不为！

## （九）美女战略家卢卡申科

据2005年2月7日《环球时报》报道（黄晓东：白俄罗斯打响美女保卫战）：以“出产世界小姐和超级名模”著称的白俄罗斯，正在展开一场“美女保卫战”。根据白俄罗斯总统卢卡申科不久前下达的命令，美女被视为“国家的战略资源”，应受到“特别保护”，任何一个想出国当模特的年轻漂亮姑娘，都必须得到政府的书面批准。否则，这些美女以及将她们“出口”到国外的模特公司都将受到重罚。

近年来，白俄罗斯美女在世界级选美大赛及模特大赛中取得了骄人成绩，如2004年世界小姐亚军杜津斯卡娅、2004年欧亚小姐宾达索娃、2004年国际网络小姐杰米娅诺娃、2003年世界旅游小姐玛拉申科娃以及世界超级模特季达罗娃。这些白俄罗斯美女都有“魔鬼”般的身材，身高一般在1.8米以上。另外，由于从小接受舞蹈和文艺方面的训练，这些美女一个个风姿绰约，许多国际知名的模特公司争先恐后用数百万美元的合同聘请她们。

不久前，卢卡申科在首都明斯克市视察时，突然发现大道两旁，几乎所有的广告牌上都是外国美女，就问道："我们的美女都到哪儿去了？"陪同视察的明斯克市长回答说，由于国外公司的高薪诱惑，绝大部分白俄罗斯女模特都跑到国外去了。卢卡申科听后，非常不满，他说："我国的美女流失到西方是一大损失，有损国家尊严，我们决不允许年轻姑娘成为被贩卖的对象。白俄罗斯的美女没必要到国外去，她们在国内有足够的发展空间。"

在最近的政府工作会议上，卢卡申科再次提到这一问题，他决定向"美女出口"现象宣战。卢卡申科授权总统办公厅主任沙伊曼负责抓这项工作。日前，明斯克市已开始对街头广告牌进行大规模清理。市政府规定，凡是位于十字路口处的广告牌，都不允许出现外国美女，那些外国名模做的广告都必须被本国模特做的广告或交通标志取代。

白俄罗斯政府还借鉴土库曼斯坦的经验。土库曼斯坦对该国美女实施严格的禁止出国措施，如果想出国，必须向国家交纳 5 万美元的美女赎身费。卢卡申科发表声明称，年轻女模特出国，必须经政府书面批准，那些勾结境外机构合伙"贩卖"白俄罗斯美女的人将依法受到严惩，他还指示内务部长亲自核查所有美女模特的出国申请，同时缩减女性大学生和游客在国外的居留时间。据报道，目前有 500 多名白俄罗斯女模特的出国申请正在接受审查。

禁止美女出国的政策使白俄罗斯的模特公司受到不同程度打击。多家模特公司被重罚，几家有名的模特公司相继被关闭，一些模特公司经理甚至被逮捕。许多业内人士认为，此举将限制本国模特业的发展，那些想到国外发展的模特将失去参与国际竞争的机会。

但也有部分模特界人士指出，白俄罗斯国内广告市场广阔，完全可以为本国美女模特提供新的发展空间。

现在，白俄罗斯各大城市相继出现了以白俄罗斯女性为主角的系列广告：有的是手拿麦穗的女农民，有的是帮助警察维持秩序的女市民，还有白俄罗斯的女奥运会冠军等。其中最具争议的一个广告是，几名裸露肩膀、头戴选美小姐皇冠的白俄罗斯青春美少女向人们恭贺新年。

尽管一些媒体评价说，本国的广告设计不够精美，缺乏创意，但卢卡申科坚持认为，白俄罗斯美女不但应该出现在本国的广告牌上，而且还应保证她们拿到应得的收入，以防止她们到国外寻求不体面的工作。卢卡申科强调说："我们所有人都应该保护女性。白俄罗斯是世界上为数不多的、以拥有数量众多美女而著称的国家之一。"

一般读者会把此报道看成一条有趣的花边新闻，但笔者却想独出心裁地从基因的角度来分析下此条新闻。历史上的统治者重视美女主要是为了自我享受或施展美人计，正像古诗中所说"三千佳丽列宫中"，另一句老话是英雄难过美人关，于是三十六计中就有"美人计"。从古至今，没有任何一位统治者像卢卡申科总统一样，对美女资源予以高度重视，视为"战略资源"，并想方设法地"截流"和开发利用，这显示出了他的独特眼光，笔者觉得卢卡申科总统大概是世界上独一无二的美女战略家。

美国得克萨斯大学心理学博士朗洛伊斯设计了一个实验，她准备了若干组面部照片，每组两张，一个漂亮，一个不漂亮，放映给两个月的婴儿看，朗洛伊斯说："婴儿会长时间地盯着漂亮的脸（照片）看，而不管这种脸的性别、种族或年龄。"而婴儿的这种行为只能出自人的天性与本能。看来正像饥饿迫使我们觅食一样，对美貌的追求是优胜劣汰自然法则行为驱动和长期进化的结果。

据国外科学家研究，基因是爱情的基础，基因在爱情的产生和延续过程中都扮演着重要角色。拥有好基因的人更容易成为异性追求的目标，因为拥有好基因的个体后代更为健康和聪明。这在其他生物中已被初步证实。英国剑桥大学的科学家在英国《自然》杂志发表文章指出，漂亮的雄性可以繁殖出最健康的后代，至少对鸭子来说是这样。雌性绿头野鸭如果与有"魅力"的雄鸭交配就可以产生更大的鸭蛋。较大的鸭蛋可从孵出更强壮的雏鸭，因而其茁壮成长的可能性也更大。所以雄鸟漂亮的羽毛不仅显示美丽，更是为了向雌性表明自己有优秀的基因。有漂亮羽毛的雄性鸟儿好像对那些潜在的配偶们说："看我多壮实，我的免疫系统多棒！又能抢到食物。我有这么好的基因，最适合做老公！"

男人爱美女是一种本能，这种本能肯定有生物学上原因，人类在寻找生殖伴侣时总是更多受健康、优秀基因标识（主要是容貌和身材）的吸引。因为说到底，人就是一种动物或生物。从男女结合到生孩子，生物学上目的只有一个，即把最好的基因遗传下去，产生更优秀、更强壮的下一代，这样人类才能在自然界中优胜劣汰的激烈竞争中生存下来。

那些具有所谓魔鬼身材，即环肥燕瘦、双腿修长的年轻女性之所以极受男士们青睐，也是有生物学上原因。国外研究表明，魔鬼身材对女性来说不仅是一种最具曲线美的身材，也是一种最健康的身材，具有魔鬼身材即细腰丰臀的女性比起身材平板的女性，往往生育能力更强，更易孕育出更健康更聪明的后代，而且各种常见病发病远低于常人。男士们疯狂追逐具有魔鬼身材的年轻女性，主要是受优胜劣汰这一生物学法则的支配，以孕育优秀的下一代。

2003 年，美国社会学家伊温·罗盖尔在对 1200 名女性乳房大小与智力水平的资料进行对比后得出结论：具有丰满乳房的女性更聪明。罗盖尔说："我们并不情愿承认这点——我本人也戴小号乳罩，但我们确实发现具有丰满乳房的女性，其智商要高 10 个点。"而在此之前，男性们只是把丰满的乳房视作女性性感或性魅力的标志，却没有注意到丰满乳房也是女性智慧的标志。乳房丰满的高智商年轻女性生出高智商婴儿的概率自然高于常人，丰满的乳房还能分泌充足的乳汁，让婴儿健康成长。与其说男人们对女性的丰满乳房垂涎三尺，倒不如说男性是受优胜劣汰这一生物学法则的支配，想靠具有丰满乳房的高智商女性为自己传宗接代，孕育优秀的下一代。

著名作家莫言曾写了一部名为《丰乳肥臀》的小说，这部小说的书名连同其内容都引起很大争议，撇开内容不说，单就书名来说，确实能反映男性对女性的审美心理，这是女作家体会不到的，所以女作家决不会想出这样的书名。同样，女性对类似好莱坞演员施瓦辛格那样高大强壮的男人更感兴趣，因为他们生育能力通常更强，还能更有效地保护自己和孩子，使自己充满安全感。在没有 DNA 分析等先进技术出现之前，人类选择配偶好基因的标准只能凭借外表。

如从基因角度分析，笔者以为卢卡申科总统做法并非庸俗，而是很有道理的。因为白俄罗斯美女模特大都集美貌与魔鬼身材于一身，这样的美女都是父母双方优势基因遗传的结晶，美女本身自然也是优势基因的携带者，只要父母双方任何一方存在劣势基因，就不大可能产生美女。遗传学研究已证明人类的爱情受着基因优胜劣汰自然法则的支配，有优秀基因的人更易成为异性追求的目标。与其说是男人爱美女；倒不如说男人（本能地）爱美女身上的基因；与其说卢卡申科总统“截流”的是美女，倒不如说“截流”的是美女身上（卵子）携带优势基因，这当然对提高本民族素质是有益的。

国外的研究还表明，漂亮的女性不仅能吸引异性的目光，而且自幼就会得到父母更多的关爱，工作时能挣到更多的钱，选举时能拉到更多的选票，上了法庭还能得到更多的同情与宽容。比起那些相貌平庸的女人们，漂亮的女性往往更易与人相处，更有能力、更健康、更自信、更聪明。所以美女决不仅是花瓶，美女资源更是国家宝贵的人力战略资源。

现在，世界各主要国家对本国特有的农作物种子资源严格保护，严禁外流，实际上是保护本国特有的农作物基因资源，防止其外流。既然连农作物基因资源各国都要“截流”，“截流”美女（基因）自然也就无可厚非，人毕竟比农作物重要。

当然，俄罗斯姑娘不仅美丽，而且不少具有魔鬼身材，可以说俄罗斯姑娘身上大都携带有优秀的基因。卢卡申科总统“截流”美女的做法自然也会引起邻国俄罗斯的关注，俄罗斯国家杜马（议会）不少议员一直对俄罗斯育龄青年女性大量外嫁欧美忧心忡忡，因为这不仅加剧了俄罗斯人口负增长，而且会造成俄民族遗传基因的流失，丝毫不亚于科技人才的流失，俄罗斯种族的生命力会因此而削弱。于是一些议员极力主张以立法形式禁止俄育龄女性大量外嫁，俄虽没有“截流”美女的举措，但以立法形式“截流”育龄女性大量外嫁的呼声一直没停过。2005 年 5 月，俄国家杜马自由民主党议员团酝酿出台了一个旨在维护俄罗斯民族纯洁性、限制跨国婚姻的提案。这在俄朝野上下引起很大震动。现在我们要做的是趁此项提案尚未通过之时，全力“开流”，引进成千上万俄罗斯美女，通过中俄混血儿方式获取俄罗斯美女身上的优秀基因特别是理科基因。

除俄罗斯美女、白俄罗斯美女外，与俄罗斯属同一人种的乌克兰美女也是我们引进的重点。据一位去过乌克兰的中国记者说，如不去乌克兰，乌克兰女人在我们的印象中可能是肥胖的代名词，然而，当初次踏上这片沃土时，发现乌克兰竟是一个盛产美女的国度，黄油面包的饮食结构固然吃出一些腰身短粗的胖大妈，但体形优美的姑娘也随处可见，她们修长的双腿、纤细的腰肢、漂亮的容貌，使人心不已。一位刚到乌克兰首都基辅的美国青年就声称，他破了一个天底下最大的谎言，即乌克兰女人是胖妞。乌克兰同俄罗斯一样，女多男少，乌克兰 5100 万人口中，女性比男性多 330 万，其男女比例为 114：100，男女比例严重失调，这为我们引进乌克兰美女创造有利的条件。

## （十）娶到俄罗斯美女的九大妙招

目前，俄罗斯面临人口负增长的严峻形势，每年减少人口 80 多万人，所以俄罗斯美女总量并非取之不尽，用之不竭，在总量上呈不断下降之势，可不少西方国家早已盯上了俄罗斯美女，美国人、意大利人等纷纷到俄罗斯去寻找爱情，实际是大肆争抢俄罗斯美女。如果我们现在不千方百计地争抢和引进俄罗斯美女，以后想多引进都不可能或来不及。笔者之所以用“争抢”一词，无非是强调，在引进俄罗斯美女上，我们面临美国、意大利等西方发达国家激烈竞争，对俄罗斯美女就要像饿虎扑食那样既争又抢，甚至连哄带骗，抢一个是一个，争一个算一个。因天上不会自动掉馅饼，中国毕竟是个缺乏吸引力的发展中国家。俄罗斯美女不会主动、自动地嫁到中国来，必须采取另类对策来争抢俄罗斯美女，当然这种争抢是通过中俄跨国通婚合理、合法地来实现，那么如何通过中俄跨国通婚来争抢俄罗斯美女，笔者提出九大另类对策来供有意到俄罗斯娶美女的个人以及相关政府组织推动中俄跨国通婚参考。

### 1. 组织中俄“爱情之旅”

据英国《卫报》2004 年 10 月 4 日报道：在希腊一些偏远的村庄里，男女比例严重失调，许多到了结婚年龄的男子找不到老婆。来自希腊南部的一位老实巴交的农民对媒体说：“我们这儿没几个女人，她们都到外地去了，而且，她们走了就再不回来了。”为了让这些男子娶妻、组建家庭，希腊不少地方的官员想出了为单身汉出国寻妻的主意。据悉，出国寻妻之旅主要是乘坐大巴，行程一般为 5 天。人们给这种巴士起了个好听的名字，叫“爱情巴士”，希望它能载着单身汉找到好运。

前两天，第一辆“爱情巴士”载着 40 位单身汉前往乌克兰。一位名叫比罗尼斯的官员说，由于生活水平的差异，乌克兰女子可能喜欢来希腊，“我们希腊的农民都有自己的房屋、地产”。比罗尼斯同时还谴责把“爱情巴士”说成是变相性旅游的说法。他说，这些前往他国寻觅伴侣的农民很孤单，他们都是认真的。

其实，希腊单身汉出国寻妻已不是第一次，北部的一些农民就成功在保加利亚娶回了老婆。当地边境检查官透露说：“这里每天都排长队，好多希腊男人都想去保加利亚。”

据报道，为确保单身汉们能幸运地在国外找到自己的“新娘”，希腊政府将简化外国新娘进入希腊的签证手续，为准新人们大开“绿灯”。

笔者看了这条报道，心里颇不平衡，北京、上海等大城市不比希腊农村强百倍，人的素质更是高得多。连希腊农民都可去乌克兰、俄罗斯、保加利亚找老婆，我们的官方或旅行社为何不能组织类似的寻妻之旅，说得好听点就是“爱情之旅”。前面所提到的美国跨国婚姻介绍所就是把跨国婚介与“爱情之旅”结合起来，让美国大批单身汉以旅游方式到俄罗斯进行“爱情之旅”，让男女双方直接见面，相互选择。

建议国内旅行社尽早开发类似业务，旅行社既可赚大钱，中国男人又能娶到洋媳妇，何乐而不为!

坦率地讲，由于美国是发达国家，美国男人比中国男人更具吸引力，俄罗斯女孩嫁美国男人更积极、更主动，即使在对美国男人了解不多的情况下也敢嫁。但由于俄媒体天天对中国进行歪曲报道，这使俄罗斯女孩对嫁中国人疑虑重重，解决问题的办法是“请进来”，组织俄罗斯女孩到中国的大城市进行“爱情之旅”，或者说“相亲之旅”，费用由中方（愿与俄女孩相亲的男性）承担，让她们见识一下真正的中国，让她们与中国优秀男性进行面见面接触，直接了解他们的收入与家庭情况，让俄罗斯女孩放心大胆地嫁到中国来。

在俄罗斯欧洲地区如莫斯科、圣彼得堡等地，由于经济较发达，生活水平较高，这里的俄罗斯女孩眼光高、身价高，只愿外嫁欧美，因此我们应侧重于从俄罗斯经济欠发达的西伯利亚（如北极、远东）和农村引进那里的俄罗斯女孩出于政治和军事等方面的考虑，前苏联计划部门曾人为加速城市化进程，在气候寒冷的西伯利亚地区建起了许多新兴工业城市。从 20 世纪 50 年代开始，来自苏联各地的工人奔赴这些城市，城市渐成规模。这些工人不仅被授予开拓者的光荣称号，还享受着高薪和优厚福利待遇。前苏联时期，这里的物资供应情况比内地要好，一年之中市民们可以有一段时间享受政府提供的津贴，到南方旅游地休养、晒太阳。

最近 5 年来俄罗斯经济迅猛发展，国内生产总值增长了 30 个百分点。然而，在这一片欣欣向荣的氛围中，俄罗斯西伯利亚的不少城市却日渐衰败。因为在远离欧洲中央经济区的俄罗斯西伯利亚地区，从事采矿和工业生产，生产和运输成本高得惊人。专家认为，俄罗斯整个西伯利亚地区的经济活动按国际标准衡量成本过高，缺乏竞争力，如此大的投入换得的微薄的产出简直是一种浪费。

西伯利亚不少城市经济日趋恶化，失业率不断上升，加之恶劣的气候环境，人们都想外迁，不过，外迁可是一件费钱费力的大事。安置这些居民要盖房，对他们进行再就业培训也要花钱。例如，虽然俄罗斯联邦政府不断增加北极地区居民迁移的专项资金，但以政府现在的资助规模要把这些人都迁走至少需要上百年的时间。

前苏联时期，西伯利亚的远东地区被定位为军事工业基地，形成了重工业畸形发展的经济体系。前苏联解体后，原来的计划经济体制崩溃，俄政府无暇东顾，远东生产严重衰退，人口大量外迁，整体经济一蹶不振。一位中国记者在远东走访的半个月时间内对此深有感触。以伊尔库茨克为例，该城几乎看不到新建的建筑。中国驻远东地区的一位外交官对远东10年的发展作了一个形象的比喻："如果说这里有什么变化的话，那就是房子变得更旧了。"

前苏联时期，远东发展一直靠中央财政支持，每年苏联政府都向这一地区投入八九亿美元资金。如今俄政府每年给它的拨款降到了3000万美元。远东不得不把恢复经济的希望放在了发展与周边国家，特别是与中国的经贸合作上。

在俄罗斯西伯利亚衰败的城市中还有这样一些城市，它们没有自己的名字，一般以几百公里以外的城市名加数字命名；在地图上，人们找不到它们的位置。这些绝密城镇是专门用来研制战略核武器的，是所谓核工业城。核工业城在俄境内现有数十座。自1945年以来，上述核工业城一直由前苏联（俄罗斯）中央政府管辖，城市的所有开支也由联邦预算支出。

然而，近日从俄媒体传出一个惊人的消息：从2006年开始，俄罗斯逐步将这些"核弹城"改为普通城镇。

从2006年6月1日起，联邦政府将不再直接管理核工业城，这些城市将划归当地联邦主体管辖，由封闭转向开放，成为普通城镇。准备首批开放的有10座核工业城，都是前苏联时期在西伯利亚地区修建的。

俄罗斯是个十分重视保密的国家，开放这些城市实属迫不得已。据俄媒体透露，由于俄罗斯基本停止了核武器的生产，这些城市的工厂这些年都处于半停产状态，科研人员和职工一连数月领不到工资。为了生计，大批科学家被迫离开这里，另谋出路。

"核弹城"一旦失去联邦政府的补贴，城市将无法正常运转，经济将趋于崩溃。其实在俄罗斯，等待"开放"的"核弹城"远远不止这10个。2004年4月1日，俄罗斯国防部宣布今后将陆续裁撤7个战略导弹师，一批依靠俄军导弹师生活的小城镇也面临被"解散"的命运。20世纪60年代，同样出于保密的考虑，苏军把战略导弹部队全部部署在草原或密林深处。这种封闭城市的居民多数是随军家属和退役军人。年轻的时候，他们告别大城市和亲人，来到深山老林安家落户，可没有想到，几十年后军队会抛弃他们。

驻卡尔塔雷导弹师所在的"火车头"镇位于南乌拉尔草原，这里交通不便，物资匮乏。维诺戈拉多娃原来在卡尔雷导弹师文化宫工作，经常上舞台表演，在镇里算是个公众人物。现在该导弹师准备裁撤，她失业了，每月只能步行到卡尔塔雷镇领取失业救济金。镇里还有三个小女孩联名给普京总统写了一封信："请您想办法，不要裁撤我们可爱的小镇!"

俄罗斯农村妇女的状况更是悲惨。俄罗斯农业改革后，国有农场和集体农庄基本解体。土地私有化不仅加剧了农村妇女的生活负担，而且使她们沦为男子的附庸。被分到家家户户的土地以男子的名义登记，各种农具也大多由他们掌管和使用，而由妇女承担的饲养牲畜、照管自留地等工作很少以机械替代。除了这些繁重的劳动，她们还要照料家务。农村妇女的这些劳动是无法用货币来体现的，因此被迫依附于男子。

另外，转向市场经济后，政府减少了对农业的投入，农村经济举步艰难，农妇无钱购买土地和其他生产资料，银行也不给她们贷款，这样就导致了她们的贫困状况日益加剧。

对俄罗斯经济欠发达的西伯利亚地区和农村的女孩来说，北京、上海等大城市对她们来说简直是天堂，她们是愿意来中国安家落户的，自然应成为我们引进的重点。前面提出要组织“爱情之旅”，发达国家男人一般把俄发达地区如莫斯科、圣彼得堡等作为“爱情之旅”目的地，但中国男人的竞争力和吸引力比不过美国、意大利等发达国家，故应退而求其次，把俄经济欠发达的西伯利亚地区和农村作为“爱情之旅”或“相亲之旅”目的地。

### 2. 留学抱得美人归

中国男性自费留学生通常选择欧美大学，去俄罗斯留学的很少。笔者之所以强调鼓励男性自费留学生去俄留学，是因为男留学生到俄国就有了与俄女孩交往的机会，掌握了俄语之后更有利于交往，这样在毕业时就有可能娶一个俄罗斯女孩。当然这仅是一个方面，俄罗斯高校教学质量不亚于欧美高校，收费却低廉得多，2004 年 6 月 29 日《华西都市报》对此做了介绍（潘波：揭密俄罗斯留学热），现将部分内容引用如下：

2002 年，本报曾对俄罗斯留学作了专题报道，预言“虽然俄罗斯留学目前还是一个冷区，但从现有留俄学生的学习和学成后的发展情况来看，这个冷区将在不久以后变成热点”。从那时起到现在的两年多时间里，赴俄罗斯留学的四川学子逐年增多，仅在俄罗斯第二大城市圣彼得堡，就有上百名川籍学子在此求学。

家乡学子在俄罗斯的学习、生活情况怎样？来到这样一个让许多人倍感陌生的国度求学，他们后悔当初的选择吗？在一周的时间里，记者穿梭于多所世界著名高等学府及留学生宿舍、中国餐馆间，与数十位四川留学生进行了零距离的接触和交流，亲眼见证了他们在俄罗斯的留学生活，倾听到他们发自内心的真实感受。

（1）**世界名校多如牛毛**

“圣彼得堡有 70 多所高等学府，我们上了响当当的名校！”提起自己就读的大学，这些川籍留学生们脸上写满了自豪。

川妹子邱倩在双流中学读完高二即赴俄留学，现为国立圣彼得堡大学新闻系大三学生，她一口气道出学校一连串的闪光点：有 280 多年历史，世界排名 20 多位，俄罗斯总统普京毕业于该校法律系。在记者接触的数十位川籍留学生中，有近一半学生在该校就读，俄语系女生吴琼曾是四川某师范大学学生会干部，管理系男生杨兴原为成都某高校在校生，他们称，之所以中途放弃学业赴俄留学，就是瞄准了这世界名校。

来自成都新津的张开基刚读完预科，即将进入读巴甫洛夫国立医科大学，该校是俄罗斯一流医科大学，名列欧洲医科大学前10位，学生毕业后可凭执照在欧洲各国行医。

（2）**花钱少质量高**

“我们也是来了后才知道，俄罗斯的高等教育这么发达，名校如此之多!”留学生们感叹，由于俄罗斯人的宣传意识不强，在中国，许多人并不了解俄罗斯高等教育的优势。俄罗斯是世界高等教育平均水平领先的国家，接受过高等教育的人占全国成人总数的95%。一位高考落榜后赴俄留学的四川学子坦言，俄罗斯之所以能吸引越来越多的中国学生，留学起点低是重要因素，只要持有国内高中（或同等学历）毕业证书，且身体健康者，均可免试赴俄罗斯的国立大学读书，且申办成功率很高。

川籍学生刘榆毕业于成都航空职业技术学院，出国前英语已过六级，去年，他放弃了到欧洲留学的机会，前往俄罗斯读预科。刘榆认为，留学费用低是俄罗斯留学升温的又一个重要因素，在这里可以花尽量少的钱读世界一流的大学。据留学生们介绍，在俄罗斯留学，一年的学习、生活费用一般为3至5万元人民币，仅为欧美国家的几分之一，工薪家庭也可承受。

（3）**浓厚的文化氛围**

“孩子老是说自己在那边挺好，可我们总担心孩子报喜不报忧，那边治安状况、社会风气好不好、孩子会不会学坏，总让我们揪心。”出发之前，一些留学生家长特地委托记者考察当地的实际情况。

在圣彼得堡，俄罗斯人的素质给记者留下了深刻的印象：男士总让女士优先；买东西、坐公共汽车自觉排队；一进地铁，男女老少都拿出随身携带的书，埋头看起来……留学生们感慨地说，俄罗斯被誉为世界上最爱读书的国度，读书对俄罗斯人来说是一种习惯和享受。

“圣彼得堡遍地是博物馆、宫殿、剧院，孩子们周末不打电子游戏，而是去看芭蕾、看戏剧、看画展。置身其间，个人素质会得到很大的提升!”据邱倩介绍，这里课外生活丰富，学生的福利好，几十美元一张的芭蕾舞剧门票，学生可优惠70%；到冬宫、夏宫、俄罗斯博物馆等名胜游览，外国游客一处要花数百卢布，而学生可凭学生证免费参观。

记者注意到，这里的大学周边环境很好，没有网吧及过多的商业设施，校园内通常只看到剧院或学生俱乐部的广告。正如许多留学生所说：“这里的大学学风很浓，学生玩起来很疯，学习时又很投入。晚上和周末，图书馆里的人特别多。”

在圣彼得堡期间，记者有幸参加了川籍学子在中国茶楼的一次聚会，20 多位四川留学生委托记者转告家乡的亲人："圣彼得堡是求学的好地方，家乡父老尽可放心!"

(4) **留学生建议**

"留学俄罗斯不失为一条成才捷径。"对留学后的就业发展前景，四川留学生们充满了信心。

国立圣彼得堡电子科技大学川籍学生范田皓认为，不少俄罗斯名牌大学与欧美大学有紧密的合作关系，进入这些大学后较容易进入欧美大学进一步深造。加之目前我国精通俄语的人才相对较少，将来学成后回家乡工作大有用武之地。

不过，留学生们特别提醒大家："赴俄留学要趁早!"随着俄罗斯留学不断升温，越往后走，赴俄留学的门槛将会更高，比如抬高入学起点、学费涨价等等。邱倩对此就有切身的感受："我刚来时新闻系学费只有 2500 美元，现在已经涨到 4000 美元。"在留学生数量猛增的情况下，俄罗斯一些著名院校甚至出现了住宿紧张的问题。

显然，中国男性自费留学生去俄罗斯留学不仅花费少、学得好，还有可能娶一个俄罗斯女孩，生几个混血小天才，获得俄罗斯人理工科天赋的遗传基因，真可谓一举多得。如去欧美大学留学，花费不仅高，也不大可能娶个洋媳妇，因为欧美女孩一般不愿嫁中国人。

除俄罗斯外，与俄罗斯人属同一人种的乌克兰、白俄罗斯，也应成为中国男性自费留学生的理想留学地。

据 2002 年 1 期《环球》杂志报道（宋宗利：中国留学生的同居生活）：尽管记者早就知道自费男留学生中与乌克兰姑娘恋爱同居的现象较为普遍，但对基辅、哈尔科夫和敖德萨等城市的中国留学生的调查结果，还是令我颇为震惊：中国自费男留学生的同居比率在 80%以上。

张瀚正（化名）先生今年 32 岁，目前在乌克兰敖德萨国立大学攻读副博士学位。记者遮遮掩掩地提起"同居"话题时，没想到他却落落大方地侃侃而谈。

我是大学毕业后，自费来乌克兰深造的，在来乌克兰前根本没有学过俄语。乌克兰学校在招收研究生时，注重的是个人的思维能力和创造能力，而不是语言，因此招生考试时允许考生指定一名翻译（这与国内考研过分注重英语形成鲜明对比）。入学后，我首先在预科班学习一年语言，由于学得很刻苦，简单对话没问题，没想到第二年正式开始上课程时，就完全搞不懂了。我的导师看我学得很吃力，就对我说，你有姑娘吗？如果没有，就找一个乌克兰姑娘吧，这样对你学习有好处。中国老师无论如何也不会出这样的主意。

乌克兰女孩子对同居看的更开，不少女学生因为家里生活状况不好，很愿意与外国人同居，以完成学业。不久，我找到了一个比较中意的乌克兰姑娘，开始了我的同居生活，我的俄语表达能力也从此突飞猛进，感到学习和生活轻松多了，研究生毕业后，我又开始了攻读副博士学位。

在乌克兰，同居生活很轻松，没人说闲话。同居让我学到了很多书本上没有的东西。

郭平（化名）是乌克兰敖德萨国立大学三年级学生，他说："乌克兰留学生的中国男学生同居的比例很高，有'传染效应'，一个人开个头，周围的人跟着效仿，许多自费男留学生家境比较富裕，又大多处在'恋爱季节'，摆脱了国内的种种束缚后，很快就在异国过上了同居生活。"

当记者问到校方是如何看待中乌异性同居这一问题时，郭平笑了笑说："乌克兰人都是大大方方的谈'性'的，学校根本不管同居的这种事。举个例子来说，许多乌克兰内地的姑娘到敖德萨来休假，她们通常在海边晒太阳，如果一个姑娘躺地沙滩上，旁边没有男伴的话，你邀请她晚上住到你家里，她一般都会答应的。每天，你给她买菜的钱，她负责买菜、洗衣、做饭和收拾屋子，干完活就去海边晒太阳晚上再回来，等假期结束，卷起行李回家，跟什么也没发生过一样。如果这期间，你抱怨她的菜做得不好吃什么的，她立即卷铺盖走人。这在中国人看来，简直不可思议，两国人的思维和生活方式毕竟有很大的不同，乌克兰学校不限制学生谈恋爱，允许年满16周岁的学生结婚，还负责分配宿舍，如果有了小孩子，还能调到大一点的宿舍，这些情况跟国内截然不同，因此同居在乌克兰是件很平常的事。"

"我一到乌克兰，我的师哥们就传授经验：最好找个乌克兰姑娘，起码分手时练就一口流利的外语。乌克兰姑娘确实漂亮，对中国学生的吸引力很大，我一开始和一个乌克兰姑娘同居，双方相处很好，老实说，乌克兰姑娘还是不错的，上得厅堂，下得厨房，整体素质很高。"

乌克兰姑娘愿与中国留学生同居，既有经济上的原因，也有确实爱上中国留学生，为爱情而同居的，这就为中国留学生最终把乌克兰姑娘娶到中国来，生出混血小天才创造了条件。

作为前苏联科技、文化、教育中心，乌克兰继承了前苏联三分之一的科技、教育实力。乌克兰仅有5100万人，却拥有1000多所高校，高等教育普及率很高。对比之下，我国13亿人也只有1300多所高校。乌克兰拥有许多世界著名高校，都有着上百年的历史，如基辅大学、乌克兰国立科技大学、乌克兰国家技术大学、朱柯夫国立航空航天大学、基辅国立柴可夫斯基音乐学院、第聂伯国立医学院、哈尔科夫国立音乐学院、乌克兰国立美术学院等，都在世界上享有盛誉。

据了解，乌克兰大学预科一年的学费为1000美元左右，专业阶段一般为每年1000到1500美元，即使最贵的艺术类专业也只有每年2000到3000美元，住宿费为每人每年100到500美元，生活费为每人每年700美元左右，这样算下来，乌克兰留学一年仅需要2万多人民币，这并不比国外读大学贵多少，许多工薪家庭也能承受。

从教学质量来看，乌克兰人少高校多，乌克兰大学基本上都实行小班教学，每班也就20多人，少的只有十几个人，在预科班学语言时，通常不足10个人，这当然有助于实行个性化教学，提高教学质量。

那些到乌克兰的自费留学生发现，“原来对乌克兰太不了解，没想到乌克兰高等教育实力这么强”。与欧美大学相比，留学花费很低，所有花费每年不到2.5万人民币，比读国内大学高不了多少，连国内工薪家庭也可以承受。

由于乌克兰大学经费不足，生源少，中国留学生正好来填补空白，有人计算过，每三个留学生就能给当地创造一个就业机会，中国留学生带来的美元是乌克兰的外汇来源之一，故乌克兰很欢迎中国留学生。

按乌克兰有关规定，国内高中毕业就可免试赴乌克兰留学高校的预科学习，一年或一年半后通过语言水平考试直接就读专业。只要有高中（中专、技校）毕业证书、身体健康者，均可赴乌克兰国立大学攻读学士或升读硕士或博士。中国学生在取得乌克兰国立大学邀请函的同时，也会获得入境许可，极大提高了签证的成功率。

根据中、乌两国签署的《中华人民共和国政府和乌克兰关于相互承认学历、学位证书的协议》，我国承认乌克兰高校颁发的学位与学历证书。所以对自费留学生来说，除俄罗斯外，乌克兰因其上乘的教育质量、低廉的留学费用，成为我国不少自费留学生的新选择。

除俄罗斯、乌克兰外，白俄罗斯及哈萨克斯坦也应成为中国（男性）自费留学生的理想留学地。

自前苏联解体后，白俄罗斯高等教育体系保留完整，教学水平没有受到影响，中国留学生经过一年的语言学习后，就可进行白俄罗斯各大学学习。白俄罗斯各大学不仅教学水平高，且学习、生活费用很低。值得中国留学生选择。

以白俄罗斯第二大城市戈梅利市为例，该市70万人，地理位置优越，是通往西欧的必由之路，该市戈梅利大学是白俄罗斯仅次白俄罗斯大学的第二位名牌大学，该校有多位前苏联院士，设置有44个专业，教学设备一应俱全，学习环境非常好，而这样的一所名牌大学一年的学费却只有一万元人民币左右。对比之下，在英国，仅中学留学生一年的费用就高达15万至20万人民币，实在过于昂贵。且不允许打工，毕业后留在英国工作的希望也是微乎其微。

由于白俄罗斯经济稳定，社会安定，居民的生活水平较高，留学生可享受一些免费待遇，像住宿费、水电费等。作为中国留学生，为了学到真本领，又不需要太昂贵的负担，到白俄罗斯留学是明智之举。

别以为独联体的哈萨克斯坦共和国中哈萨克族人占多数，其实哈萨克族与俄罗斯族人数比例为1∶1，在哈萨克斯坦大城市如阿拉木图，俄罗斯族占多数，故阿拉木图等大城市最流行的是俄语而不是哈萨克语。哈萨克斯坦北部紧邻俄罗斯的几个州，也是俄罗斯族占多数，分离主义倾向严重。故哈萨克斯坦总统纳扎尔巴耶夫把首都由阿拉木图迁至北部的阿斯塔纳，以加强对北部几个州的控制。正因为哈萨克斯坦共和国俄罗斯族人数多，相应的俄罗斯美女也多，故留学哈萨克斯坦也是个不错的选择。

到独联体各国留学的中国学生喜欢扎堆，往往集中在少数几个大城市，如到俄罗斯的中国留学生90%集中在莫斯科与圣彼得堡，到白俄罗斯的中国留学生主要集中在白俄罗斯首都明斯克的几所大学，这些大城市中国留学生太多必然导致学费大幅度上涨和入学难度的提高。此外，这些大城市的俄罗斯美女眼光高、身价高，只想远嫁欧美，不大可能嫁给中国留学生，笔者建议中国留学生不妨选择一些稍小一点城市的一流大学来就读更合适，前面所举戈梅利大学就是一例。

此外，俄罗斯、乌克兰、白俄罗斯及哈萨克斯坦的夏天非常凉爽，最高气温仅为30度左右，冬天并不像我们所认为那样寒冷，尽管冬天的气温大多在零下二十多度，但由于风力不大，感觉并不比北京、沈阳、哈尔滨等我国北方城市那样寒冷。在当地，室内都有良好的供暖设施，供暖期长达七八个月（10月至来年5月），在这四个国家的教室、图书馆或宿舍，室内温度多在25度左右，本国学生在室内大都穿短袖上装，初去的中国留学生常常觉得偏热。对比之下，我国北方城市供暖期仅为五六个月，供暖温度仅15度左右，供暖期和供暖温度还不如对方，所以留学生完全不必担心对寒冷气候的不适应，应大胆地去留学。

除自费留学生外，2005年，我国公派留学生数量高达7245名，比2004年增加3100人，这是个不小的数字。但现行的公费留学政策是向欧、日、美倾斜，鼓励公费留学生去欧、日、美，但在西方国家优厚待遇吸引下，滞留不归现象严重，学成归国仅三分之一，造成尖子人才大量外流和国家巨额投入的大量浪费。而去俄罗斯公费留学生，学成归国的比例几乎高达100%。这是因为俄罗斯排外情绪严重，加之生活水平低，只能回国求发展。此外，尽管俄罗斯大学教育质量与欧美相当，收费却低廉得多，能以较小的投入培养更多的人才。所以笔者建议调整现行的公费留学政策，不是向欧美倾斜，而是向俄罗斯倾斜，公派留学生应以性别划分留学区域，既然我们要迎娶俄罗斯及乌克兰、白俄罗斯美女，（未婚）男性公派留学生就应尽量派往俄罗斯以及乌克兰、白俄罗斯，以借机娶回俄罗斯美女，国内女性公派留学生则主要派往欧、日、美。

### 3. 尽快开设俄语电视频道

在推动中俄跨国通婚上，不仅要靠个人努力，政府相关部门也是可以大有作为的，尽快开设俄语电视频道来宣传、介绍中国，应是广电部门及中央电视台的一项重要职责。

据2005年3月23日《环球时报》报道（王维屯：俄罗斯民间怎么看中国）：自2001年中俄两国领导人签署《中俄睦邻友好合作条约》以来，两国关系开始了一个新时代。近年来，中俄双边关系迅猛发展。2004年，中俄贸易额超过200亿美元，中俄间的战略协作伙伴关系正向纵深发展。

同时，“中国扩张论”、“中国威胁论”也在俄罗斯不断升温，成为不少媒体谈论的热门话题。记者阅读俄报刊时，经常看到《中国的崛起对俄罗斯有利吗》，《中国向远东地区进军》、《亚洲龙觊觎俄罗斯石油》这样的标题。

俄罗斯一些亲西方的新闻媒体在“中国扩张论”和“中国威胁论”的扩散上起到了推波助澜的作用。近年来，俄罗斯较有影响的《独立报》、《消息报》和《生意人报》等频频大肆炒作所谓的“中国扩张论”和“中国威胁论”。

近年来，俄罗斯某些媒体在所谓移民问题上大肆炒作，说“中国正在进行静悄悄的经济和人口扩张”。一时间，俄报刊上出现最多的有关中国和中国人的报道被冠上以下标题《中国人在界河偷渡时被抓》、《中国人非法捕捞珍贵水产品》、《中国人非法倒买倒卖熊胆熊掌被当场抓获》、《中国人无照非法经营中餐馆》和《中国人利用 1 日游或 7 日游非法向俄罗斯移民》等。

据俄科学院世界经济和国际研究所专家萨里茨基先生介绍，纵观最近五年来俄报刊对俄中能源合作问题的报道，近 90％的相关报道主体体现在以下四个方面：“中国向俄罗斯扩张”、“中国的劣质商品”、“中国与其他国家的冲突”和“中国社会的阴暗面”。俄媒体把一个蓬勃向上的中国描绘成停滞不前的国家，而且这个国家还具有“侵略性”。俄一些媒体至今还遵循 20 世纪 90 年代形成的关于中国的报道方针，即“关于中国的报道，要么就不报道，要么就从反面报道”。俄个别报刊甚至让俄广大读者站在 1969 年珍宝岛武装冲突的角度来看待中国所发生的一切积极变化。

萨里茨基透露，在俄罗斯，的确有人专门花钱雇人撰写反华文章，然后在俄报刊上发表。这些“订货者”包括美国卡内基基金会莫斯科分支机构、某些西方国家驻俄罗斯基金会的分支机构，甚至还包括台北驻莫斯科代表处。萨里茨基说，不排除以上组织和机构专门制定了对中国实行负面报道的题目。一些俄媒体由于受金钱驱动，对中国所发生的翻天覆地的变化视而不见，或愿意混淆视听，企图直接影响俄罗斯最高层的决策进程。

今日俄罗斯，许多报刊或被利益集团收买，或成为某些政治势力的喉舌，这些利益集团和政治势力又与西方有着密切的联系。长期以来，这些媒体很少客观报道中国的情况，一些俄罗斯记者也站在西方国家的立场上报道中国，虽然这股势力在俄罗斯尚未占据主流地位，但对俄社会的舆论导向起着相当大的作用。

如果我们听任俄罗斯某些媒体在中国问题上报道肆意片面化和丑化，那么俄罗斯女孩对中国的印象一定很坏，把中国视为地狱，或者像非洲一样落后，那就不愿意嫁到中国来。

为了改变俄罗斯某些媒体在中国问题上报道片面化和丑化宣传的情况，2003 年，从 8 月 20 日至 28 日，由中国国务院新闻办公室和俄罗斯圣彼得堡市政府联合举办的圣彼得堡“中国周”活动隆重举行，在素有俄罗斯“北方之都”之称的圣彼得堡市掀起了一股中国热。圣彼得堡的大街上，到处悬挂着“中国周”活动的宣传画，“中国周”活动的大型灯箱和电子屏幕格外引人注目，有关“中国周”的报道也成了当地报纸、电视的主要内容。

“中国周”在圣彼得堡的举行，是俄罗斯人民对中国面对面的一次真实了解。“中国周”上有《中国的世界遗产图片展》，有具有浓郁中国民族特色的音乐会，中国杂技和中国古代民族服饰表演。4000多平方米的展览、三台演出、两次演讲使俄罗斯人民对中国文化、中国的发展与进步有了更多的了解。

《中国的世界遗产图片展》在圣彼得堡著名的马涅什展览馆举行。其中有闻名遐迩的万里长城，有景色秀丽的黄山、庐山，有反映中国古代宗教文化的莫高窟、峨眉山——乐山大佛、布达拉宫——大昭寺，有世界罕见的皇家园林和皇家建筑故宫、秦始皇陵及兵马俑等。

据展览会中方负责人介绍，开展不到两天，留言簿就写满了三大本。热情的俄罗斯观众写道：“展览让我们感受到中国的伟大！中国离我们近了！真想去中国看看！”“伟大的国家，伟大的人民，伟大的文化！”一位叫达莎的俄罗斯姑娘用中文写道：“我爱你，中国！”“中国人，好样的！”

广东杂技团的演出是本次“中国周”活动的另外一个主要内容。在广东杂技团来圣彼得堡演出之间，当地很少有人看过中国的杂技，广东杂技团精湛表演的确让圣彼得堡人开了眼界。展现人体柔美的《柔术》、技艺精湛的《独轮上的探戈》、独一无二的《肩上芭蕾》等“绝活儿”，向观众展示了“中国传统艺术奇葩——杂技”的惊、险、奇、特、美。观众的掌声一阵接一阵，惊叹声此起彼伏。坐在第一排的俄罗斯老战士阿尔达莫诺夫对记者说：“中国的杂技与俄罗斯的杂技风格完全不同，我从来没有看到过这样高水平的杂技表演！真是太精彩了！”

中国艺术家精湛的技艺折服了欣赏水平极高的圣彼得堡观众。结束后，许多观众还久久不愿离去。演出结束后，观众起立齐声高呼：“中国人，好样的！”

2003年8月19日，中国国务院新闻办公室主任赵启正和俄罗斯圣彼得堡市副市长兼对外联络委员会主席普罗霍连科在接受新华社和中国国际广播电台记者联合采访时，积极评价了中俄两国的文化交流。

赵启正对记者说，中俄双方交往涉及政治、经济、文化等多个方面，而文化交往最容易获得双方人民的理解，也是双方友谊的基础。他说，中俄两国都具有深厚的文化底蕴，中国非常重视文化交往，希望通过这种往来把中国文化推向世界。他表示，中国近几年在推动中俄文化往来方面做了许多工作，并将继续努力。

普罗霍连科首先对“中国周”给俄罗斯观众带来精彩的文化节目表示感谢。他说，俄中文化交往历史源远流长，双方有必要而且应该加强文化交往，这种交流必将促进双方在各个领域的广泛合作。他希望今后俄中双方能进一步加强文化交流，表示将邀请中国文艺团体经常到俄罗斯和圣彼得堡演出。

笔者觉得要促进中俄文化交流，让俄罗斯女孩及公众了解真正的中国及仅仅靠“中国周”的效果是很有限的，中央电视台应尽早开设俄语卫星电视频道，这样就可以全天候、全方位宣传中国，抵消俄罗斯媒体对中国的负面宣传。这不仅能让俄罗斯女孩喜爱中国，还能促进中俄文化、科技、经济交流，产生多方面的效果。这方面央视九套英语频道做法和效果可引以为鉴。

从 2003 年 3 月 20 日下午开始，央视英语频道连续数日 24 小时对伊拉克战争进行直播报道，宣传中国的立场和观点。此举不仅开创中央电视台直播史上的先河，而且也收到了许多意想不到的惊喜。几天来，大量国外观众的来电和网上的帖子让人着实高兴了一回。不少国家和地区观众发来电子邮件盛赞英语频道报道的客观公正、不偏不倚。一位来自华盛顿的观众写道：“美国媒体对伊拉克战事的大部分报道都带有偏见，对我来说，CCTV－9 的‘第二种’观点和广阔的视角显得非常珍贵。”新西兰观众表示自己第一次收看到 CCTV－9 的节目，立即被它不偏不倚的报道方向吸引；荷兰一观众说自己非常欣赏 CCTV－9 客观报道的态度；来自牙买加的观众发来电子邮件中写道：“你们的报道不随波逐流，充分反映出了第三世界的声音……”更多的电子邮件来自于欧美国家。英国一位观众说，美英电视台偏向性报道让我看不到事情的全面，让我了解了更多。你们的报道是最优秀的。

去过俄罗斯的人都会发现俄罗斯电视节目实在单调乏味，缺乏吸引力。中央电视台开设俄语频道，并不需要制作多少新节目，只需把中央电视台已播出大量精彩节目翻译成俄文播出即可。不过要强调的是俄语频道一定要有个“嫁给中国”的栏目，让那些已嫁到中国来的俄罗斯女孩现身说法，讲她们在中国的幸福生活，以吸引更多的俄罗斯女孩嫁过来。

俄语电视频道如果通过卫星传播有困难，可先上网传播，这不仅在技术非常容易，传播成本也很低。

### 4. 开办中俄跨国婚姻介绍所和中俄跨国婚姻网站

之所以有大批俄罗斯女孩嫁到美国去，是因为美国有 300 多家跨国婚姻介绍所从中牵线搭桥，前面所提意大利商人贝利尼到俄罗斯去开办跨国婚姻介绍所的做法也值得我们借鉴，但防止类似国内黑婚介出现在跨国婚介中，建议由官方如妇联到俄罗斯去开办跨国婚姻介绍所，让已嫁到我国的俄罗斯女孩牵线搭桥，以提高跨国婚介信誉度，打消俄罗斯女孩疑虑。同时对俄罗斯女孩不收取任何费用，来中国旅行相亲一切费用均由中方（男性）承担，以提高成功率。

除跨国婚姻介绍所外，越来越多的在俄罗斯女性热衷于通过互联网寻找国外伴侣。仅在 2005 年的 4 月，就有 6000 名俄罗斯女性登录圣彼得堡市一家跨国婚介网站，短短几天内，一位美国男子的征婚启事就得到 500 名妇女回信应征。

俄罗斯国内有专门的网站介绍跨国婚姻，但介绍的都是欧美男性，由于中国男性懂俄文的很少，笔者建议由官方如妇联开办介绍中俄跨国婚姻的俄文、英文网站（因为不少俄罗斯女孩懂英文），把中国优秀男性的资料翻译成俄文、英文，通过网站介绍给俄罗斯女孩，供其选择。

## 5. 招揽引进俄罗斯女留学生

美国国务院资助的俄罗斯文化基金会专门执行所谓“未来领导人”计划，它吸引了7400名俄9年级到11年级的中学生免费在美国的普通中学和中等专科学校学习，此外，基金会还将为俄大学生提供在美大学就读一年的奖学金。美国福特基金会驻莫斯科办事处最主要的任务就是着眼长远，吸引俄优秀大学生到美国短期就读，为日后合作打基础。为此，福特基金会10余年来共提供3.3亿美元奖学金，除了理工科学生外，学人类学、档案学、哲学的学生也能得到资助。美国的这种方法效果不错，数据显示，尽管俄罗斯学生在美结束短期学业后要回国继续学习，但他们毕业后70%的人与其在美就读的大学或实习的公司签订了工作合同。

俄罗斯每年都有数以千计的青年男女奔赴英国、美国、法国、德国和其他国家留学，在日本、韩国和新西兰等东方国家也有他们的身影。据俄罗斯教育部的统计资料说，根据协议到国外留学的公派留学生，包括研究生，2003年是448名，而自费留学生是这一数字的几十倍。这些留学生中目前有70%的人不愿意回国，只有25%的人表示想回国，并在国内找工作。

西方著名大学正大力引进俄留学生，不仅可收一大笔学费，还可挖人才。因此，许多西方国家的领事馆都简化了留学生的签证手续。去英国留学一年的俄罗斯年轻人可获得各种签证，包括允许在这个国家工作的签证。美国驻俄罗斯大使馆2004年6月3日宣布，自即日起，大幅降低俄罗斯学生申请赴美签证的费用。此前俄罗斯留学生申请一个单次入境的美国签证需要495美元，现在则降为65美元。据美联社报道，美国驻莫斯科大使馆2003年共发放了1.2万个学生签证。

笔者认为我们可借鉴欧美的做法，大力吸引俄留学生来华留学。为引进俄罗斯女孩，可设立专门设立针对俄罗斯女留学生包括女高中生的优厚奖学金，自费女留学生也能享受这笔奖学金，毕业后，我国政府应创造条件，鼓励她们在中国工作并成家。最好，俄罗斯女孩来中国留学、经商、旅游实行免签政策，来者不拒，敞开口子接收。但单方面对俄罗斯女孩实行免签政策可能会引起俄方猜疑，因此对俄罗斯男人短期（3个月以内）来中国留学、经商、旅游也同时实行免签政策。对俄罗斯方面我们可宣称为促进中俄经济、文化交流，单方面的、无条件的对俄罗斯人短期来中国留学、经商、旅游实行免签政策，这既满足了俄罗斯人自高自大心理，让其自我感觉很好，又能有助于引进俄罗斯女孩。

### 6. 鼓励中国家庭领养俄国女孩

2004年8月，德国媒体争相报道德国总理施罗德最近从俄罗斯圣彼得堡的一家孤儿院中领养了一个俄罗斯孤女。这个小女孩的名字叫维多利亚，年仅3岁。这样，施罗德成了一个四口之家的家长，除了施罗德夫妇之外，还有他们的亲生女儿克拉拉（现年13岁），再就是这个俄罗斯女孩。

德国政府发言人安达说："这是总理及其夫人纯粹私人的事情，我们对此无可奉告。"据施罗德朋友圈中人说，小姑娘十分可爱。施罗德在汉诺威的邻居也见过这个女孩。也就是说，施罗德领养这个孤女已经有一段时间了。德国舆论认为这是"本年度最感人的故事"。俄罗斯近年来被外国人领养的孩子呈上升趋势。尽管俄法律规定俄罗斯夫妻有领养优先权，但事实上被外国人领养的比被本国人领养的多。俄罗斯科教部儿童社会福利局局长盖利亚·托斯特讷斯格娅在2000年年初接受采访时介绍说，每年符合收养条件的17万名儿童中，只有15万人得到了收养。而且其中有一半的孩子是被外国夫妇收养了。目前全国范围内还有70万名16岁以下的儿童生活在孤儿院里。

德国总理施罗德领养俄罗斯女孩做法值得我们借鉴，我国不育夫妇有上千万，其中不乏有较好经济条件的不育夫妇，政府应发挥牵线搭桥作用，创造条件，鼓励他们收养俄国女孩，由于俄国女孩是在我国收养者家中养大，会学会汉语，熟悉中国文化，更容易融入中国社会，与中国男性结合不会像引进成年女孩那样产生语言与文化上障碍。

### 7. 利用滚雪球效应

在我国贫困地区，外嫁到发达地区和城市已成了贫困地区女孩改变自身命运的一个重要途径。在这种外嫁过程中有一种滚雪球效应，可能是女性的天性，只要一个女孩外嫁到某个地区，她就会去当媒人，把自己家乡的要好的小姐妹介绍过来，于是外嫁一个，通过她的牵线搭桥，至少可引来十个女孩，于是1带10、10带100、100带1000，可以说外嫁一个带动一片，就像滚雪球一样越滚越大。前面所说意大利商人贝利尼娶了俄罗斯女孩尤丽娜后，通过尤丽娜牵线搭桥把几十名俄罗斯女孩介绍到意大利，也是一种滚雪球效应。

目前嫁到我国的俄罗斯女孩人数极少，但各级政府要充分发挥她们牵线搭桥作用，要对她们关怀备致，要登门问寒问暖，解决她们生活中的实际困难，鼓励把她们所认识的其他俄罗斯女孩介绍到中国来，每成功一对（以领结婚证为准），政府予以奖励，以产生滚雪球效应。

## 8. 大力推行俄语教育与对俄汉语教育

我国目前学英语的人太多，学习负担很重，由此带来一系列严重弊端，但俄、法、德、西、葡、日等小语种学习的人却太少，根本不能满足对外交流的需要，所以要大力推行小语种的外语教育，俄语自然是其中的重点。第一，只有更多的中国男性掌握了俄语，就能为他们留学俄国或到俄国做工经商的过程中，与俄女孩交往创造条件。第二，以普及俄语教育为借口，从俄引进大量（未婚或离异）青年女教师，让她们在中国教俄语同时，设法让她们嫁给中国男人，留在中国。同样，俄罗斯汉语教育很不普及，学汉语的俄罗斯女孩很少，这不利于双方异性的交往。所以教育部应大力开展对俄汉语教育，派出大批男教师（最好是未婚）到俄国从事汉语教学与推广，为更多俄罗斯女孩在国内学习汉语创造条件。如将来开通了俄语电视频道，应开办一个学汉语的专门节目。

## 9. 鼓励中国未婚男性到俄罗斯去种菜、办厂、开中餐馆

农业一直是俄罗斯发展较慢的产业。俄农业基础薄弱，投入不足，生产手段落后，农作物品种退化，农业生产连年亏损。全俄近年来有三分之一左右的耕地废弃。

俄自产蔬菜仅 1300 万吨，蔬菜缺口在 50%左右。中国是农业大国，且与俄罗斯山水相依。目前，俄罗斯缺乏品种多样的优良蔬菜种子，俄农民目前还不掌握蔬菜大棚种植技术，我国可以通过劳务输出的方式，鼓励青年农民到俄罗斯去种菜，不仅可以使我方转移剩余劳动力，收获蔬菜和利润，而且聪明能干青年农民有可能赢取俄罗斯农村女孩的芳心，收获异国的爱情。同理，中方到俄罗斯投资办厂，应以未婚男性为主。俄罗斯人很爱吃中国菜，应鼓励中国未婚男性到俄罗斯开中餐馆，鼓励他们与俄罗斯女孩交往，力争做到效益、爱情双丰收。

## 10. 大力引进乌克兰族和白俄罗斯族美女

俄罗斯境内及独联体国家共有 100 多个少数民族，除了与俄罗斯族属同一人种乌克兰族和白俄罗斯族外，其他少数民族大概没有什么理工科天赋。所以我们引进的美女主要是俄罗斯族美女以及乌克兰族和白俄罗斯族美女，其他的少数民族美女不在引进范围内。以上引进俄罗斯族美女的另类对策也适用于引进乌克兰族和白俄罗斯族美女，当然乌克兰族和白俄罗斯族美女主要分布在乌克兰和白俄罗斯，在俄罗斯及独联体国家其他国家也有分布，乌克兰族和白俄罗斯族美女我们也应尽力引进。前面已提到卢卡申科总统正全力“截流美女”，但“截流”的对象主要是身高 1.8 米以上的顶

级模特，这样的顶级模特在美女中所占比例很小（仅有几百人），其他众多的普通美女并没有在“截流”对象之内，我们完全可以大胆引进。

## 11. 为何要偏爱俄罗斯女孩

笔者对俄罗斯女孩情有独钟，并非是种偏爱，其实其他西方女孩也不错，中国男人与除俄罗斯外的其他西方发达国家女孩通婚，也会产生聪明漂亮的混血儿。问题是西方国家生活水平远高于我国，这些聪明漂亮的混血儿几乎 100%会加入西方国籍，在西方国家学习、生活和定居，不可能为中国效力。而在俄罗斯，除莫斯科、圣彼德堡等生活水平较高的城市外，小城市、广大农村、西伯利亚的生活水平远不如我国北京、上海等大城市，加之中国男人大都不酗酒、不打老婆，对白种“洋花”更是宠爱有加，因此俄罗斯女孩不仅愿意嫁到我国北京、上海等大城市，还乐意让自己混血儿在中国接受教育和工作，这些聪明的混血儿就可以为我所用，还可反过来“以夷制夷”，制约俄罗斯。所以笔者主张中国优秀男性应像美国人、意大利人那样到俄罗斯去寻求爱情，产生大量聪明漂亮的中俄混血儿。

在我国南方的云南、广东、广西，有大批越南姑娘嫁到我国来，据广州市涉外婚姻登记处统计数据，在嫁到广州的洋媳妇中，越南姑娘所占比例高达 70%。据了解，越南姑娘具有与中国女子相似的传统美德，而且家庭观念比较强，对老人比较孝顺，因而得到广州小伙青睐。笔者并不反对这种通婚，问题是越南人祖先来自中国，越南姑娘与中国人同属亚洲人（黄种人），基因较接近，没有什么大的差别，依据“达坂城效应”，只有中俄两个没有任何血缘关系的不同人种通婚，才更有可产生高智商的混血后代，所以与其引进越南姑娘，倒不如下大力气引进俄罗斯美女。

通过以上论述，读者会意识到本节的主题——美女战略，决不是美女经济，现在美女经济是个时髦话题，美女经济的实质，一言以蔽之，就是利用女性的容貌、身体甚至性的特征来刺激消费，追逐经济利益。一本据称是国内美女经济奠基作的专著下了个“权威定义”：美女经济就是围绕美女资源所进行的财富创造和分配的经济活动。在这里，将女性商品化和工具化的意图是十分明显的，商业机构操纵女性的身体与容貌，使之沦为赚钱机器，女性的独立人格和社会价值荡然无存，而女性的形象和尊严也受到极大的贬损。这样庸俗的美女经济自然不是本书探讨的对象。本书虽也论述美女问题，但侧重的是美女的基因问题，并把美女基因与国家战略这两个表面看来没有任何联系的领域紧密结合起来，可称之为美女战略，这样的研究思路大概在世界范围内都是第一次，相信会有一定意义的。

# 第二章　北京正成为超级达坂城

## （一）北京女孩的优与劣

在2005年央视第六届CCTV模特暨服装设计大赛中，笔者做了一个统计，在进入央视预赛的80位女模特中，来自北京赛区的占1/6，在进入复赛的40名选手中，来自北京赛区的比例上升到1/5，最后进入决赛的20名选手中，来自北京赛区的比例又上升到1/4（共6名），可以看出，在这次模特大赛中，北京选手在数量和质量上都占压倒优势，历届CCTV模特大赛也是如此。

从国内外情况来看，“达坂城效应”往往在女孩身上得到充分反映，美丽的模特和漂亮女孩大都是“达坂城效应”的产物，北京盛产美女主要是因为北京正成为全国独一无二的超级达坂城。

在改革开放前，北京居民以土生土长的北京人为主，外来移民很少，但改革开放后，来自全国各地移民大量进入北京，且不说没有取得常驻户口的几百万流动人口和“北飘”大军，即使按常驻户口统计，北京外来移民数量也非常惊人。

首先，北京作为全国高等教育最发达的城市，拥有大学生数量一直雄踞全国第一，每年有大量在京读书的外省大学生通过获得留京（户口）指标而留在北京工作。特别是在20世纪80年代，由于人才短缺，外省大学生留京比例很高，七七、七八等最早几届大学生中，有的班甚至所有外省大学生全部留京。近年来虽然留京指标越卡越严，留京比例越来越低，但由于大学扩招和毕业生绝对数量大幅增长，每年获得留京（户口）指标的外省大学生仍多达10多万人。其次，北京作为中央国家机关和各大公司总部所在地，每年因工作需要有大量外地人员调入并取得常驻户口。

据北京的一项调查显示，从20世纪90年代起，北京每年净增的常住人口相当于增加一个中等城市规模。从1994至2004年，北京户籍人口增加93万，但这不是自然增长造成的，而是外来落户人口造成的，这10年北京净迁入人口为87万，占人口增量的94%。2004年北京仅有5万新生儿诞生，而当年取得常驻户口的外来移民竟多达16万。

在北京，土生土长的北京人在人口总量中比例不断下降，外来人口的比例在不断上升。自改革开放以来，仅取得北京常驻户口的外来人口的总数已超过250万，主要是外省留京大学生，总数约为200多万。北京越来越像一个移民城市，巨量的外来人口进入使北京成为全国独一无二的超级达坂城，“达坂城效应”在北京女孩身上得到了充分反映，使北京女孩的优与劣的差距越来越大。

对200多万留京的外省大学生来说，他们不大可能回老家找对象，一般选择与北京人通婚，或者来自不同地区的外省大学生相互通婚，这样远缘婚配所产生的女孩自然漂亮聪明。从北京幼儿园到中小学，那些漂亮女孩的父母，至少有一方是留京的外省大学生，这就是北京女孩的“优”。而那些相貌平平的女孩基本上都是土生土长北京人小范围通婚的后代，这就是北京女孩的“劣”。她们的父母连同其爷爷奶奶辈都是皇城根下土生土长，长着一副典型的老北京人面孔，他们为自己是纯粹的北京人而骄傲，自认为高人一等，看不起外地人，不太愿从外省大学生招个外地女婿，他们只愿意与本地人通婚，而那些土生土长的北京人相互近距离、小范围通婚只会导致遗传劣势，所生的女孩往往长相一般，所生的儿子往往也智商一般，从长相到成绩都排在班级靠后的位置。在北京这样一个博士成堆、房价奇高、竞争异常激烈的城市，女孩不漂亮、男孩不聪明，那就只能在竞争中被淘汰，甚至无法在这个城市立足，过着清贫而艰难的日子，拥有北京户口又有多大用？通过与留京的外省大学生远缘婚配，使自己的孩子聪明漂亮起来，才是土生土长北京人的当务之急。别老戴着有色眼镜看外地人，那些考到北京来的外省大学生都是各省市的最优秀的学生，能毕业留京的又是其中的佼佼者，是百里挑一的精英，他们的整体素质远高于土生土长北京人，既然如此，你就必须放下架子，与这些外省大学生远缘通婚，于国于己都有利。

当然“达坂城效应”不仅能产生高素质的下一代，还可产生全方位的“杂交优势”，世界上经济最繁荣的城市，往往也是四面八方外来移民混居的城市。在北京，各个省市、各个民族的外来移民聚集一堂，各种文化、各种技艺、各种思想、各种风俗在一起的碰撞和交融，必然导致他们之间相互学习和交流、相互激励和竞争，必然会形成新的思想火花，促进各个层次、各个领域的创新与发展，有力地推动北京社会与经济的发展。

## （二）不去北京去哪里

现在北京诸如国家大剧院、奥运场馆之类公共建筑每年施工量竟超过欧洲各国的总和；上海20层以上超高层建筑数量竟比美国西海岸此类高层建筑的总量还要多，而且上海再建未完工的20层以上超高层建筑数量也多达1000多栋。在北京、上海等大城市，大量热钱和外来投资源源不断涌入，富豪多，高收入者多，到处大上项目、大兴土木，于是从开餐馆、开出租到捡破烂、擦皮鞋，样样生意兴隆，养活了很多流动人口。于是在很多外来流动人口看来，北京、上海等大城市遍地是赚钱的机会，遍地都可捡钱，有人夸张地形容钱都要淹没到脚脖子，大量外来人口自然不请自来，蜂拥而入，卡都卡不住，往往越卡越多。

形成鲜明对比的是，在落后地区，外来投资很少光顾，经济发展滞后，就业机会少，下岗工人多，穷人多。开餐馆往往无人光顾、开出租车无人乘坐，就连捡破烂、擦皮鞋都没生意，人们生活贫困，度日艰难，有谁愿意去！

所以，在中国发展中，不平衡性现象非常突出，越是像北京、上海之类的大城市发展越快，越是落后地区特别是贫困地区发展越慢，差距越来越大。

特别是北京，在政治、经济、文化等各方面享有得天独厚的优势，国内任何一个大城市无法与之相比。

2005 年初，关于首钢搬迁的消息很热，已经初步确定搬迁到河北唐山。北京一家媒体很放心地告诉北京市民，对于外界关心的税收问题，首钢董事长朱继民表示，国家税务总局已经批准了首钢享受国家特殊政策的申请，即企业所得税还在总部所在地的北京交，这些税有多少呢？媒体报道，每年约 20 亿元——你看，准备外迁的企业却已经敲定将所得税留在不再生产钢铁的北京。这样美好的北京，谁不愿意去呢？

据新华社消息，《北京城市总体规划（2004—2020 年）》经国务院正式批复通过。在这张千年古都的未来发展蓝图中，北京城市发展目标确定为国家首都、世界城市、文化城市、宜居城市。

根据规划，北京将按照中央要求，做好“四个服务”，强化首都职能，以建设世界城市为努力目标，不断提高北京在世界城市体系中的地位和作用，充分发挥首都在国家经济管理、科技创新、信息、交通、旅游等方面的优势，进一步发展首都经济，不断增加城市的综合辐射带动能力，弘扬历史文化，保护历史文化名城风貌，形成传统与现代文明交相辉映，具有高度包容性的、多元化的世界文化名城，提高国际影响力，创造充分就业和创业机会，建设空气清新，环境优美、生态良好的宜居城市，创建以人为本、和谐发展、经济繁荣、社会安定的首善之区。

看来北京的明天会越来越美好，这样美好的北京，谁不愿意去呢？

去不了美好的北京，去上海、广州等大城市也不错。据 2006 年 3 月 6 日《中国妇女报》报道（《萍者：能怪大学生往发达地区跑吗》）：2006 年 3 月，广州市人事局和广州市发展计划委员会办了一件大好事，以相当大的规模主办应届高校毕业生系列供需见面会，激起了春节过后应届毕业生的第一次求职高峰。不过，看到相关报道，我的心里却很不是滋味。求职的学生实在是太多了，达到近 5 万人次，数千学生甚至入不了场。我想，就算挤得进去，毕竟僧多粥少，那些一处处挤着递简历的学生，他们心头的滋味一定不好受吧？广州的学生还好些，最惨的是来自经济不发达地区的学生，当地找工作难上加难，不得不转战南北，光路费就是一大笔大负担，还不知递了简历有没有下文。

别以为入了名校就进了保险箱。北京师范大学的名头够响了吧？2005 年该校物理系的一名本科毕业的女孩子因为找不到工作，最后不得不出国留学，她的人生理想并不算离谱，只是想象自己的父母一样做一个教师，可她东奔西走，到处递简历，连一点回音都没有。正当她忧心如焚的时候，美国的一所大学愿意录取她，并且每年提供3万美元的奖学金。这位女大学生心有不甘："我并不是一定非要出国不可的。可是，在北京找不到合适的工作啊!"

有人可能会说，这位女大学生如果不是一定要在北京找工作，到中小城市去，靠北师大的声望，找一个教师的职位，轻而易举。或许是对的，但也不一定。我一个亲戚，早些年大学毕业，那时大学尚未扩招，他为人特别本分，只想回老家的一个小城市找一份工作，只要不像父母种地就行。已经是最低要求了，没想到，那个小城市经济不发达，职位相当有限，花了一笔钱才找到一份工作，最离谱的是，这份工作只是挂个名，不发工资，后来，他不得不离开家乡，来到广东闯世界。现在，几年过去了，虽然不是富翁，也称得上小康，和在家乡时的窘迫相比，一个天上，一个地下。

很多媒体一个劲责怪大学生尽往北京、上海发达地区挤，质问大学生为什么不去西部、中小城市及乡镇就业。这些媒体的记者大都身处大城市，他们是站着说话不腰疼，他们也不看看现在中国经济发达的地区集中在沿海地带，特别是北京、上海等大城市，内地主要是省会一级大城市经济较发达（如成都市国民生产总值占四川省三分之一），这些地方才能最大限度吸纳人才，而且提供较高的报酬和更多的发展机会。而落后地区不但经济状况差，报酬偏低，而且官僚机构臃肿，腐败与不公正也相当猖獗。社会风气每况愈下，任人唯亲，裙带关系盛行，没有关系，没有门路，就寸步难行，大批企业倒闭破产，百姓度日艰难。每次回老家（某个小县城）探亲，我都会从亲友口中听到不少小民百姓的辛酸故事，好像到了另一个世界。这是在大城市的人所体会不到的。

2005年两会期间，青海省代表程苏对财政部部长金人庆说，扩招后大学毕业生每年增多，由于贫困地区经济发展滞后，就业岗位十分有限，大量农村生源毕业后无业可就，无力偿还助学贷款，家庭付出的巨额投资得不到合理补偿，"新读书无用论"正在西部地区滋生。

金人庆部长插话道，大学毕业生也要转变观念，不要非要到大城市，不要非要到传统的好单位，不要总想着非要到某单位不可。

程苏代表回复金人庆部长说，我们有些算是暂时就业的毕业生干的是农民工干的活，累死累活，每月才五六百元的收入。

程苏代表认为，严峻的就业形势加剧了农村的贫困化，程苏说："目前，西部地区大学生越多的地方，贫困家庭越多，脱贫致富成为一句空话。"她告诉记者，即便是部分已就业的，其收入也很低，与上大学期限间的支出很不成比例。

其实，正如程苏所言，在就业过程中，贫困农村生源毕业生往往处于劣势，就业工种差，很多大学毕业生做的是农民工的活，起薪低，享受不到最基本的保障，再加上求职成本越来越高，很多毕业生无力支付，养活自己都成问题。

“每个月五六百元的收入，还要支付伙食费 300 元，房屋租金 120 元，”一个刘姓毕业生曾告诉程苏代表：“我养活自己都很困难，已无力还债、还贷，更不可能给家里有什么资助。”

大学生“毕业即失业”的现状已成为贫困地区农民群众心头痛，西宁市回族中学副校长拜秀花代表告诉记者，当前，不少农民认为供养子女上学得不偿失，破费巨额资金上大学，毕业后仍然是回家种地，还不如早早辍学，干活打工挣钱实在。

程苏代表说，在青海，有一些学生家长找到学校，非要让自己大二、大三的孩子退学不可。

拜秀花心情沉重地给记者讲了一个真实的故事，拜秀花曾教过的一个学生考上了大学，而学生的家人却不给他交学费，逼他辍学，学生找到曾是自己班主任的拜秀花，希望能够帮助他说服家人让他继续深造，拜秀花找到学生家长：“孩子成绩那么好，干吗不让他上大学?”谁知该学生父亲的一句话就让她无言以对：“家里穷交不起学费困难是原因，但更重要的是，孩子毕业后，工作在哪里?”

青海省乐都县 1998 年毕业的大中专毕业生中，尚有 15 个大学生毕业七八年后还未找到工作。2003 年全国高校一次性就业率为 70%，而经济欠发达地区青海一次性就业率仅为 45%。就算找到工作，大都是月薪不超过 1000 元的低薪，这对那些缴纳高额学费和靠助学贷款完成学业的农村学生来说，的确是得不偿失。

无论从青海，还是从其他经济欠发达地区的情况来看，对来自落后、贫困地区的大学生来说。回到家乡就业往往是死路一条，他们不去北京、上海、广州这些大城市就业又能去哪里。对这些大学生来说，他们多来自贫寒之家，贫困家庭为此付出巨大的代价。如找不到合适的工作，就会使贫困家庭雪上加霜乃至倾家荡产，青海的情况证明了这一点。一旦他们就业，并找个收入高点工作（月薪 1500 元以上），就可一人就业、全家脱贫。所以北京、上海、广州这些大城市应放宽外地大学生的就业限制，为他们创造更多的就业机会。

实际上早在 2002 年，教育部、公安部、人事部、劳动部和社会保障部就联合发出通知，要求各地在高校毕业生就业分配时，取消进人指标、户口指标限制，取消限制高校毕业生合理流动的政策规定，允许高校毕业生跨省（区、市）、跨地就业。

但这项通知这几年执行得很不理想，有的大城市就是拒不执行或附加种种限制条件，北京胆子更大，带头违反这项通知。2004 年 3 月，北京人事局发出通知说，针对今年高校毕业生人数大幅增加、就业任务更加繁重的情况，鼓励用人单位优先录用北京生源毕业生。

本来，不少用人单位就歧视外地大学生，总是明里暗里优先录用本地生源，如何说用人单位是在行使招聘自主权而无可厚非的话，那么作为政府部门则应努力消除这种就业地域歧视，鼓励用人单位不拘一格，面向全国录取优秀人才。而不应反过来鼓励、怂恿用人单位进行地域歧视。退一步讲，在市场经济条件下，用人单位具有完全的自主权，政府部门没有权力要求用人单位这样做。

打破高校毕业生就业的区域壁垒，就是要打破人才招聘使用上的条块分割，确立人尽其才的用人机制，优化劳动力资源配置。如果各地都像北京那样，鼓励用人单位优先录用本地生源毕业生，那么人才市场上的“全国一盘棋”便无法实现。高校毕业生就业一直奉行从那里来回那里去的就业政策，高校只替毕业生保留两年档案，如两年内还找不到接受单位，一律将档案打回原籍。众多回原籍的高校毕业生将被迫在原籍所在的狭小区域寻找工作，今后大概也在原籍的狭小区域内一直到恋爱、结婚、生子，这不仅无法产生“达坂城效应”，还使很多毕业生在原籍所在地难以就业，青海就是一例。所以政府努力消除地域歧视，鼓励和支持高校毕业生跨省（区、市）、跨地就业非常必要。

当然，北京严重缺水、又人满为患，用留京指标来限制外地大学生似乎说得过去，但除北京外的所有大城市，就算严重缺水、就算人满为患，无论如何也远没有北京严重，但却像北京一样用户籍来严格限制外地大学生进入，就毫无道理。

从人才总量来看，北京人才确实偏多了，正如一句顺口溜所说：“博士满街走，硕士多如狗，本科遍地有。”其他大城市如上海、天津的人才总量远未达到北京这样过剩的程度，为何要用户籍卡外地大学生进入？如上海规定引进外省大学生限制条件之一是必须学所谓“艰苦专业”的，换言之，只有上海人不学不干的艰苦专业（主要是理工类专业），外地大学生才有可能落户上海。天津更绝，不仅用户籍，还用英语四级证书来卡外地大学生。外地生源落户天津，必须有英语四级证书。位于天津的中铁 18 局曾挑了一位天津理工大学毕业生，发现这个学生特别能吃苦，令中铁 18 局很满意。但因他在毕业前没有通过英语四级考试，无法落户天津，企业只好忍痛割爱，这个学生也只好带着遗憾回到原籍山东。既然说是双向选择，用人单位和本人都觉得彼此合适，有关部门为什么要人为制造政策梗阻？为什么给外地大学生进入和就业制造障碍？

对城市来说，人才的数量、提高人（包括下一代）素质是发展的关键，北京发展快，引进 200 多万外地大学生所产生的“达坂城效应”是个重要原因。但放眼全国，像北京这样的超级达坂城找不出第二个，其他大城市接受的外地大学生数量很少，这就不可能产生“达坂城效应”。于是笔者到全国各大城市旅行，看到广州人、上海人、天津人、沈阳人、杭州人等，都有其共同的区域相貌特征。换句话说，在各大城市的人群中，有着共同相貌特征的人太多了，这就是外来人口过少，本地人（本城人）长期小范围相互通婚的必然结果，这怎么能产生高素质的下一代！在这些大城市引进俄罗斯美女是一个方面，但引进的数量是非有限的，治本之策是除北京外大城市应完全放开对外地大学生进入户籍限制，只要有单位接受就应无条件予以落户，敞开接受外地大学生，增加高素质的外来移民（大学生）的比重，使之成为像北京那样的达坂城，让大大小小的达坂城遍布中华大地，让“达坂城效应”成为推动城市社会、经济发展的强大动力。

《国家公务员暂行条例》明确规定，国家公务员制度贯彻“公平、平等、竞争、择优”的原则。公民（当然包括农民、工人和外地人）报考公务员的法律地位应该是平等的。所以大城市在公务员招考上必须打破地域限制，允许符合报考条件的外地人特别是外地大学生前来报考。但不少大城市只准具有本地户口的人员报考公务员，外地人因户口限制无法报考。

有句古话是“国以才立，政以才治，业以才兴”。大城市面向社会、面向全国公开招考国家机关公务员，根本目的在于选拔优秀人才。这是实施人才强国战略的重要举措，是提高国家机关整体素质，建设一支善于治国理政的高素质干部队伍的重要保证，毫无疑问，“唯才是举”应该是其最高也是唯一的原则，打破地域限制，搞五湖四海，任人唯贤，人尽其才，历来是我党组织人事工作的优良传统，也是必须长期坚持的选人用人标准。

以陈腐的地域观念，用大城市本地户口限定外地人的报考资格，将外地优秀人才挡在门外，这不仅剥夺了绝大多数外地人才参与公平竞争的权利，也与组织人事工作的基本准则、人才规律和时代要求相背离，因而是不可取的。

形成鲜明对比的是，2005 年 10 月 10 日，成都市人事局正式对外公布：成都市市级机关和市级行政执法队伍将面向全国招收 86 名国家公务员，这是成都市 2002 年面向社会录用公务员以来，首次打破地域、身份限制面向全国招收公务员。

成都市打破考生地域限制的做法，给外地人才创造了平等竞争的机会与条件，其做法是值得包括北京在内的各大城市借鉴。

## （三）北京如何增加对外来人口的容纳能力

北京市市长王岐山称，目前北京瞬间人口已达到 1700 万，其中包括几百万外来人口，特殊因素是北京目前处于全新建设时期，外来建筑工人多，而待到新城区规划建成后，人口过多依然是个问题。

王岐山表示，人口控制管理手段主要使用行政手段——户籍作用已不大，而暂住证目前也没有强制执行了，政府正在研究新的行政手段，至于经济手段，对于低收入人群而言，似乎也不灵验，还需要思考新的方式。

据 2005 年 1 月 25 日《新京报》报道：北京市政协委员张惟英日前提出“建立人口准入制度”的建议，认为外来人口的大量无序进入，使北京市的可持续发展难以为继。

提出“建立人口准入制度”的张惟英认为目前北京市的居住人口已超过北京市各种资源的人口承载极限，严重地制约了北京的发展，建议摸清北京实际需要的人才类别，用准入制度进行合理的引入，规范人口流动。

社会各界对此建议顿时哗然，当时新浪网的相关评论即达海量，网上观察显示，舆论几乎一边倒地对“人口准入制”进行了集体鞭挞。几种代表性的观点是：

1. 违宪。此提案看来冠冕堂皇，还用了可持续发展等最为时髦的词汇，却忽略了宪法基本的平等精神，是一种历史的倒退。宪法明确规定凡具有中国国籍的人都是中国公民，难道北京是北京人的首都？难道中国公民进入自己国家的首都还要先申请准入？

2. 搞族群歧视。“人口准入制”的实质是“人口甄别制”。提案将中国人分成了北京人和外地人，并对外地人给予“素质低下”评价，带有明显的歧视色彩。这与美国白人对黑人曾经有过的种族歧视政策颇有异曲同工之处。

3. 背离了市场经济公平原则。在市场经济条件下，劳动力的流动与配置主要受市场因素制约，而不是过多地受到人为干预。具体到个人，在不同地区间流动意味着在实现自己的人身权、就业权等各项生存权力，这种权利谁也不能随意剥夺。

4. “粗暴简单”的管理思路。我们总想用最省力的方法制定政策。这些人并不知道，好的法律和政策是所有各方面利益博弈妥协的结果。动用国家权力限制和隔离是最缺乏智慧的管理。

在众多意见当中，也能找到赞同张惟英的声音，但数量的确不多，这些支持意见大多认为：北京需要制定人口准入制度，否则资源枯竭人口过剩，谁都过不好。但通过网络发现，这些意见很快被更加强大的反对声音所淹没。

北京控制人口的难度在于劳动力的自由流动本是市场经济得以充分发展的条件之一。北京作为中国的首都，也是全国人民的北京，没有理由限制外来人口的流入，因为这本身就是进一步完善社会主义市场经济体制的重要内容。北京作为环渤海区域的中心城市，要辐射区域，影响周边，劳动力要素市场的流动是必要的前提，如果北京对外来人口进行限制，不仅不利于市场经济体制的健全与完善，也影响到了北京在周边乃至在全国的形象。

实际上，大量外来人口流动到北京，对北京的发展本身有着积极的促进作用。近年来北京经济社会的迅速发展，外来人口作了重要贡献。统计资料显示，建筑业、批发零售贸易和餐饮业中外来人口所占比重分别约为48%和43%，也就是说，这些行业中有近半数是外来人口，正因为此，北京市普通市民的衣食住行从来没有像今天这样和外来人口密切联系在一起。

从世界范围来考察，每个国家的首都都像北京那样，是该国人向往之地，大家往往想到首都去发展，因此在所有国家，首都吸纳的外来人口往往最多，首都人口占全国人口的比重都非常高，多数在10%左右，高的甚至达到五分之一至四分之一。只有达到这种很高的比例时，那时，想去首都、能去首都的人基本上都去了，首都的人口才会增长趋缓，逐步稳定下来。巴黎人口占法国人口总数的五分之一，阿根廷首都布宜诺斯艾利斯有1330万人，占全国人口的四分之一。莫斯科有1000万人，值得注意的是莫斯科还吸引来了10万车臣人，车臣人所特有的面孔使得莫斯科居民能很容易地把他们从人群分辨出来，肯定有一些车臣恐怖分子混在其中，这令莫斯科居民胆战心惊，不知他们何时还会制造恐怖事件。与国外对比，北京人口占全国总人口的比重很低，全国可能还有多达数千万外地人梦想到北京发展。北京建设得越美好，外地人到北京发展的愿望就越强烈，可以说北京外来人口膨胀的势头锐不可当，用诸如“人口准入”之类的制度根本挡不住，对北京市政府来说，当务之急根本不是搞所谓“人口准入”，更重要的是增加北京对源源不断的外来人口容纳能力。

北京人均占有水资源仅有全国的八分之一，严重缺水是北京容纳外来人口的主要制约因素。即使2008年南水北调中线工程通至北京，也只能使北京人均供水量增加60吨，这只能在短时间内缓解供水紧张局面，而不能从根本解决北京缺水问题。所以北京要增加对外来人口的容纳能力，引进更多的外地大学生和外地人才，必须在开源和节流上大做文章，使有限的水资源能容纳更多的外来人口。

从节流看，有专家从经济学角度计算，我国每吨水的收益大约为30元，所以水价应定为10至20元。另据一位记者调查，2004年，在经济发达的浙江省，五六月份该省部分地区发生严重缺水时，许多企业采取自己找水、运水的方式添补供水缺口，运水成本基本在每吨10至15元之间，部分地区高达20元，这个按市场经济规律实现价值回归的水价实例，显然印证了前面得出的那个中国水资源边际收益率。所以，严重缺水的北京，每吨水价应提高到每吨30元以至更高，只有靠这种超高水价才能有效地促进水的节约，使有限的水资源能容纳更多的外来人口。

从长远看，解决北京缺水问题的根本出路是利用淡化海水，与北京同样缺水的天津已清楚地认识到这点。天津是中国最饥渴的城市之一。北京缺水，天津更缺水，北京的人均占有水资源量不到300立方米，天津呢，只有160立方米，目前天津的城市生活和工业用水要靠外调的滦河水和黄河水，但外调水的供应能力已经达到了极限，今后即使有南水北调的水可以补充，其供应能力和价格如何也是一个问题。

天津正在实施工业东移，建设滨海新区，预计滨海新区今后每天将需要数以百万吨计的工业和生活用水。在这种背景下，海水淡化和综合利用，就成了毗邻渤海、有着153公里海岸线的天津解决水危机的一个重要方向。

2004年4月，天津市市长戴相龙主持召开了一个关于海水资源利用的座谈会，戴相龙在这次会议上称，“发展海水淡化的重任要落在天津的肩上”。

根据《天津市海洋高新技术产业发展规划纲要》，到2007年，天津将形成年淡化海水5000万吨的能力。

同样是在2004年4月，国家发改委发布公告，宣布从今年起组织实施海水利用高技术产业化专项，鼓励各地组织项目申报。

不仅仅是天津，从辽宁、山东到浙江，各地一些海水淡化项目纷纷上马或准备上马，天津、青岛等城市还想争取让市民在两三年内喝上海水淡化后的“自来水”。

每吨淡化水成本多少，是多年来制约海水淡化产业发展的一个关键因素。那么，如今海水淡化的成本究竟降到了什么样的水平呢？据天津海水淡化研究所所长助理阮国岭博士介绍，天津淡化海水的成本平均每吨为5至6元。他还说，过去十几年来国际上淡化海水的能耗指标已经下降了70%到80%以上，目前一个日产10万吨的淡化水厂成本已经可以控制在每吨0.6美元左右，今后海水淡化的成本肯定还可以下降。

应该说淡化海水成本已与北京自来水价格较为接近，问题是把淡化海水从渤海边用大口径管道输送到北京，其最终供水成本可能高达30至40元，北京只有把自来水价格提高到与淡化海水成本接近的价格即每吨30元或更高，大家才会愿意使用高价淡化海水。

北京将自来水价格提高6至8倍后，可用自来水的巨额盈利来偿还建设海水淡化厂与100多公里的输水管道投资，这样可确保海水淡化厂与输水管道建设资金的筹措与归还。

在离海稍近的北京东效如燕郊，可以考虑建设若干个全部使用淡化海水的住宅小区，这种小区不会增加北京供水负担，因此在户籍上可放开，只要是外省高素质、高学历人才，只要肯承担高价淡化海水支出，并购买小区商品房，就可取得北京常驻户口，那么来自祖国天南地北的外地人才所聚集的淡化海水住宅小区，就会成为类似京郊西红门镇那样的小达坂城。

海水是取之不尽、用之不竭的，淡化海水只要按成本供应，淡化海水的投资、建设与使用应是不成问题，水资源短缺将不再成为北京引进外地大学生与外来人才的障碍，那么“超级达坂城效应”将得到更充分的发挥，北京将更加兴旺发达。

## （四）京城百万打工妹嫁给谁

据北京市一项统计，目前京城20岁至28岁适龄未婚打工妹竟多达上百万，她们在婚姻上均面临很大的危机与困惑，这首先是因为京城打工妹工作环境与男民工有很大不同。男民工通常在京城各大建筑工地相对封闭的环境从事高强度的体力劳动，与社会、市民没什么接触和交往，也受不到多少城市文明和观念的熏陶。而打工妹主要在第三产业从事服务工作，天天与社会、与市民打交道，家政服务员则完全融入市民生活，这种与社会、与市民的密切交往，使打工妹们很易受到城市文明和观念的熏陶，很快适应和习惯大城市的生活方式，她们更多地接受男女平等、婚姻自主等新观念；她们有了全新的人生观、价值观；她们有了更高的眼光与追求，于是打工妹们均不愿再嫁给那些思想观念、生活方式与自己格格不入的家乡庄稼汉。而且在大城市待得越久，与家乡男人隔阂越深，对家乡男人这也看不惯，那也看不顺眼，更不适应家乡落后的生活方式。可打工妹在城市大都从事低层次工作，不仅工作不稳定，而且收入低，加之自己的文化素质不高，城市条件稍好的男人一般不愿娶打工妹，那些条件差的城市男人如残疾人、带小孩的离异中年人等有些愿娶打工妹，但打工妹多不愿嫁给这些条件差的城市男人。这样打工妹的婚姻就悬在半空中，进退两难，不少人在矛盾和等待中成为“大龄未婚打工妹”。面对城市婚恋的失意与无奈，没有归宿感，缺乏安全感，婚姻简直成为她们的一大心病，她们无处倾诉内心的烦恼和苦闷，她们迫切需要来自社会的关心、支持和帮助。她们最强烈的呼声是“打工妹的家在哪里?”

据2005年3月8日《新华每日电讯报》报道（胡锦武的《保姆难婚》）：当许多家庭在享受着美满婚姻所带来的幸福时，游离在都市边缘的保姆们，又如何寻找自己的人生伴侣，如何在这充满命运变数的十字路口作出重要抉择？记者近日通过在北京等地的采访，走进这一与城里人朝夕相处的特殊群体，也感受到她们在傲慢与偏见下辛酸的情感经历与困惑。

小月（化名）离开安徽老家外出做保姆已有十多年了，已过而立之年的她至今孑然一身，婚姻问题是她心头挥之不去的阴影。

1991年，22岁的小月告别父母，只身来到了上海，开始了小保姆的生涯。勤快聪明的小月，打理家务，服侍老人，工作起来总是一丝不苟，也得到了雇主的喜欢。可这一干就是4年，由于雇主不愿意小月有社会交往，来自农村原本就性格内向的小月过着几乎与世隔绝的生活，当岁月无情地滑过，小月也错过了这本该享受恋爱甜蜜的最佳年龄。

“在这4年里，我所认识的人没超过30个，其中的年轻人更是少之又少，加上自己保姆的特殊身份，恋爱根本就是一种奢望。”回想这4年的生活，小月感叹不已。

随着年龄的增长，小月的婚事没见任何动静，雇主大概是出于同情，也曾为小月张罗过一次相亲，不过对方却是一名腿有残疾的中年人。这让小月第一次感受到身份的不平等。后来小月又尝试着走进婚介所，可给她介绍的对象，不是离过婚，有孩子的，就是老年人、残疾人。她稍有犹豫，介绍人就说：“小月，人家可没瞧不起你呀。”

小月感到自尊心受到了极大的伤害。于是，她毅然辞去了上海的工作，只身来到了北京。然而，辗转奔波，小月却始终没有离开保姆行业。此后，小月见过好些雇主，雇主们对小月的工作要求比较严格，小月谈恋爱的心也慢慢沉寂了下来。“有的雇主觉得，花钱雇了你，你就成了他的私有财产，甚至在招工的时候就说，不希望你有太多的社会活动。这种事经历得多了，对待婚事也就坦然了。”目前，小月已在北京一个“打工妹之家”负责家政保姆介绍工作，而在这个集体里，和她有着类似经历的打工妹还有很多。

家庭是生活的重要组成部分，任何一个正常的女性都渴望美满的婚姻，而小月追求婚姻幸福过程的种种遭遇在许多城市保姆身上仍在重演。据保守估计，仅南昌市从事保姆业的人数就在万人以上，其中许多人的情感世界仍是一片荒凉。南昌市妇联妇女发展部副部长翁伟萍说，工资较低，低人一等的世俗观念，尤其是交际圈狭窄的职业特点引发的婚姻难题，让越来越多的进城务工女孩对保姆行业望而却步，近年来，保姆招工难的现象已经开始出现。

2004年底，青岛市城北区妇联完成的一项对辖区内500余名打工妹的调查显示：大多数打工妹的情感无所寄托，她们的共同心愿就是想恋爱。借用一个电视剧的剧名就是“好想好想谈恋爱”。

据调查，该区流动人口中，有1.3万多打工妹进入育龄期，其中18岁至25岁的占17%，26岁至35岁的占67%。她们大多数来自外省市的农村。

文化水平低、收入低，就业分散、不固定等特点，使她们成为弱势群体，易受伤害。由于远离家乡，身边没有亲朋好友的帮助和关怀，交际范围窄，使她们缺少接触异性机会。同时，打工妹的业余时间和休息时间极少，长期处于工作和生活的紧张状态。在调查中，反映工作紧张、没有业余时间和文体生活的占70%，恋爱难、婚姻难。

恋爱难的原因之一是文化水平低、收入低，自然不敢轻易恋爱。调查显示，67%的打工妹都遇到这样的困难，这些年龄都不算小的姐妹，并不是不想谈恋爱，而是谈不起。原因之二是工作紧张、业余时间少没有参加社会交往的机会。因此，她们只好把自己的感情闸门暂时封闭起来。她们的一个普遍感受是：找工作难，但找男朋友比找工作更难。

一位在北京的打工妹对记者说，对她最大的压力不是来自工作，而是她已到而立之年，终身大事仍无着落。一直忍受着内心的孤独与人生的困惑，她最爱唱“我想有个家，一个不需要多大的地方”。她也曾想过回家乡相亲结婚，但她见识了繁华的首都，家乡的落后与贫穷让她欲进不能、欲摆不忍，在人生的十字路口，她不知该往何方，她对此感到十分焦急与苦恼。她的这种经历是无数打工妹的缩影，她说，我该怎么办！难道要永远在京城孤独下去？

青岛一家名叫康惠达超市的老总发现，来自农村的女员工一旦年满25岁就纷纷辞职不干，其中一些女员工还是受超市重用的骨干，她们辞职后，超市只得重新招人培训，给超市正常经营带来不利影响。他经过调查发现，这些辞职的女员工既不是不想干，也不是嫌工资低，辞职原因只有一个，即回农村老家结婚。因为在农村，她们都是典型的大龄女青年，在农村被人讥讽为嫁不出去的老姑娘，这使她们感到很大的心理压力。由于在青岛没有亲戚朋友，交际圈窄，接触不到合适的异性，找不到对象，回农村老家相亲结婚成为她们唯一的选择。为了让这些大龄打工妹安心工作，这位老总在当地报纸上为她们集体征婚，这在青岛引起很大反响，应征者信件像雪片似飞来，现在这些大龄打工妹大都找到了如意的伴侣，有的已踏入婚礼的殿堂，她们工作起来也就更安心和努力呢。

央视“半边天”栏目的主持人张越曾采访了一位在京打工的24岁河南女孩，北京（户口）女孩初婚年龄为26岁，按理说她24岁也不算大，但在她家乡，当地女孩19、20岁就出嫁，像她这种年龄的女孩全部都当了妈妈，有的还是两个孩子的母亲。在家乡人眼中，她已成为一个丢人现眼，嫁不出去的老姑娘，这使这位24岁河南女孩面临很大的心理压力。在家长的逼迫下，她被迫回老家相亲结婚，然而她的思想观念与愚昧落后的农村格格不入，连入厕方式也很不习惯。她看家乡人不顺眼，家乡人看她也不顺眼，视她为另类，在张越采访时，她痛苦得泪流满面。

## （五）回家乡结婚是场大灾难

在京城和其他大城市，类似这位河南大龄打工妹的应该为数不少，她们中的多数人最终只能像这位河南女孩那样，被迫回家乡相亲结婚，这不仅使已接受城市文明的她们感到难以适应，身心备受摧残，而且重蹈父辈小范围通婚模式，一般会嫁给一个本村、本乡的男人。而打工仔即男性青年民工同样在城市没有与外地打工妹相识交流的机会，都是挣了些钱，学了些本事就“衣锦还乡”，回家乡找一个本地的女孩相亲结婚，从优生的角度来讲这简直是场大灾难。

据我国社会学学者高彩芹同志对我国六省市农村1441户农民家庭的调查，发现中国绝大多数农民的通婚圈方圆不超过25公里，其中有85%的农民通婚不出县，57%的农民通婚不出乡镇，30%的农民通婚不出村。据对黑龙江富锦市的调查表明，这里的农民同乡、同村通婚的比例高于全国农村抽样调查的平均值，而其痴、呆、傻和智力低下者的人数比例也高于其他地区，这个县痴呆傻户竟达1771户。

据浙江省王军红等同志的调查，浙江富阳县31个乡1991年结婚的1722对农村夫妇中，其中在本乡范围内通婚的占73%，在本村范围内通婚的占56%。

河南邓州市彭桥乡民政办公室抽查了该乡五年中结婚的200对夫妻的通婚圈距离，同乡、同村或同组通婚者高达73%，平均距离四公里；同省不同市（县）和异省间通婚的仅占9.5%。

常跑农村的人都有这样的感觉，无论是到一个几十户的小村，还是到一个人口较多的大村，都能看到一些智力低下的人，他们的父母大都智力正常，也不是近亲结婚，可他们后代为什么会呆傻呢？优生学家认为在相当程度上是通婚圈太小造成的。

在我国云南省某县人有个村寨，几十年嫁娶在本寨循环，以至该村寨的人一代比一代矮，被外人称之为“矮人国”。另一个村寨至今按寨规不外嫁女子，该寨七代人也是代代萎缩，第七代男子的身高由第四代的1.60至1.63米下降至1.58米，体重则大部分达不到国家平均标准。

2005年初，笔者和夫人到川西一个少数民族村寨去旅游，并在村寨中一户人家住下，主人的儿子当导游，带领我们去参观村寨，导游在和沿途的同寨人打招呼时，发现均和他沾亲带故，或者说都是他的七大姑八大姨，学医的夫人不自觉地冒出一句："就是基因近了点。"我连忙接上一句"这句话说到我的心坎上了"。

以上这些调查数据和大量实事表明，农村狭窄的通婚圈，却是尚未引起各级政府重视的巨大隐患。广大农民虽生活在农村广阔的天地中，他们的择偶范围却非常狭小，这就在中国大地造就了一个个高家庄、李家村、王家屯，繁衍了一代又一代同宗同族的农民，它使农村人口的血缘关系越来越近，狭窄的通婚圈必将导致变相的近亲结婚，这并非危言耸听。所谓"张家坝女嫁李家坝汉，李家坝女嫁张家坝汉"，长此以往，虽然没有婚姻法所禁止结婚的三代以内旁系血缘关系，它形成的却是地地道道的近亲婚配！农村十分赞赏"青梅竹马"，从优生学看，实在不敢恭维。林黛玉和贾宝玉虽是一对被封建社会拆散的鸳鸯，但今天的科学家却认为他们本不该结婚！

据有关资料统计，目前，我国近亲结婚率达1.5%，远远高于欧美0.1%至0.5%的比率。是欧美国家3至10倍。全国的平均状况是这样，而贫困地区，特别是在一些边远贫困地区，问题就更加严重。

边远贫困地区大部分人口都住在偏僻的山旮里，很少与外界社会交往。许多人没见过汽车。他们只能在极小区域范围内婚嫁，经过一代一代地反复，早已形成血缘关系非常浓密的近亲繁殖，这是贫困地区痴呆病人多，并不断繁衍的重要根源。

小范围通婚不仅使人的素质严重下降，还导致遗传病发病率急剧上升。有关部门的统计表明，我国遗传病患者数量为世界之首，目前我国约有4000万智弱体残的遗传者，还有2000万智能低下的儿童，每年还有约40万肢体或功能器官有缺陷的婴儿出生。其中因通婚圈狭小而造成的痴呆傻人竟高达500万。有些偏远的山区农村甚至出现弱智村，全村连一个初中生、一个会计也找不出来。这就不仅是某些家庭的不幸，更是国家的不幸了。这对国家、民族来说，不是场大灾难又是什么？

在农村狭小的通婚圈内，只要我们不断上溯，就会发现双方盘根错节的血缘关系。事实上两方血缘在不断地"融合"和"临近"，这就大大增加了遗传病的发病率。因为人的遗传基因有一半来自父亲，另一半来自母亲，通常情况下致病基因是隐性携带的，两个同样的致病基因结合在一起的机会很少，所以整个人群中患遗传性疾病的人也很少。但一个村落几十户、上百户人家，世世代代在这狭小的圈子内男婚女嫁，人口的血缘势必越来越近。它使男女双方同时携带致病基因的可能性大大增大，后代患遗传性疾病的几率就会大大增加，某些世代沿袭的疾病就会毫不留情地遗传给下一代。

地中海贫血是一种高发于广东地区的血液系统遗传病，根据广东省卫生厅公布的数据，目前广东省人群中地中海贫血基因的携带率高达11%，地中海贫血基因的携带者竟多达800万。医学统计显示，如果两个携带地中海贫血基因的广东人通婚，有25%的机会会生出患有重型地中海贫血症的孩子。由于广东人主要与本地人通婚，这就大大增加了生出患有重型地中海贫血症的孩子的几率，这使得广东重型地中海贫血患者每年新增约700人，假设将每年新增病例的一半进行骨髓移植治疗，若每例花费

20万元人民币，每年将消耗7000万人民币，这成了社会和家庭的沉重负担。看来广东人只有积极与外省人通婚，才有可能降低地中海贫血患儿的出生几率。

国外也有类似资料。英国瑞斯坦岛，200年来同一血缘近亲婚配，其人口90%以上是哮喘病患者。赞比亚有一个被称为“鸵鸟人”的部落，由于世世代代都是族内通婚，人人只有两个脚趾，像鸵鸟的脚。

目前人类已发现的与遗传相关的疾病多达1.6万种，绝大多数是不治之症，因为目前尚无法用药物来改变致病基因。

通婚圈狭小还导致和加固了错综复杂的裙带关系网。婚嫁多年在本乡、本村进行，或多或少加固了本来就存在的裙带关系。某些村屯，90%以上的农户都是沾亲带故的，这很易滋长宗族势力。一些人利用这一点，或暗中联手，欺行霸市，挤压居少数异姓村民的生存空间；或明火执权，无理取闹，视异姓村民的人权为儿戏。在个别乡镇，连鸡毛蒜皮的小事有时也会引发宗族争端，进而演变成大规模宗族械斗。而在村委会海选中，同宗同族更是成了部分心术不正的人大拉选票的“杀手锏”，体现平等、民主的村民自治结果被异化成了某个大姓人的一统天下。在这种情况下，指望少数异姓村民的政治、经济诉求得到合理回应，通常是不可能的。一旦封建宗族势力卷土重来，使党的方针政策难以贯彻，社会风气恶化，给政府行政管理与执法带很大困难，严重干扰了农村社会、经济发展。

本书开头所说“达坂城效应”是种大范围、远距离通婚正面效应，而农村的通婚则是种小范围、近距离的“反达坂城效应”即负面效应。而我们一些不合理的政策又强化了“反达坂城效应”，户籍制度是个典型。又如，我国在重大工程建设和扶贫开发中，常采用一个村几十户、上百户集中外迁、集中安置的做法，这导致外迁后本村村民仍继续在小范围通婚。所以与其集中外迁、集中安置，不如化整为零，分散外迁、分散安置，通俗地讲就是采用一个村安排一两户移民的天女散花式安置，这才能确保外迁后拓展通婚圈。

如妇联、共青团等政府组织对城市外来打工妹的婚姻不闻不问，她们中的多数人最终将像那位河南女孩那样被迫回老家相亲结婚，这必将加剧“反达坂城效应”，严重制约农村人口素质的提高。

常言道，不比不知道，一比吓一跳。可能有的读者在看本书开头的“达坂城效应”论述时还持有一定的怀疑态度，那么再看下本节“反达坂城效应”的论述，这一正一反的鲜明对比更能使人体会到“达坂城效应”的优越性和“反达坂城效应”所带来的巨大灾难。

## （六）为外来打工妹集体征婚

一般来说，男性青年民工即打工仔都是农村中文化素质最高的，一般多为初中毕业，也有少数高中毕业，如能在城市激烈竞争中站稳脚跟，则是其中的优秀者，但城市女孩一般不会屈尊下嫁给打工仔，打工仔娶打工妹应是主要乃至唯一的选择。从门当户对这种传统择偶模式来看，打工妹嫁给优秀打工仔是种比较理想的结合方式，多数打工妹也认同这一选择。对打工仔来说，他们只能娶打工妹。问题是妇联等政府组织要为城市中这些来自不同地域的打工者提供相识相恋的机会，青岛市妇联在这方面做法值得借鉴。

据2004年2月26日《中国妇女报》报道（席淑君、修江敏的《为百名打工妹集体征婚》）：一场特别的“打工者相亲联谊会”在青岛半岛都市大酒店隆重举行，在流光溢彩的多功能厅就坐的姑娘小伙子们初次聚在一起，显得有些羞涩，但歌声、笑声和来自主办者的热情与关怀让这些打工者脸上春意融融。这是青岛市妇联联合当地媒体为外来打工青年特意举办的联谊活动，也是今年实施“关爱打工妹行动”系列活动内容之一。

为及时了解外来女务工者在劳动权益、情感等方面的问题，2003年，青岛市妇联对在该市务工的50余万外来女性进行了抽样调查。调查发现，这些女性给青岛的发展增添了活力，为美化、建设青岛做出了贡献，形成了城市里新的妇女群体。与此同时，外来务工女性工作压力较大，因业余时间有限，半数以上的女性几乎不参加任何活动，即使参加一些活动，圈子也比较窄，同事、同乡是主要的交往对象，这些制约了打工妹了解社会信息的渠道，找对象尤其成了难题。

2004年，市妇联决定把“关爱打工妹行动”作为妇女维权工作的重点之一，作为落实中央农村工作会议，创建“平安青岛”，弘扬青岛精神的一项具体举措。据悉，这项活动将由关爱婚姻、关爱健康、关爱权益、关爱成长等四个系列行动组成。围绕着丰富业余生活，提高健康水平，保障劳动权益，提高自身素质等四个方面，使青岛成为外来打工妹创业的第二故乡。2004年2月初，当市妇联获知一家名叫康惠达的超市要为本店30名来自外地农村女员工集体征婚的消息后，市妇联马上与有关方面联系，以打工妹娘家的身份，支持打工妹的勇敢行为，并表示要通过举办相亲联谊会的形式为她们找到满意的另一半而尽力。

相亲联谊会在情人节前举办的消息一刊出，在青岛引起了强烈反响，青岛隆华印务公司、青岛政群大酒店等15家有外来务工者的单位积极响应，1000多名小伙子应征。相亲会也引起了市民的广泛关注。50多位市民为了相亲会的成功打电话出点子。有的建议姑娘在相亲会上展示才艺；有的建议在联谊会活动的地方设一个宣传栏，张贴征婚者和应征者的照片、简历等。据统计，此次集体征婚活动有100多位男女留下了征婚方式。

青岛市妇联为了继续关注打工妹的婚姻问题，专门抽调“爱心大姐”婚姻介绍所同志参加，开设“外来务工者征婚专页”，为外来务工者牵线服务。

任何一个城市打工妹、打工仔均来自不同地域，在北京、上海、青岛这样的大城市打工妹、打工仔来自祖国的四面八方，作为妇联、共青团这样政府组织理应像青岛妇联那样牵线搭桥，为平常没有条件交往的各地方来的打工妹、打工仔提供相识相恋的条件，为他（她）们大范围、远距离通婚创造条件，通过“达坂城效应”产生聪明健康的下一代，这必将对我国人口素质的提高产生深远的影响。也能促进北京、上海、青岛等大城市成为超级达坂城。

此外，优秀打工妹、打工仔结合后留在城市工作和生活，对计划生育也是有利的，因为按目前的打工收入，打工者夫妇的收入至多能养活一个孩子。同时在城市待久了，他们也逐步接受城市少生优育的观念，自愿选择只生一个孩子。因此不用担心他们留在城市会导致城市人口急剧膨胀，反而会给城市提供“新鲜血液”，因为北京的大城市老龄化速度很快，再过20年，北京三分之一的人口都是60岁以上的老人。要使这些高度老龄化的大城市能维持正常运转，补充“新鲜血液”（打工者夫妇及他们的后代）是必不可少的。

## （七）创办公益型婚介所

现在媒体有关黑婚介、黑婚托的报道很多，陈佩斯以此创作、主演的讽刺喜剧《婚托》在全国巡演大受欢迎，连央视的《实话实说》也做过这方面的专题节目，在观众中引起强烈反响，这使婚介所信誉扫地，连规范经营的婚介所也大受影响。现在一提婚介所，人们马上与婚托、婚骗联系在一起，非万不得已，人们一般不愿通过婚介交友。但坦率地讲，如果找对象仅依靠亲朋好友，通婚圈就会比较窄，而婚介所可帮助求偶者逃出亲朋好友的圈子，从更大的范围来寻找对象，从这个角度讲婚介所对拓展通婚圈是很有益的。特别是在城市的外来打工者，远离家乡，在城市没有什么亲朋好友，他们对婚介所有更多的依赖和期待，可城市的婚介所大都唯利是图，不是追求社会效益最大化，而是追求经济利益最大化，因此婚介所最想吸引所谓“成功男人”、“美丽女人”，以大把捞钱。可打工者收入微薄，对婚介所来说没有多少“油水”可榨，婚介所对打工者兴趣不大。对打工者来说，往往觉得婚介所收费太高，难以承受，还担心上当受骗。笔者建议妇联、共青团等政府组织应牵头支持或创办面向打工者的公益型婚介所，其最大特点是低收费乃至免费，为打工者提供公益性的交友服务，使来自四面八方的打工者有在城市相识相恋的机会。

据2004年5月28日《中国妇女报》报道：“青年节的交友大会办得成功极了，经过媒体报道，我们这里每天都能收到大量进城务工青年的电话。”从5月4日到现在，杭州女性汤勉总是一边接电话，一边喜滋滋地笑。

5月4日是青年人的节日，在共青团杭州市委和当地几家企业的支持下，汤勉的“都市人交友俱乐部”在这个特殊日子里进行了一个名为“口述心声”的交友大聚会，目的是给进城务工的青年们“牵牵线、搭搭桥”。此前，在丈夫的支持下，细心的汤勉在 2004 年春暖花开时，已经办起了一家免费的交友俱乐部，专门为进城务工的青年充当“红娘”。

只有 15 平方米的“都市人交友俱乐部”位于杭州城西的一家酒店内，这个月租 600 元的房间内摆设相当简单。汤勉打算过一段时间就去偏僻些的地方租一间大的房间，摆上书报和电视机，年轻人来了不但可以翻翻俱乐部的会员登记本，看看有没有中意的人，还可以坐下来聊聊，相互了解一下各自的情况。

汤勉拿出四大本厚厚的登记本，在短短两个月的时间里，来报名的外来务工青年就达到了 270 多名。更让汤勉感动的是，她还接到了许多外地打来的电话，有两个年轻人得到消息后，甚至专门从绍兴和淳安千岛湖赶到杭州，走进了俱乐部。

翻开“都市人交友俱乐部”的登记表，记者做了精略的统计，在 220 名男性中，初中和高中学历的占到了 199 人，大专学历的仅有 21 人，在俱乐部登记的未婚男性中，有三分之一的人超过了 30 岁，而这个年纪在农村已经算是绝对大龄了。

在俱乐部登记的未婚男性的职业大多是保安、司机、裁剪工、机器维修员、厨师等等。“我的服务对象就是这些城市的‘外来蓝领’。他们往往收入少、受教育水平低、社会地位不高，他们不会掏钱去婚介所，婚介所也不会看中这个群体，全社会没太注意他们的婚恋情感，但如果能找到中意的‘另一半’，他的生活将充满稳定感。”

由于是提供免费的服务，所以汤勉想尽量办些省钱的活动，她准备在天气晴好的时候，组织大家出去郊游，爬山、拔河都花不了什么钱，有了合适的机会，她还打算再组织一些联欢会，她觉得这是让大家互相熟悉的好机会。

“他们年纪轻轻远离家乡，出来谋生不容易。”汤勉说，“一个人的肩膀太弱，我想给他们找个说话、商量事情的伴儿。”

在共青团杭州市委支持下，由汤勉创办的“都市人交友俱乐部”实际上是主要面向打工者的公益型婚介所，收到了很好的效果，但愿这样的公益型婚介所越来越多。

据 2004 年《成都晚报》报道（周晓峰、李晓娟的《婚礼离他们太远》）：记者调查发现，一些来成都打工的外来务工青年虽已找到了伴侣，却为举行一个像样的婚礼而发愁。来自巴中的小伙张建明对记者说，每当看到城里人开花车结婚，周围簇拥着亲朋好友，我心里就不是滋味，真的觉得对不起女友。他说，他一个月的工资有 1200 元，女友的工资每月 800 元，扣除房租和必要的生活开支，每月只剩 500 多元，我想给女友一个正式的名分，娶她过门，但办婚礼，哪来这么多钱？而且城里又没有自己的亲朋好友，就算结婚，也热闹不起来。他还说，他现在还特别害怕和女友一起逛街，看见结婚长长的车队，在婚纱店看见别人美轮美奂的婚纱照，既羡慕别人又暗自为自己的窘迫感到难堪。无独有偶，来自广元打工青年王刚告诉记者，他现在住在工棚，女友住在纺织厂的宿舍里，两个人的收入只够吃饭，每月存不了多少钱，在乡下都要父母出钱才能勉强举办婚礼，更不用说在成都这样一个大城市举行婚礼。其他外来务工青年也有同样的感受，看来外来务工青年要办一场像样的婚礼对他们来说是种奢望，甚至可以说是一个遥不可及的梦想。

这种情况引起了共青团成都市委的关注，2004年10月1日，共青团成都市委免费为40对外来务工青年举行大型集体婚礼，据负责此项活动策划的团市委副书记王贵清介绍，本次集体婚礼不仅对每对新人全程免费，包括免费提供婚纱、摄像等，共有百对恋人报名，组委会从中选出40对恋人参加此次集体婚礼。其中有7对属实际已结婚但没有举办像样婚礼的新人。这次，他们通过集体婚礼，彻底抛弃了“没有像样婚礼的遗憾”。据了解，这是全国首例外来务工青年大型免费集体婚礼。

新人姜小蓉和李广财，一个来自川北的广元，一个来自川南的宜宾，3年前，他们在成都打工过程中相识相恋，现在又在成都走进了婚姻的殿堂。按笔者说法是他们组成了一个远距离通婚的“达坂城家庭”，这不比他们回老家结婚强得多！姜小蓉对记者说：“作为外来人员，我们没有想到成都会给我们这样盛大的婚礼，我原来还有种边缘人的感觉，现在才知道我已经是这座城市的主人了。”另一对新人对记者说：“我们非常珍惜成都给予我们的这份情谊，并把这份情谊化作动力，尽自己最大的力量建设成都，建设这座属于我们的城市。”

团市委副书记王贵清说：“我们以这个城市的名义为外来务工青年举办一场集体婚礼，表明了一个城市的文明与进步。”

看来政府不仅要为外来务工青年提供公益性婚介服务，还应提供公益性婚礼服务，让来自不同地域外来务工青年能顺利地在城市相识相恋、尽可能多的组成远距离通婚的“达坂城家庭”，这样才能避免回家乡结婚所导致的“劣生”灾难的发生。

## （八）建立低收入社区

按照“三步走”战略目标，2050年我国将达到中等发达国家的水平，初步实现现代化，城市化率届时将达到70%－80%。这意味着2000年至2050年的50年中，我国需有7.2亿至8.8亿人口从农村转入城市，分流农民、减少农民、大力推进城市化，促进农民变市民，成为一项战略任务。而要做到这点，让农民工的安居乐业是前提。

西方国家的贫民窟，就是解决外来农民工在城市的定居问题。过去我们认为贫民窟是资本主义国家丑恶现象，但在我国也存在类似的问题。在北京类似贫民窟的城中村有三四百个，是外来农民工主要居住区，煤电气供应不上，上学、医疗无从谈起，脏乱差现象非常严重，垃圾遍地、污水横流、臭气熏天，却无人管理或无人愿管，成为首都的一大污点，这对构建和谐社会非常不利。所以在城市里解决好外来农民工的安居乐业问题，不仅有重要的现实意义，而且对中国的城市化将产生深远的影响。

打工妹、打工仔结合后留在城市的最大难题是在城市的居住问题，为什么打工妹、打工仔因无住房而难以结合？为什么不少农民工进城后不能留在城市，成为新市民，而多是候鸟式生活——农闲时打工，农忙时种地？主要是城市的房价太高，农民工在城市的人均纯收入是每年 7000 元，既买不起房也租不起房。随着很多大城市旧房屋大面积拆迁，农民工只能在远郊租民房住。更有一些农民工，住在篷布搭的工棚里，冬天有时冻得连觉都无法睡。看在城市里专门为农民工建些廉租房是十分必要的，这也有助于打工妹、打工仔结合后解决住的问题，为打工者结婚提供基本的居住生活条件。政府可以考虑为他们建立一个低收入者社区，低收入者社区要有廉价出租房，平价超市、免费学校等，使外来农民工能在城市安居乐业。

以“米脂的婆姨”而闻名全国的陕西米脂县县长王丽华曾给《中国妇女报》记者算了一笔账：以一个家政服务员月工资 500 元计，一年下来的收入就有 6000 元，而农村很多贫困家庭全家一年收入还不到 3000 元。王丽华说，农村许多女孩子初中、高中毕业后在家中往往无事可干，在家中做几年家务就谈婚论嫁，一辈子也走不出黄土地。让女孩去当家政服务员，不仅能获得一笔收入，将来她们回到家乡，会带来资金、技术、信息，还有新的观念，这必然能推动和促进当地经济的发展。

现在各大城市都闹保姆慌，社会需求很大，对农村女孩来说，当家政服务员是个不错的选择。可很多农村女孩即便是在家中无所事事混日子，也不愿去当家政服务员。一个重要的问题是住的问题无法解决。当保姆意味着要住在雇主家中，许多农村女孩认为在住雇主家中被呼来唤去，实际是低人一等的佣人，对住在雇主家中不习惯、不舒服，甚至感到心理紧张，此外还担心性骚扰，致使许多农村女孩不愿当保姆，或干不久。北京一个社区，几户雇佣川妹子的雇主共同为这川妹子们租了间房，这些川妹子们像普通工人一样为雇主提供服务。由于不住在雇主家，她们有自己的私人空间，感觉人格也平等起来，工作起来也更顺心更卖力，雇主也感到满意。

成都川妹子公司总经理宋瑞称，他们目前正考虑在北京川妹子比较集中的地区租房用作保姆公寓，让川妹子们放心出来工作挣钱。不过租房毕竟是个临时性措施，政府在这方面更应有大的作为，最好是兴建廉租保姆公寓，以低价出租给保姆们，这才是治本之策。

作为政府应采取切实可行的措施引导城市外来农民工积极地跨省份、跨地区地选择对象和婚配，促进“达坂城效应”的产生。一些企业、公司和工程队只给正式员工提供结婚用房、产假、生殖保健和生育服务，一般不给民工提供这些服务和优惠待遇。但打工者跨省份和地区的远缘婚配是利国、利民族、利社会的，所以国家特别是城市政府应该想办法来解决这些问题，要有解决这些问题的办法和措施。所以城市政府要把为外来农民工建低收入者社区作为落实科学发展观、统筹城乡发展、构建和谐社会的重要举措来抓。在城市规划中，要适当为低收入者留下一片立足之地，把类似贫民窟的城中村改造成低收入者社区，欢迎外来农民工的到来。城市政府还要把工作范围、对象，包括财政的覆盖范围，扩大到以外来农民工为主的低收入者社区。这方面无锡市和奉化市做法值得借鉴。

从2004年开始，无锡市委市政府为外来农民工精心组织了“新市民安居乐业工程”。目前，无锡市在滨湖经济技术开发区改造闲置学校和商场，为外来农民工建成集中居住地40多处，并配套提供法律援助、入托入学、计划生育等服务，1万外来农民工在这里享受低于市场价的廉价住房，集中居住。现在外来农民工在无锡已享受市民待遇，外来农民工对此是赞不绝口、非常满意。

据2004年11月20日《经济日报》报道（杨洁《西坞有个“力邦村”》）：位于浙江奉化市城区西侧的西坞街道，共聚集了企业458家，2003年完成工业产值18亿元，共有外来务工人员1万人。外来人口在为当地经济发展做出积极贡献的同时，也给政府管理带来压力。西坞街道党委副书记潘峰说，“外来务工人员管理是个复杂的社会问题，这就需要政府的引导，做好规划、加强管理。”

为此，政府做好规划，在西坞工业区的中心位置征地70亩，耗资700万元建立起力邦村，作为外来务工人员生活服务社区。1.5万平方米的宿舍楼住着来自全国二十多个省市近3000名18岁至25岁外来务工青年。这不是一个简单的外来务工人员聚集区，而是一个很典型的低收入者社区，这里每人每月最低住宿费为18元（12人一间），一荤一素一汤的饭钱是2元，外来务工人员是吃得起，更住得起。而建力邦村之前，许多外来务工人员都为吃住而发愁，在奉化组一个单间小屋也要300元，加上吃穿用的费用，工资所剩无几，只能养活自己，无法养家。建了力邦村后，情况大不一样，力邦村村民李汉民算了一笔账：现在每月收入1000多元，除去房租18元，每吨都吃得很好，加上其他花销，还能省500多元寄回家里。

力邦村内面向外来务工人员的食堂、邮局、警务、网吧、超市、图书馆、医务室、篮球场、小广场等设施一应俱全，而且还建立了党组织、团委、居委会、职工之家等组织，让外来务工人员备感党和政府的关怀，备感舒心和满意。

另一位外来务工人员顾伟丽说，“我运气好，力邦村刚建好就住进来了。”明亮的寝室、食堂、文娱设施，还有年龄相仿的“村民”，这一切让顾伟丽觉得那么亲切，那种从学校到社会、从故乡到异地的生疏和恐惧消失了。“我找到了家的感觉”。

企业对力邦村也是赞不绝口，以往为外来务工人员解决住宿问题是令企业很头疼的问题，如企业自己建宿舍，往往是厂房宿舍合一，居住环境差，安全隐患特别是消防隐患大，有的企业无力自己建宿舍，员工为找住的地方而到处奔波，影响他们工作的积极性，甚至不安心工作。现在外来员工都住进的力邦村，员工住得舒心，工作积极性高涨，企业也不再为员工住的问题而发愁，就可专心生产，这也是一种投资环境，企业投资的积极性更高了。

力邦村从2002年10月建成入住以来，区内没有发生一起治安、刑事案件，没有一人（外来务工人员）因违法违规被处理。这在奉化市众多的居民小区中是绝无仅有的，成为奉化市最安全的一个社会。可见，高犯罪率与外来务工人员没有必然的联系，如果外来务工人员连最起码的工作、生活条件都得不到满足，那么他们就有可能铤而走险，高犯罪率也就不可避免。反之，地方政府能向外来务工人员提供力邦村之类的低收入社区，使外来务工人员能安居乐业，他们就不会去犯罪。

目前力邦村为外来务工人员主要提供的是4人至12人的集体宿舍，不过西坞街道党委副书记潘峰说，“力邦村还会继续扩大，比如建供夫妇居住的公寓楼，还有配套的幼儿园、小学等。”笔者觉得这样就能为来自不同地域的外来务工人员在城市相识相恋、尽可能多的组成远距离通婚的“达坂城家庭”创造条件，让他们在城市安家落户，扎下根来，成为新市民，这样才能避免回家乡结婚所导致的“劣生”灾难的发生。

## （九）效法李咏

现在大学生恋爱很普遍，笔者觉得大学生恋爱并不像很多人所认为那样会严重影响学习，因为大学生是成年人，他们是会妥善处理学习与恋爱的关系，如处理得当，不仅不会影响学习，还会调动双方的积极性，提高学习效率。就像“男女搭配、干活不累”一样，“男女搭配、学习不累”。笔者虽不赞成大学生结婚，但应支持和鼓励大学生恋爱交友。

笔者觉得大学生恋爱还可产生一个被人忽视的好处，即产生“达坂城效应”。因为大学特别是重点大学都是面向全国招生，无论是在大学那个年级、那个班都聚集着来自祖国四面八方的同学，如果不是因为上大学他们不可能相聚在一起。在中学接触的异性同学基本上是本地人。在人的一生当中，只有大学这四年时间才有条件结识来自祖国四面八方的异性同学，如果不在高校抓紧时间结交外地异性同学，大学毕业后回本地，只能与本地异性小范围通婚。所以高校即使不鼓励但也不能限制大学生谈恋爱。常言道，过了这个村就没有这个店，大学四年如果不抓紧时机结交外地异性同学，毕业后各奔东西那就难了。只有在大学四年抓紧时机结交外地异性同学，将来毕业后才有可能组成跨省远距离通婚的“达坂城家庭”，产生“达坂城效应”，生个特别聪明漂亮的“达坂城后代”。

央视非常6+1节目制片人哈文是李咏的夫人兼领导，李咏有一次对全国电视观众“坦白交代”，说他和夫人从大一就开始恋爱。正是由于上大学，才为来自新疆乌鲁木齐的李咏和来自青岛的哈文提供了相识相恋的机会，李咏紧紧抓住了这个机会，组成了一个跨省的“达坂城家庭”，生了一个特别聪明漂亮、人见人爱的“达坂城女儿”。媒体报道说，李咏最引以为傲的是其聪明过人的女儿，李咏逢人就夸自己的女儿如何聪明，这就是跨省远缘通婚的优势与好处。

我觉李咏的做法值得全国大学生效仿，如果你在大学发现合适的外地异性同学，你可一定要像李咏那样看准时机下手，借用李咏在非常6+1节目最后的口头禅“非常6+1下次决不放过你”，你也要决不放过她。

一些女大学生进了大学后，忽视和异性同学交往，只知埋头苦读，待读完硕士、博士后，发现自己高不成低不就，已成为嫁不出去的老姑娘。早知如此，何不当初刚进大学时就开始和异性交往。特别是文科专业女大学生，学习轻松，多余时间不用来谈恋爱又用来干什么！

在大学，由于专业不同，男女生比例相差很大，文科专业通常女生多，外语专业男女比例可高达 1 比 10，而理工类专业，男生比女生多得多。以至于在一些女生很少理工类专业如机械、钢铁等，长相平平的女生也被视为美女，被不少男生追着捧着，因为男生们别无选择。所以高校应创造条件，让不同专业、不同年级、不同班级甚至不同高校的同学相互交流，为异性同学相识相恋提供机会。

清华大学以理工科见长，故男多女少，而北大以文科见长，故女生较多，据说北大开舞会时，清华的男生常去和北大的女生跳舞，这就很好！北大女生是中国最好的女生，清华男生是中国最优秀的男生，就是应创造条件，鼓励清华男生常去和北大女生相识相恋，将来让清华男生娶北大女生，这种强强结合更易产生高智商的天才后代，校方自然应予以支持和鼓励。

# 第三章　网上征婚催生超级达坂国

前面已提到，由于美国移民多、通婚圈大，美国已成为当今世界上独一无二的超级达坂国。更值得注意的是，由于网上征婚和网上交友的盛行，使“达坂城效应”在美国得到了更充分的体验，这对美国人口素质的提高将产生被人忽视的深远影响。

在美国，人们每天要发出几百万份罗曼蒂克的电子邮件，而这些在网上潇洒书写电子情书的男男女女中，又有相当一部分是网上征婚者。网上征婚在美国已不是什么新鲜事，值得注意的是，经历了初期的曲折甚至挫折之后，如今，美国网上征婚者已多达2700万，不少美国人把征婚网站看作是21世纪婚恋的必由之路。

特蕾莎·埃利斯是一位年轻、漂亮的美国女子，在事业很成功。但在婚恋方面，虽经无数好友介绍对象，还参加过一次糟糕的波士顿美术馆“单身之夜”活动，但仍然没有找到意中人。几个月间，她有了30次约会。她说：“我是十分认真的，每次都诚挚对待。”但都失败了，直到去年10月的一天，她与亚当相识后，两人恋爱关系顺利发展至今。她说：“如果单纯从效率角度考虑问题，网上征婚倒是有点像一个好市场，只要你认真选择判断，总会找到合适的对象。”

28岁的斯蒂芬妮是来菲尼克斯市的一名教师，为了找到能够和自己共度一生的伴侣，她尝试了单身女子可以使用一切办法——住在热闹的公寓大楼里，参加教堂组织的青年见面会，甚至向所有朋友放出风声……但斯蒂芬妮一无所获。喜欢上网的斯蒂芬妮无意中加入了一个配对网站——Matchmaker.com，并在那里结识了克雷格，一位29岁的高尔夫职业选手。斯蒂芬妮发现她和克雷格之间的共同语言是那么多，而且彼此的经济、教育和社会背景都很相当。斯蒂芬妮感觉像是恋爱了，每当在网络上看到克雷格，并和他无拘无束地聊天时，她便有了一种莫名的好感与冲动。一段时间之后，斯蒂芬妮和克雷格通了第一次电话，彼此间的好感加深了。网上约会了一年半之后，斯蒂芬妮和克雷格决定“牵手”，他们举行了婚礼。

埃利斯、斯蒂芬妮和克雷格之间的故事并不是特例，在全美国有4000万单身贵族利用配对网站的“配对服务”，来寻找自己的终身伴侣。20世纪70年代，28.3%的美国人独身，到了21世纪，这一比例上升到40.4%。这些人是美国社会中比较繁忙的一群，每天上班累得筋疲力尽，下班后很难提起劲到咖啡厅、酒吧或公园等社交场所结识异性；而且长时间的埋头工作，更是成为约会的障碍。与传统的约会方式相比，配对网站提供的“配对服务”就非常方便诱人。有些网站，只要成员填写几十个细致的问题便能建立一个个性档案，网站接着提供一个与该用户所要求条件相符的成员资料库。如果成员们互相满意，就可以在网络上进行交谈，逐渐了解对方的情况，坦诚地就许多问题交换意见。他们主要通过网络来联系感情，不需要时时出来见面。于是，配对网站逐渐成为“繁忙族”择友求偶的一大途径，这种相对轻松、花费又少的方式大受欢迎。

有些配对网站可以提供心理测试，帮助成员清楚地了解自己的个性以及自己想要什么。同时很多网站都有精细的配对评估系统，能在成员选择对象时提供建议，而且不少心理学家也会应邀到配对网站进行心理咨询，帮助成员以不同的角度看待自己的恋爱和婚姻。某种程度上，这些配对网站可以避免一些错误的婚姻。

也有一些专业性的主题征婚网站专门帮助人们进行特殊选择，它们为征婚者规定了范围与条件。比如“好基因征婚网站”规定，来者必须持有名牌大学毕业文凭。又如，有些主题征婚网站只为黑人、拉丁裔人、同性恋者或超大块头者等特殊人群提供服务。卡罗尔女士创办的“了不起男友征婚网站”是最有意思的网站之一，它要求每位前来刊出征婚广告的单身男子，必须随带一位女士的盖章书面担保证明，内中写清楚她对他外貌、人品、操行的评估，并注明他是如何对待自己母亲的。又如美国有个“人高马大网站”，它的广告声明，它很在乎征婚者身高，它是专为欲觅高大伴侣的男女提供服务，它是模特、篮球运动员的理想的征婚网站。

近年来在美国已出现了大量这样的专门性主题征婚网站，以帮助有着特定需求的人们或特殊人群找到完美的另一半。比如，想找一位犹太人，找一位素食主义者，找一位婚前没有性经历的人，找一位智商高于普通人平均水平者，或找一位具备上述所有四个条件者，都有相关专业性的主题网站为您服务。

有如此周全的服务和广泛的选择，使网上主题征婚或配对服务成为美国一个最兴旺发达的行业，业绩从 2001 年的 7200 万美元飙升到 2002 年的 3.02 亿美元，这种营业额一年翻几番的业绩，是其他诸如音乐下载、在线投资、聊天室和娱乐网站等网络服务望尘莫及。在今日美国，各种主题征婚或配对网站已有一千多，大多数火爆异常。

当然，网上也有骗子，为了剔除网络骗子，配对网站想尽各种办法。许多网站推出了测谎软件，比如 eHarmony. com 网站就推出一系列测试题目，以防止用心不良的人。如果有会员的回答十分可疑，就会被要求退出网站。以测验的结果为基础，eHarmony. com 每天把 16%的可疑客户强行请出网站。另外一些则有自己的高招，例如有名的 Friendster. com 鼓励会员邀请他们的朋友上站，同时在网站上和其他会员结成朋友，因而形成在线关系网。

看来，互联网悄然无声地在美国单身男女心灵之间搭起一座桥，使他们重新坠入爱河。单身贵族可以不受太多干扰地交流内心的看法，通过网络无拘无束地侃侃而谈，了解对方的内心世界。爱情当然仍是一种伟大的艺术，然而，网络征婚无疑已把崭新科技带进了浪漫王国。

美国最有名的配对网站 Match. com 创建人马克说道："过去，你在大学或者工作的地方认识一个异性，然后只能在一间挤满了人的屋子里暗自打量你心仪之人，或者从朋友的谈话里一点点挤出想要的情报。但如今照片、文章，甚至是录像这些详细的资料，都可以通过电子邮件传递，从而让单身男女能够更加便利全面地了解他们的潜在伴侣。"

特丽什·麦克德莫特是"配对浪漫网站"的副总裁。她解释说："传统择偶过程是从外向里的恋爱。关注某人，往往首先是对她的迷惘的笑或美丽金发产生好感，然后关注对方的声音，然后设法洞悉对方内心世界，设法找到与自己意气相投之处。而网络征婚则恰恰相反，内心情感交流在先，往往到了彼此相当熟悉时，才开始外在的联系以至身体的接触。"

美国人以前从来没有像今天这样，能够通过网络技术如此轻松地找到符合自己条件的恋爱对象。如今的配对网站让人们更加乐观，相信自己能有机会找到合适的对象，而乐观的心态反过来又使得他们更能够把握机会。

据 Match. com 的一项抽样调查，美国人在网上重新找回了爱的信心，在公开场合谈到在配对网站上找伴侣时，1100 位用户当中有 81%的人感觉他们比一年前要自然得多，而 88%的用户说他们可能会爱上配对网站上认识的人。另外，根据 eHarmony. com 网站的消息，2000 年以来，大约有 1500 对婚姻成功了；Frienclster. com 公司称，每天大约有 10 对在网上相恋后，决定结婚。

现在，越来越多美国人把谈情说爱的地方换到了网上，使越来越多的人愿意走进围城，也许将来，美国人会觉得在酒吧找到恋人比在网上找恋人更稀奇。

有趣的是，不仅美国中青年热衷于网上征婚，据美国《洛杉矶时报》报道，目前美国老人越来越热衷于网上速配，而且他们在交友时也像年轻人一样隐瞒岁数，美化自己。

杰克·卢易兹已经 75 岁了，自妻子 5 年前去世后，他大概已经和 50 个女人约会过，但他还嫌这种速度太慢，幸好有网上速配帮他的忙。

面带调皮的微笑、满头白发的卢易兹说，他在网上表现得就像一个偷偷地潜入女孩闺房的十几岁小伙子。他对网上速配服务赞不绝口："在网上，我有了多种选择。我的条件是 58 岁至 75 岁的女性，在网上一搜索，我就拿到了一份 25 页的名单。每一页上有 10 个人，然后我就开始跟我中意的人约会。"卢易兹承认："她们都在年龄上撒谎，少说 3 到 5 岁，所以我在网上也会年轻 5 岁，这样就平衡了。"

在美国，像卢易兹那样的老人不算少数，在杂志的信息公告栏上，到处都是这样的人在讲自己的网上"速配"经历。一名女士说，她同意和速配对象一起喝咖啡，结果却吃惊地发现那老人竟然就是他的前夫。

据统计，有超过100万的美国老人热中于网上速配。美国最大在线约会，网站——“Match. Con”上，65岁以上单身老人的注册人数去年增加了122%。

现在，美国享有社会安全保障资格的三分之一老人已经丧偶。同时，老年人的离婚率正在上升，美国人口普查的数字显示，2002年老年人口的离婚率比1990年上升了近30%。此外，婴儿潮那一代人已经逐渐入老年，他们对性、同居和个人满足抱着更开放的态度。

老年人喜欢网上速配的原因还有很多。一个网站上的副总裁说：“无论是欲望还是孤独的驱使，老年人都喜欢这种在线约会带来的便捷，以及根据年龄、地区的共同的兴趣爱好设定的搜索方式。”

大多数网上速配服务公司允许任何人免费查询其会员的简短个人资料，但是如果想要联系会员或者加上自己的个人资料，就需要支付每月25美元至50美元的费用。一些网站会监督最初阶段的求爱行为。如果遇到有会员捣乱或者散布污言秽语，他们会将其踢出。

美国媒体认为，随着寿命的延长，再加上“伟哥”和网络的日渐普及，美国老年人热衷于网上速配一点也不奇怪，纽约长寿中心的布特革博士指出：“原来人们一直认为，人老了以后就不会再有恋爱和性生活，但这不是事实。”

网上征婚效率很高，只要支付上几十美元，就可立即与全国成千上万个单身男女取得联系，也就是在一瞬间就获得成千上万个恋爱选择机会。况且，数码工具已经能够很快、很精确地根据身高、年龄、收入、打扮、爱好等，帮你把相关候选人筛选分类。所以网络可以跨越遥远的空间，让成员有机会结识来自全美国不同地方的异性，提供的选择机会非常多，足以让应征者眼花缭乱、应接不暇。让·卡罗卡是位专栏作家，她说：“我把网上征婚称之为数码达尔文主义，婚恋技术已进化飞跃到了数码时代，它已千真万确来到我们眼前，把异性伴侣的选择革命化了。”她解释说：“大科学家查尔斯·达尔文在他那个时代（1809年至1892年）里恋爱，只有选择4至5位女子的机会。然而，如果他活到今天，可以选择的就不是4位，甚至也不是40或400位，而是可能有4000位之多，她们遍及美国各地。网络征婚能让我们为自己选择最佳的对象。”

的确，网上征婚可以让来自天南地北的美国人结合在一起。从这个意义上讲，网络征婚是大范围、远距离通婚的最佳选择。美国又没有像中国户籍之类的限制，美国人乡土观念不强，不像中国人那样留恋家乡，加之发达的交通，可以在全国随心所欲的迁移，因此在美国，远距离通婚所组成“达坂城家庭”越来越多，产生聪明漂亮的“达坂城后代”越来越多，“达坂城效应”越来越显著，美国人的素质必将越来越高，这必将进一步巩固和强化美国在世界上的霸主地位。

网上征婚在我国早已有主，有通过“雅虎”搜索不难发现，如今网上提供征婚服务的“红娘”不少，“中国爱线”、“单身贵族”、“情牵一线”……仅中文的就有20多个。

这些网站多为求偶者发布简单的征婚广告。如果想加照片，就要收一定费用，网站多数设有“聊天室”或“情爱观讨论区”供男女交流。

但我国网上征婚在发展速度和规模上远不能同美国相比，更缺少类似美国主题征婚或配对网站来为征婚者提供全方位的细致服务。

与传统婚介所相比，婚介所提供的大都是本地或同城的异性，这不利于扩大通婚圈，产生“达坂城效应”。网上征婚的选择范围遍及全国，这有助于“达坂城家庭”，产生聪明漂亮的“达坂城后代”。网上征婚当然也会有骗子，但大多数人是真诚的。从媒体披露情况来看，黑婚介多如牛毛，即使不是黑婚介，不规范经营的婚介所也是比比皆是。如果你碰上了黑婚介，你所见异性100%都是黑婚介雇来婚托骗子，双方联手欺诈征婚者钱财，使征婚者人财两空。所以婚介的骗子（婚托）应大大多于网上的骗子。即使与婚介所的婚托骗子打交道，你见一次婚托骗子就得交一大笔钱，但即使不慎碰上网上的骗子，只需很少的上网费。所以无论从哪个方面讲，网上征婚优于婚介征婚。

美国一位社会学家说：“美国人忙于追求事业，很难顾及婚姻。家庭凝聚力不如从前，过去传统的恋爱方式已经不再适用。25岁时在当地找到一个心上人，并慢慢培养感情的事，已经很少了。”其实这种情况在中国同样存在。

据2005年4月18日《环球时报》（约克、汪析：《父母替大龄子女找对象》）：34岁的陈小姐是一家移动电话公司的主管，收入可观，朋友一大堆，还有自己的雪铁龙汽车，但她还缺一个丈夫。所以，不久前的一个下午，她的父母瞒着她到北京的一个公园为她找对象。

陈小姐父亲、62岁的陈先生担心地说：“我们不敢给她说我们到这里来了，如果她知道我们在为她找对象，她会觉得丢人，其实我自己也不想来，太难为情了。”他是北京紫竹院公园里为儿女婚姻大事发愁的众多父母中的一员，这些父母手里攥着自己子女的相片和介绍子女基本情况的卡片，怯生生的互相打听对方子女的情况。

家长们交换自己子女的照片，谈论自己儿女的优点。有些人还把记录子女基本情况的卡片挂在脖子上，或别在外套上，甚至还有人举着牌子，上面写着：“男，35岁”或“女29岁”。

这样的聚会始于去年秋天，最初是小范围的，只有几十位家长参加，但很快就成为北京最新的社会现象，这种相亲聚会的是持传统价值观的家长们对中国社会剧变的一种反映。

目前，许多中国年轻人生活富裕，但他们一心追求事业，没有多少时间去寻找异性，或者交际圈太小，找不到合适的异性。有些人甚至到了30多岁还是独身，他们的父母对此比儿女们还着急，于是决心为子女的终身大事做点什么。

陈先生说：“我们就这么一个孩子，可她还没结婚，我们为此都睡不好觉。”在公园里，一个家长向陈先生询问他女儿的情况，于是陈先生的老伴便开始使劲地夸自己的女儿："她人长得漂亮，身高 1.60 米，还会电脑和英语。"

退休教师迟女士也在为自己 31 的女儿找对象，在她看来，中国的白领们工作时间太长，她女儿就经常加班到深夜。她说："年轻人不应该只是工作机器，不能只关心工作和赚钱。"

无独有偶，除紫竹院公园外，在北京中山公园，每周四、日下午，公园里都会聚集很多老人，他们手里拿着写有子女年龄、性别、工作情况和择偶要求的牌子，为儿女当红娘。这是个自然形成的"相亲双选会"。这些老人的子女大多属于"三高"——高学历、高工资、高年龄，由于工作忙、接触面窄等原因，没有时间、机会认识更多的异性，于是心急的父母们到公园里来交流子女信息，挑选中意的儿媳、女婿。

如今，仅在北京就有大约 50 万年龄介于 30 岁至 50 岁的单身男女，这比 1990 年增加了 5 倍。整个中国的离婚率也从 20 世纪 70 年代的 3%上升至现在的 13%左右。中国的父母们说，以前结婚比现在容易，因为那时的人与邻居交往密切，未婚青年会得到热心人的帮助。然而，2004 年底一项网上调查发现，有近一半的人不知道邻居的姓名和职业，53%的人认为邻里关系在渐渐变得疏远。无独有偶，上海市妇联对 1006 个家庭进行抽样问卷调查得出的结果：上海人能够与邻居保持经常来往的家庭只占 24%，而且主要集中在老城区，值得注意的是，人均月收入 1500 元以上的家庭中，只有一成能保持和邻居经常往来。

但随着城市的发展，人们逐渐从四合院、里弄搬进了高楼大厦，旧有的温情脉脉的邻里关系也随之解体。有人把这种变化描述为，从"一街共烟霞"的亲热街坊，变成了"老死不相往来"的陌路人，在鸽笼般的公寓楼里，永远只有铁门对铁门，认识的人少。看来，依靠传统的亲朋好友、街坊邻里来介绍对象，择偶范围只能越来越小，对婚介所又信不过。再加上很多青年追求事业，忙于工作，确实没有多少时间精力来找对象。恐怕今后只能像美国那样靠网上配对来找合适的对象，不仅省时省力省钱，还把交友范围扩大到全国，在全国几百个、几千个符合你条件的异性候选对象中，总能找到最适合自己的异性伴侣，说不定还能相中一位外地异性，组成"达坂城家庭"，产生聪明漂亮的"达坂城后代"，于国于己都有利，何乐而不为呢！笔者也希望国内各大网站在这方面有大的行动和举措，尽早创办类似美国的主题征婚或配对网站，为征婚者提供周到细致的服务，使天下有情人终成眷属，也使他们的父母了却自己心愿。

值得一提的是，除网上征婚外，一种颠覆传统的现代版快速约会交友方式又开始在中国都市中蔓延开来，这也是一种可供选择的交友方式。现今在京城的某个酒吧或四合院里，人们可能会碰巧发现这样一幅场景：一对对陌生男女在完成八分钟或三分钟交谈之后，齐刷刷地站起身来更换下一个交谈方式，此后的浪漫可以各自演绎。

这个基本属于西风东渐的快速约会方式曾风靡欧美，继而在中国内地开风之先的上海首先被年轻人所热烈接受，在长江以南完成星火燎原攻势之后，成功在京城登陆。

成立仅三个月的北京市妇联婚姻家庭咨询服务中迄今为止已组织了五次这样的快速约会，服务中心办公室一位主任说，年轻人们很接受这种形式，每次活动刚一宣布开始，大家就争先恐后地交谈起来，场面前所未有的热烈。这种交友方式在短时间内可接触大量异性，效率应是比较高的，至少比婚介所强。

在今日中国，远距离通婚还受到户籍、工作、交通等多方面条件的限制，但当务之急是转变传统的思想观念，“父母在、不远游”、“金窝银窝不如自己的狗窝”、“亲不亲，故乡人”、“老乡见老乡，双眼泪汪汪”之类的传统观念和《谁不说俺家乡好》之类歌颂家乡的歌曲，实际上是强化乡土观念，倡导恋乡恋土情结，结果很多中国人从生到死都不挪窝，都在一个地方呆一辈子，小范围的择偶生子，怎么可能产生“达坂城效应”，从这个角度讲，我国在人口素质上永远赶不上有超级达坂城之称的美国，那么我们又如何与美国竞争呢？

# 第四章　人工批量制造天才

## （一）智商是人才强国的基础

我国是人口数量大国，却不是人才资源强国，如何将巨大的人口压力转化为丰富的人力资源，进而最大限度开发、培养出更多的人才，早已引起了党中央、国务院的高度重视。

据新华社 2003 年 5 月 23 日电，中共中央政治局 23 日召开会议，研究和部署进一步加强人才工作等问题。中共中央总书记胡锦涛主持会议。

会议认为，人才问题是关系党和国家事业发展的关键问题。近年来，根据国际国内形势的发展变化，中央站在推进改革开放和社会主义现代化的战略高度，作出了人才资源是第一资源的科学判断，提出了人才强国战略和党管人才原则，制定并实施了加强和改进人才工作的一系列重大方针政策，逐步确立了人才工作的基本思路和宏观布局，推动人才工作取得了重要成绩。

会议强调，现在，我国人才工作既面临良好的机遇，也面临严峻的挑战。我们要紧紧抓住机遇，正确应对挑战，努力使我国的人才工作迈上一个新的台阶。我们党在新世纪新阶段人才工作的紧迫任务是：适应全面建设小康社会的需要，抓住培养、吸引、使用人才三个环节，着力建设党政人才、企业经营管理人才和专业技术人才三支队伍，重点培养一批适应社会主义现代化建设和改革开放要求的高层次人才，创新人才工作机制，努力创造人才辈出、人尽其才的良好局面，把各类优秀人才聚集到党和国家的各项事业中来。

会议提出，新时期我国人才工作和人才队伍建设要坚持以邓小平理论和“三个代表”重要思想为指导，认真贯彻十六大精神，坚持党管人才原则，大力实施人才强国战略，全面推进人才工作和人才队伍建设，为全面建设小康社会提供坚强的人才保证。

据新华社 2003 年 12 月 19 日电，全国第一次人才工作会议在北京召开，胡锦涛总书记在讲话中指出：“要牢固树立人才资源是第一资源的观念，大力实施人才强国战略，充分发挥人才资源开发在经济社会发展中基础性、战略性、决定性作用，充分开发国际国内两种人才资源，努力把各类优秀人才集聚到党和国家的各项事业中来，为全面建设小康社会提供坚强的人才保证和智力支持，使我国由人口大国转化为人才资源强国。”

中央政治局为人才工作召开会议尚属首次，全国召开人才工作会议也属首次，这表明了党中央对人才工作的高度重视，我们必须认真领会和贯彻这一会议精神，力争在人才工作思路上要有新的创新，在人才工作难点上有新的突破，为实施党中央提出的人才强国战略和全面建设小康社会提供坚强的人才保证。

据2006年3月3日新华社发布的“十一五”规划纲要（草案），纲要第二十九章标题为“推进人才强国战略”。

要实施人才强国战略，要培养更多的人才，不仅要从（教育）培养、吸引、使用人才三个环节入手，还要重视提高全民族的智商。因为智商是一个人事业成就的基础。中央在2004年树立的三个典型——任长霞、许振超和李斌都是高智商的代表人物。

只有初中文化程的许振超是自学成才的典型，许振超自学的是与自己工作密切相关的大学机电类本科课程，这些课程即使有老师教也是很难学的。有一个旁证是诺贝尔科学奖得主有98%都有大学本科及本科以上学历，而像爱因斯坦那样的自学成才者不过2%。即使像爱因斯坦那样一百年才出一个的天才，自学成才也是非常不容易的。许振超能靠自学攻下大学机电类本科课程，仅靠勤奋，没有超群的高智商是做不到的。

李斌学的也是大学机电类本科课程，即使在条件好的全日制大学，每门课平均能得80分左右就很不错了。而李斌读的是条件相对较差的业余大学，且完全利用有限业余时间，他能达到每门课90分以上，有时还得满分，这非常不容易。如李斌仅靠勤奋，没有超群的高智商是做不到的。

许振超、李斌不仅学得好，而且用得好，攻克了生产中许多技术难关，成为享誉全国的技术能手，而任长霞在生前就已荣获公安部“办案能手”的称号。对于绝大多数普通人来说，我们可以学习三位楷模的精神与品质，但无法做出像三位楷模那样的辉煌业绩，因为我们不具备他们的高智商。

中央已提出并正在实施人才强国战略，然而智商是人才强国战略基础，一个人要成为人才，较高的智商是必不可少的，任长霞、许振超和李斌的成功都离不开自身的高智商，以两院院士为代表的顶尖级人才都具有高智商。环顾我们周围，像任长霞式的高智商人才实在太少了，两院院士更是少得出奇。目前，两院院士总数才1300人，按我国13亿人口计算，平均每100万人才产出1名两院院士，比例实在太低了。

要全面建设小康社会，实行人才强国战略，我们就必须努力提高全民族的智商，要造就和培养千千万万任长霞式的高智商人才，而“天才按钮”理论作为提高智商的一个有效手段应当引起我们的高度重视。

## （二）大脑中有“天才按钮”

据2004年6月9日《环球时报》报道（李文云：大脑中有“天才按钮”）：多少年来，人类的大脑一直是科学家们不懈研究的一个重要领地。目前，脑科学家们都公认，人的大脑还有大量的潜力可挖。据美国媒体报道，不久前，美国加利福尼亚大学的布鲁斯·米勒博士在人的大脑内成功地发现了“天才按钮”。

米勒博士说，“天才按钮”位于人脑右颞下的一个特别区域，但这个区域通常被一些神经元压迫，因而在一般情况下不容易被“启动”。米勒博士相信，如果将人脑的这个区域“激活”，那这个人的创造才能就会得到尽情发挥。

米勒在自己的实验室里对72名因各种原因使大脑受过损伤的病人进行过研究，发现了一个规律，一旦人脑右颞下受过伤，就有可能变成某个领域的天才。比如，一名9岁的男孩在部分大脑受损后竟成了一名天才的力学专家；还有一位56岁的工程师，大脑右半球皮质的部分神经元因病受到损伤后却激发了绘画天分，成了一位大画家。米勒博士认为这是因为受损神经元坏死后，大脑“天才区”被压抑了一辈子的天分被释放出来。

现在，有不少科学家又在关注，能否通过人工手段激活人脑中的那些被压迫、被忽略的“天才按钮”。也就是说，通过人工途径把一个普通人变成天才。对此，米勒博士也曾表示，他有能力借助手术刀和一两件神经外科器械，彻底改变一个人的思维方式，甚至改变他的个性和信仰。

澳大利亚弗林德斯大学的科学家认为，借助磁场切断人大脑内一些区段，就完全可以激活那些超级数学和艺术天分。不久前，澳大利亚科学家在17名志愿者身上进行了试验，结果证明了这一点。研究人员对志愿者的整个大脑进行电磁刺激，把他们大脑皮质的有关部分断开几秒钟，获得了惊人的结果。有5个人能很快地算出某个日子是星期几；还有6个人能凭记忆把马头画得一点儿也不差，其余的人轻易就能记住好几个通信地址和长串的数字。

国内一个实例也能支持这种电磁刺激理论，2001年5月10日下午，北京房山区官道中心校教师王立祥帮邻居到地里栽白薯秧，突然间，一个巨雷炸响，王立祥身上冒起一大股黑烟，摔倒在地人事不省，经过三天三夜的紧急抢救才醒了过来。出院后，家人惊奇地发现他说话、办事比以前更加成熟了，更爱思考了，尤其是记忆力比以前明显增强，看报、读书几乎过目不忘。当着记者的面，接过随意翻到的北京日报一段200多字的文章，低声默读三遍后，立刻一字不差地全文背诵出来。雷击就是一种电磁刺激，正是这种意外的电磁刺激，部分开启了王立祥的“天才按钮”，使他从此成为记忆天才。

国外这些试验和国内这个实例动摇了人们从前的“天才源于勤奋”的信念。在一定程度上，一个人的非凡才能是与生俱来的，关键在于如何找到并启动这些“天才按钮”。只要人类了解了大脑神经元运转的更多细节，掌握了更尖端、更先进的医疗技术，就有能力将常人变成天才。

对于人脑内的“天才按钮”，专门研究颅脑科学的俄罗斯神经生理学家也有自己的看法，他们认为大脑内存在“转换开关”。莫斯科大脑研究所所长梅德韦杰夫进一步证实了米勒的结论。他认为，被称为“测错仪”的神经元是存在的，它是大脑内部的一种“预防机制”，具有某种压制天才的功能，不让人们的日常行为举止偏离常规。每当人们脑子里出现一个新想法时，“测错仪”就进入了“这不允许”的制约状态，使人们自己也觉得这种想法没多大意思，失去兴趣。但如果这个制约机制出了毛病，或者受到外来损害，那些非凡的念头和天才理论就会源源不断地涌现出来，这个人就成了天才，但也要冒很大的风险。

俄罗斯科学家认为，一个正常人的脑结构能保障他思维、运动和爱，这已经足够，而天才都是有些偏离常规的人。他们的某些素质特别发达，某些素质则被抵消了。比如爱因斯坦，他在物理学领域有重大突破，但在日常生活中却很难与人交往。很多天才实际上都是不健全的人。众所周知，俄罗斯大诗人普希金和莱蒙托夫都有某种程度的精神分裂症状。有不少专家认为，大多数天才的大脑正是因为有毛病才得到了“解放”。

## （三）“天才按钮”理论可信吗

对“天才按钮”理论持半信半疑态度的人不少，但笔者认为“天才按钮”理论是完全可信的，只不过“天才按钮”并不一定像米勒博士所认为那样只有脑部受伤才能开启，可能还有其他的原因。

托米·迈休斯可以说是医学史上的一个奇迹。二次中风竟然激发出了他的创造天才，并改变了他的人性。在此之前，生活在英国利物浦的托米可以说是个倒霉的人，他脾气暴躁，曾因与人打架而被关进监狱，同时，他还基本上是个不学无术的人，他仅有的艺术素养就是欣赏画在他手臂上的文身。然而，3 年前两次不幸的脑溢血却永远地改变了他。尽管脑外科手术挽救了他的生命，但他的大脑还是留下了后遗症，他的部分记忆因中风而丧失，他不但不认识自己的妻子，就连自己的名字也忘记了。然而，就在这次中风痊愈后的几个星期，医生却发现，托米受损的大脑竟然产生出了一种罕见的“艺术创造力”。几乎是在一夜之间，这位曾蹲过监狱的艺术门外汉，竟然产生了一种强烈的绘画冲动，他开始用水彩笔在墙上和报纸上作画，而且画出的作品令不少专业人士都啧啧称奇。托米声称，一幅画他只需要构思 10 秒钟。除了对绘画无师自通外，托米还开始写诗，他将自己的经历写成押韵的诗句，读起来还颇有文采呢。更为奇妙的是，疾病不仅激发了托米潜在的艺术创造力，还改变了他的个性。他由过去那个脾气暴躁、有过吸毒史、有前科的犯人变成了一个温文尔雅、对绘画和文学感兴趣的绅士。

目前，脑神经专家还无法解释出现在托米身上的这些神奇现象，他们只能推测，中风（脑溢血）可能激发了托米大脑中某些一直被埋没的部分。他们也希望通过托米这一罕见的病例来研究人类大脑与艺术创造之间的生理机制。笔者猜想很可能由于脑溢血使托米脑部右颞（即天才按钮区域）受挤压而偶然导致了"天才（或高智商）按钮"的开启，当然这种猜想有待证实。

再如，一个主流观点是人的智商主要取决于先天遗传，以及后天营养与教育条件，可现在大部分两院院士出生在二十世纪三四十年代战乱不断、饥荒遍地的中国。其中一些两院院士出生贫穷的农村，吃不饱、穿不暖，父母为目不识丁的农民，成长条件比较恶劣，既无先天遗传优势，又无后天营养与教育优势，他们的高智商又是从何而来？这些院士，脑部并没有受过意外的伤害。那么是谁开启了他们"天才（或高智商）按钮"？这从常理上无法解释，笔者认为可能与分娩方式有关。

据医学专家介绍，在自然分娩情况下，由于新生儿大脑与身体受宫缩及产道的挤压，这对新生儿是一次神经系统及心肺功能的良好锻炼，新生儿日后对环境适应能力比较强，身体也更健康，发育更好。

在自然分娩情况下，新生儿都是头部先出来，头部是"开路先锋"，头部受到的挤压最大。据此，笔者猜想是天才们出生（自然分娩）时，很可能由于脑部右颞（即天才按钮区域）受出生过程的挤压而轻微"受伤"，这恰恰导致了"天才（或高智商）按钮"的开启。当然这种猜想有待证实。这只需要把自然分娩和剖腹产孩子，在高智商儿童产出比例上进行对比即可得到证实。

另外，天才人物中头胎比例最大。如用笔者的挤压头部猜想很容易得到解释，因为孕产妇第一次自然分娩，产道最紧，挤压力最大，这恰恰有助于开启天才按钮区域（脑部右颞）。所以，那种认为产道挤压胎头而影响新生儿智力发育，剖腹产孩子比自然分娩孩子聪明的说法是毫无根据的无稽之谈，盲目剖腹产只能扼杀天才，于国于己都不利。但令人担忧的是，由于现在的孕产妇普遍害怕自然分娩的痛苦，孕产妇及家属相信剖腹产既省事又安全，因此大多数孕产妇无视自身情况，盲目选择剖腹产，致使有可能扼杀天才的剖腹产率这几年是直线上升，目前国内大部分城市医院剖腹产率在50%以上，特别是在大医院，剖腹产率可高达70%至80%，而五六年前剖腹产率可高达70%至80%，这种惊人上升速度令人忧虑。

医学专家认为，剖腹产只是难产或抢救新生儿手段，是一种迫不得已才采用的手段，能不剖腹产的尽量不要选择剖腹产，是否剖腹产应由医生掌握。因为剖腹产是一种非正常、非自然的分娩方式，该过程没有胎儿主动参与，完全是被动地在短时间内被迅速娩出，由于胎儿未曾经过产道必要的挤压与刺激，日后易患肺炎、多动症等。故早在20世纪80年代，世界卫生组织就提出把剖腹产率降低到15%以下。发达国家剖腹产率也像我国一样经历过一个急剧上升时期，但经过 10 多年的宣传与控制后，发达国家剖腹产率平均已降低到 15%以下，最低的仅有 5%。而我国剖腹产率已经持续上升 20 多年了，目前还没有见到下降的苗头，从城市到农村，仍在普遍持续地上升，这十分令人忧虑。

国内目前选择剖腹产的产妇中，有三分之二是完全可以自然分娩，连 35 岁以上的高龄产妇，多数也可选择自然分娩。如产妇都遵从自然的规律分娩，目前的剖腹产率可降低到 15%是完全可以的。自然分娩虽疼痛一些，但有可能“挤压”出一个小天才，于国于己都有利，所以要大力提倡自然分娩，别再干有可能扼杀天才的蠢事。

毫无疑问，实行人才强国战略需要千千万万任长霞式高智商的天才，然而靠自然孕育方式产生天才，速度太慢、数量太少，根本不适应人才强国战略需要，为此需要采用另类和超常规做法。2003 年 5 月 23 日中共中央政治局强调“要创新人才工作机制”，要贯彻人才强国战略，就必须用创新的方式来造就千千万万任长霞式高智商的天才的人物，所以我们必须高度重视“天才按钮”理论的研究与实验，不仅要尽快列入国家重大科技攻关计划，还要把全国相关科研力量组织起来，集中进行攻关，在尽快搞清“天才按钮”机理的同时，重点研究如何用人工手段（脑外科手术、电磁刺激等）来大幅度提高普通人的智商，甚至把普通人变成任长霞式高智商天才，大批量地人工制造天才。有了人才这一决定性因素，中华民族必将在 21 世纪实现伟大的复兴。

## （四）批量克隆天才

人类历史自有文字记载的数千年来，人类自身的繁衍生息都是通过有性繁殖，中国民间流传的齐天大圣孙悟空拔下几根毫毛向空中一吹就变成无数猴王的故事，毕竟是个神话，没人当真，然而，孰料在科学技术日新月异的今天，神话竟有可能变为现实。自 1997 年英国科学家用一只绵羊的乳腺细胞克隆出“多利”羊以来，已有六七种哺乳动物被先后克隆成功，于是，能不能克隆人类本身的问题就成了热门话题。

由于克隆人会在人类伦理、道德、法律等方面带来诸多的问题，国内外绝大多数专家学者对克隆人持反对意见，世界各国都反对和禁止开展克隆人的科学实验，卫生部早已明令禁止在我国开展克隆人的科学实验。笔者以为禁止实验可以，但进行学术上探讨还是可以的，因为这不会产生实质性结果与损害。

据 2002 年 12 月 11 日《文汇报》报道：两周前，意大利医生蒂诺里称全球首个克隆人将于 2003 年 1 月诞生。正当世界一片哗然的时候，在中国科学界，一场关于“要不要克隆人”的公开论战也在进行。

引人注目的是，主张“谨慎支持克隆人研究”的是素以大胆、直率而著名的中科院院士何祚庥。他连续两次在中国科学院下属的《科学时报》上阐述自己的观点，并表示“我不怕引火烧身，愿意与各位探讨这个敏感话题”。

何祚庥所持的立场是，我也担心现在所克隆的人因技术不完善而“缺胳膊少腿”，但技术不成熟不应成为反对克隆人的理由。技术的不成熟只有靠研究发展去解决，禁止的结果只能是扼杀。另外，克隆人所引起的亲缘关系、伦理关系并不比试管婴儿更复杂。他甚至指出：“现在克隆几个小何祚庥出来，也没什么问题。因为他们没有像我一样的学习经历，且相差70多岁，其性格和所走的道路迥然不同，怎么可能一样呢?”

“克隆出一个希特勒或乔丹是不可能的。即使基因完全相同，但他们的性格和所走的道路也大多迥异，所以不会出现千人一面。克隆出10个希特勒担心是多心的。我对人的理智表示乐观。氢弹是比原子弹威力更大的杀人武器，但从发明至今从未在战争中使用过，人类要利用科技的进步来为人类的发展谋福利。”

何祚庥坦陈：“技术的确是把双刃剑。”但他反问那些因此反对克隆的人，“我们是不是要回到原始社会?！问题不在于科技本身，而在于人的应用”。

据悉，在现今我国科学界和公众中，支持克隆人的“另类观点”时有被提起，但一般仅限于圈内讨论或互联网上。敢于在报纸上公开直言不讳的，何祚庥算得上第一人。这位75岁的老科学家表示，目前克隆人的技术潜力和产业规模有多大，该项技术对我国科学发展、对于人民利益会产生什么影响，还没有很好研究，“而科学研究就是要去推动解决这些问题”。

“当一种新事物降临时，人总会有担心、疑虑甚至恐惧，当初汽车、火车、飞机进入人类生活时也是这样。但随着社会发展，人类会发现，疑虑和恐惧是多余的。人类对克隆人的看法也会经历这个过程。”

笔者对何院士观点完全赞同，那些反对克隆人的一个重要理由是因为克隆人“冒犯”了人的尊严！为什么这么说呢？——关于生命的价值有很多描述，但最基本的一点是“我是独一无二的”，而克隆人的产生让人觉得“我不再唯一、不再宝贵”。但对常人来说“我是独一无二的”“我是唯一的”倒也无妨，但对何院士、任长霞之类的天才，只能是多多益善，因为我们太缺少天才呢。在国内外，某个天才只有一个，当这个天才离开人世时，这个天才就永远从地球上消失，这是十分令人惋惜的。如果能采用克隆技术复制天才，就会使他们代代相传，甚至永生不死，就能为社会做出更大贡献。

何院士说：“现在克隆几个小何祚庥出来，也没什么问题。”以笔者之见，不是仅克隆几个小何祚庥，从技术上讲，克隆技术能够制造大量基因结构完全相同的人，将来克隆技术完善后，在何院士和其他天才自愿的条件下，为何不克隆其他成千上万的小何祚庥或其他天才？天才越多，科技才会发展越快、综合国力才会越高、国家竞争力才能越强，这又有什么不好！在国际上，我国可以公开反对和禁止开展克隆人的科学实验，但完全可以悄悄地、谨慎地、小规模地开展这项实验，按何院士说法是“谨慎支持克隆人研究”，即使失败了也不会产生什么大的影响。

除克隆人外，利用基因工程技术也有可能制造出天才。美籍华裔科学家利用基因工程技术最近成功地培育出一种记忆力极强、学习能力极高的“聪明”老鼠。这些被命名为“杜吉”的老鼠，记忆力比普通老鼠高出4－5倍，它们有能力认出一块以前见过的积木，还能在水中找到一个隐蔽处所，而且能领会一些受袭击前的“预警信号”，学习能力奇高。

这些“聪明”老鼠是由普林斯顿大学以华裔科学家钱卓为首的一批科学家培育出来的，其方法是为老鼠分别植入一种额外基因NR2B及复制基因。NR2B含有神经蛋白质，可协助增强学习及记忆，有助于提高智商，而且还能遗传给后代。据此，科学家们认为，这项研究意味着人类有可能“制造”出超高智商的婴儿。

华裔科学家钱卓的研究还揭示，NR2B基因是一种重要开关，它能控制大脑的联想能力，这种基因与一种名叫NMDA的“大脑感受器”一起工作，后者就像是大脑中的信息站。随着人的衰老，NMDA的反应能力随之减弱，这就是年老后学习变得困难的原因。一旦有了额外的NR2B基因，记忆力就不会因衰老而衰退。

智能是由遗传因素决定的还是由环境教育因素决定的，这是生物学界长期争论不休的问题，学术界因此分成两大对立阵营。遗传决定论者认为，人类智能的高低取决于各人携带的遗传基因；环境论者认为，人类的智能主要受后天环境教育的影响。在两种学说的天平上，钱卓等科学家关于“聪明”老鼠的研究结果，显然在遗传因素一端添加了分量颇重的砝码。

笔者建议我国也应大力开展“聪明”老鼠之类的研究，为将来利用基因工程技术“制造”出超高智商的婴儿创造条件，做好准备。

## （五）与其引进洋花，不如引进洋精

人类辅助生殖技术是借用外力，利用人工干预手段实现生育目的。现在作为人类辅助生殖技术的人工授精在技术上已非常成熟。人工授精就是指医师采用非性交方法，将精子置入女性生殖道内使之与卵子结合来达到授精目的。据不完全统计美国每年有三万名人工授精的新生儿出生，在我国目前至少有20个省市在开展人工授精。1981年在湖南省成立了我国第一家人类精子库以来，随着生殖辅助受孕技术的普及，人工授精技术已成为治疗男性不育症的主要技术之一，已在我国得到广泛运用。笔者认为人工授精技术不能仅局限于为治疗不育症患者服务，也应同时为批量制造天才服务。

前面所提从俄罗斯大批量引进美女的想法虽好，但美女毕竟是个大活人，把大活人弄到中国来毕竟是件很麻烦的事，不管我们再努力，引进的数量也是很有限的。但还有一个与引进美女具有相同效果的做法，从前面已谈到从中西混血儿如中俄混血儿中产生天才的概率最高，坦率地讲，引进洋花（如俄罗斯美女）的实质是引进洋花身上的卵子，既然引进洋花（卵子）难度大，我们不妨大胆引进“洋精”即西方人的精子，使中国妇女通过人工授精方式生出中西混血儿。这与俄罗斯美女所生中俄混血儿是一回事。

据 2003 年 11 月 19 日新华社消息，卫生部公布了新修订的《人类精子库基本标准和技术规范》规定：供精者的原籍必须为中国公民。可是，如果我们要大批量制造高智商的中西混血儿，就必须打破此项规定，如果中方人工授精妇女愿意要中西混血儿，应允许西方外籍人士供精。

男性的精子是在体内不断产生，如不及时排出反而会成为生理负担。所以找男性供精者比较容易，只要给一定报酬，就会有人踊跃供精。如在美国，条件一般的供精者供精一次，所获报酬一般不会超过 100 美元。

改革开放以来，在我国工作的西方优秀男性很多，所以不必去跨国买“洋精”，对在国内工作的西方人，只要其学历在硕士以上，经严格体检合格者应准予供精，当然他们也可以从中获得一定报酬。相信他们的要价不会太高，对多数不孕症夫妇来说是可以承受的。

卫生部新修订的《人类精子库基本标准和技术规范》规定：每一个人类精子库都必须建立一套监控机制，以确保每位供精者的精液最多只能使全国 5 位妇女受孕，以最大限度减少后代近亲结婚的可能。

不过笔者认为愿意接受“洋精”的中国妇女极少，再加上混血儿很易辨识的相貌，“洋精”混血儿后代近亲结婚的可能性微乎其微。所以笔者主张更改上述规定，凡西方外籍供精者，最多能使 50 位妇女受孕，这就有可能诞生近 50 个中西混血儿。“一人多供”还有助于解决因西方外籍供精者太少而导致“洋精”匮乏的问题。

想想吧！当我们费了九牛二虎之力去引进一位俄罗斯美女，就算我们放开生育限制，准许其生三胎，相信大多数俄罗斯美女最多生两胎，因为俄罗斯美女普遍不愿多生孩子。所以与其花大代价从国外引进俄罗斯美女，倒不如在国内花低代价寻找来自西方外籍的供精者，弄得好，一个西方外籍供精者就可以成为国内几十个中西混血儿的“父亲”。显然靠“洋精”来制造中西混血儿，来得快、产量高、花费少，值得提倡。同时我们也要教育不孕症夫妇转变观念，不怕别人说闲话，敢于接受“洋精”，敢于生个中西混血儿。走自己的路，让别人去说吧！

## （六）依靠“移精不移卵”方式来催生达坂城效应

当然，敢于接受“洋精”的不孕症夫妇是个别的，即使暂不准跨国供精，怎么才能最大限度增加国内跨省远距离通婚数量，以催生“达坂城效应”，产生更多漂亮聪明的后代，以提高我国人口素质呢？跨省远距离通婚难度大，我们可以采取一个变通的办法，通过人工授精技术来“移精不移卵”，这可产生与跨省远距离通婚相同的效果。

“移精不移卵”是笔者创造出的一个新词，原本是用来概括群居动物避免近亲交配的一个方式。凡经常看央视《动物世界》、《人与自然》栏目的观众都对非洲大草原上的狮群印象深刻。狮是群居动物，作为群居动物必须设法避免近亲交配，否则狮子就会在优胜劣汰的自然竞争中被淘汰。在狮群中，母狮是“铁打的营盘”，即母狮从生到死都呆在一个狮群中不动窝。换句话说，狮群内部母师的卵子相对来说是不动的。而雄狮则是“流水的兵”，不停地变换。狮群里小公狮长大后，狮王为了独享交配权，也是避免近亲交配，就会用“武力”把小公狮赶出师群，小公狮只能到其他狮群寻找交配的机会。而对狮王来说，其地位并不牢固，它时刻面临其他外来雄狮的挑战，一旦狮王被外来雄狮打败，不仅不再是狮王，还会被赶出狮群，胜利者即外来雄狮成为狮群新的狮王，所以狮群中使母狮怀孕的精子都是外来雄狮提供的。如同“城头变幻大王旗”，由外来雄狮充当的狮王是不断变换的，相对于狮群中固定的卵子，精子是外来雄狮提供的，且随狮王的变换而变化，这就是所谓“移精不移卵”或者叫“精动卵不动”的现象，作为人类近亲的猴群也有此现象。狮群、猴群之类群居动物正是靠“移精不移卵”来催生类似人类社会的“达坂城效应”。

笔者认为人工授精技术不能仅局限于为治疗男性不育症患者服务，也可以靠“移精不移卵”方式来催生“达坂城效应”。

笔者建议卫生部对已发布的《人类精子库基本标准和技术规范》应增加一条新的规定：即各大城市精子库不得在本地寻找供精者，必须在外地人群中寻找供精者。这样做的理由很简单，外地供精者的精子通过人工授精与本地妇女卵子结合所生后代，与远距离跨省通婚所生后代，实际上是一回事，效果是一样的。通过（外地供精者）“移精不移卵”方式，即在本地男性不育症的配偶中引入外地供精者，同样可产生“达坂城效应”。

当然，本地精子库找外地供精者并不意味着广州的精子库要到北京去寻找外地供精者，或者上海的精子库要到广州去寻找外地供精者，那也太麻烦了。现在我国只在北京、上海、广州等大城市设有精子库，而这些大城市高等教育发达，高校甚多。而大学特别是重点大学都是面向全国招生，所以在大城市，大概大学里的外地人、外省人最多，因此本地精子库到本地重点大学的男生中去寻找外地供精者应是一个比较理想的、省时省力的选择，这实际上类似狮群“移精不移卵”。大学生属我国高素质人群，年龄轻，精子质量应比常人好，在大学生中更易采集到高质量精子。现在大学学费、生活费昂贵，使不少家境贫寒的男大学生难以承受，不得不靠课外时间辛勤地打工来挣部分学费、生活费，所以只要给他们合理的报酬，他们是愿意供精的。

由于各方面条件的限制，跨省远距离通婚在我国还是件非常麻烦的事，最终能实现远距离通婚，组合成远缘婚配家庭是很少的，这就不易产生“达坂城效应”。但通过外地（大学生）供精者来“移精不移卵”，产生达坂城效应要容易得多，效果也好得多。

由于受户籍、工作、交通等各方面条件的限制，远距离通婚在我国还是件非常麻烦的事，最终能实现远距离通婚，组合成“达坂城家庭”的是很少的，这就不易产生“达坂城效应”。但通过外地供精者通过“移精不移卵”方式来产生“达坂城效应”要容易得多，效果也好得多。

目前全国育龄夫妇大约2.3亿人，不孕不育发生率为8%－10%，也就是说大约1000万个家庭受不孕症的困扰，其中约有五分之一要借助人工授精技术来产生后代。如各大城市精子库都从大学选择外地供精者来供精，那么通过“移精不移卵”方式必将在全国制造数百万个“跨省远距离通婚后代”，这必将对提高我国人口素质产生深远的影响。前面所提引进“洋精”则也是种“移精不移卵”方式，可产生素质更高的跨国远距离通婚后代，关键在于卫生部要放宽政策限制，允许引进“洋精”。

此外，大城市高校的外地大学生大都是流动的群体，由于户籍限制，绝大多数外地大学生毕业后都会离开高校所在的城市，这意味着将来外地供精大学生将来所生后代与人工授精者后代由于不在一个城市，产生近亲结婚的可能性将大大降低，这也有利于优生。

## （七）我们需要什么样的名人精子

1999年，成都市计划生育技术研究所在全国率先建立名人精子库，此消息在全国曾炸开了锅，被新闻界炒得沸沸扬扬。名人精子库建立之初，曾将名人供精者定位划分为三大类：一类是“知识型”，即拥有副高以上职称（包括副高）、硕士以上学历（包括硕士）、知名作家、名记者、名编辑；一类是“明星型”，包括运动明星、文艺明星及艺术家；还有一类是“企业型”，主要是企业高级管理人才和金融家等。要求这些名人年龄在60岁以下，有健康生育史，家庭没有遗传性疾病史。由于“企业型”名人工作忙、收入高，他们对供精没什么兴趣。所以名人精子库的供精者主要是“知识型”和“明星型”两类名人。

其实名人精子库并非中国首创，国外早已有之，美国最为盛行，在美国有诺贝尔奖得主“精子银行”（美国人习惯把精子库称为“精子银行”）。因为在美国人的观念里，国民素质是国家综合实力的根本，故在美国处处可以感受到全民优生意识十分强烈。在美国，想要生一个高智商孩子的夫妇大有人在。有的男人怀疑自己的智能低下，宁可放弃要自己亲生后代的机会和权利，陪妻子去“精子银行”寻觅优良精源，人工授精。形成鲜明对比的是，在中国农村，再愚蠢的男人也要想方设法、不惜代价的传宗接代，于是劣生现象愈演愈烈，愈生愈多。

在美国随便找一家“精子银行”，你都可以看到他们把优生放到怎样的地位。但最有代表性的是加利福尼亚州的“诺贝尔精子银行”，这家“精子银行”专门负责接受、储存和供应诺贝尔奖得主，或才华横溢，有可能获得诺贝尔奖的男士提供的精子。这些出类拔萃的“供精者”的条件是在世界上最聪明的科学家、商人和教授中名列前100名，在事业上有杰出成就，但他们的名字却不能任意公布。在第一批自愿提供精液的名人中，至少有三位诺贝尔奖得主。这家“精子银行”明亮、宽敞，厅堂之中摆满了鲜花。墙壁的四周悬挂着一列列科学伟人的照片，在照片的一侧有一行金色的浮雕艺术字——天才的基因、上帝的杰作。在陈列室的玻璃橱窗里摆放着诺贝尔奖得主及其他供精者的资料，写着供精者的习惯、爱好、性格，还放着供精者的照片以示参考。

这家“诺贝尔精子银行”经营的方式很简单，他们将精子列人商品目录之中，连带精子供应者的简历、年纪、嗜好、自传、家世及照片等，供有意购买的人士参考，而价钱约在3万美元到75万美元不等。这家诺贝尔奖得主“精子银行”于1980年前成立以来，生意愈来愈好，它迎合了人们优生的梦想和欲望。

“诺贝尔精子银行”创始人是美国亿万富翁格雷厄姆，据他介绍，他这一举动并非一时的冲动。从儿时起，他就注意到最令他崇拜的一些名人因为种种原因都没有留下后代，他们的基因无法遗传，他就决定将来时机成熟时建立一个名人精子库，专门收集、存储他们的精液，提供那些愿意接受精液的女性，培养出那些名人的后代——这些新生儿将继承“父体”的遗传基因，具有极高的智商。

格雷厄姆从小就坚信优生理论，他认为聪明的人永远会生下聪明的孩子，利用智商奇高的人的精液可以大大提高生出天才的概率，因此有必要向诺贝尔奖得主索取精子，打造一个天才婴儿生存的“天才岛”，让优秀婴儿一出世就“远离愚蠢凡人”。

一直到死，格雷厄姆都坚定认为，在他的“诺贝尔精子银行”培养的至少230名“天才婴儿”中，至少有一个可以改变未来的世界，他说：“我们正努力培养出对全人类最有用途的领导者和创造者。下个世纪将是天才的世纪，届时人们将回过头来看我今天所作所为，到那时人们将不得不承认，我今天的想法并不是发疯。”

1998年，格雷厄姆去世，但他的梦想已得到实现。在他培育的230名“天才婴儿”中，绝大多数智商大大高于常人。克瓦尔斯基是“诺贝尔精子银行”培养的第一个“天才婴儿”，她的智商竟高达180，在她参加的历次州际数学竞赛中均获第一，在一次全美拼读比赛中，她以满分成绩荣获冠军。现在她已成为美国的名人。她的老师拉特利夫说：“她是我执教29年遇到的最聪明的学生，她的智商极不平凡，我从未遇到过这样的学生，我为能有如此聪明的学生而感到无比的荣幸与自豪。”这也印证了中国的两句格言，一句是“有其父必有其子”，另一句是“龙生龙、凤生凤，耗子的后代会打洞”。

包括“诺贝尔精子银行”在内的美国各家“精子银行”，对供精者审查极为严格，要经过智商测试和健康检查，包括对精子化验，以判断是否有感染性疾病、遗传性疾病。家族中有夭折者，均被淘汰。有幸被批准供应精子的男性将与“精子银行”签订秘密合同，并且接受指导。

“精子银行”制定了一整套严密的匿名和保密制度，供精者不能与婴儿以及养育他们的父母相识。在崇尚优生的美国，对于采用人工授精的方式优生，绝大部分美国人持赞同和支持的态度。当然反对的也大有人在。

既然国外有诺贝尔奖得主之类的名人“精子银行”，我们为何不可以设立名人精子库？所以笔者对设立名人精子库是赞成的，关键是我们需要什么样的名人精子？就“明星型”供精者而言，在我国，像歌星、影星、舞星、笑星、音乐家之类的文艺明星不仅不缺，早就过多过滥，浩浩荡荡的“北漂”大军算是其中一个典型。这些过多过滥文艺明星已对青少年产生不良的引导作用，郭达、蔡明、赵丽蓉表演的小品《追星族》生动地表明了这一点。所以我们没有必要再通过人工授精去继续制造文艺明星。

对“知识型”供精者而言，自身是学文科的，又是从事文科相关职业的人才全国都不缺，且总体呈严重过剩之势，这点还将在下面谈到。总的来说，我国最缺理工科天才，主要是优秀的科学家、工程师及高技能人才。俄罗斯科技发达，能最终战胜纳粹德国，主要是俄罗斯人普遍具有“理科基因”，产生较多的理科天才。在我国的汉族人群中并不像俄罗斯人那样普遍具有“理科基因”，大概只有理科天才才具有“理科基因”，一位理科天才通过供精把自己的“理科基因”遗传给他人，产生小理科天才的概率是比较大的，所以人工授精应主要为造就理科天才服务。所以建议卫生部应在《人类精子库基本标准和技术规范》中应明确规定：供精者不仅必须是外地的，而且应具有理工科博士及博士后学位，最起码也必须是在读理工科博士及博士后。考虑到在我国工作的西方人中具有理工科博士及博士后学位的不多，以及中西混血儿更易产生天才，因此对西方外籍供精者，条件可降低至必须具有理工科硕士学位。除特殊情况外，一般禁止非理科天才供精。那些所谓“明星型”供精者自然也在禁止之列。

中国航天员的选拔极其苛刻，100 名左右参选的优秀飞行员，才能挑选出一名。优秀飞行员本来就是经过航空学校和飞行部队的不断筛选，百里挑一留下的精英。航天员的选拔，则是从这些精英里再次百里挑一，解放军航天员大队仅有 14 名航天员，他们是我国第一代航天员，是从 1500 多名空军优秀现役飞行员中选拔出来，堪称“万里挑一”。我国有 13 亿多人口，从这个总人口基数计算，堪称“亿里挑一”，航天员位处人才金字塔最顶端。是民族精英中的精英。航天员都要学习完全属理科内容的艰深的航天基础理论和极其复杂飞船的操作技能（神舟飞船操作手册多达 40 万字，是极难啃的天书），且个个成绩优异，可以说他们个个都是具有超高智商，既善动脑又善动手的理科天才，他们身体素质也是好得不得了，让他们精子白白流失，甚为可惜，应当鼓励他们把自己超高质量的精子供给一些不孕症妇女，从他们与她们的后代中培养出航天员、飞行员的概率应大大高于常人，即使不能成为航天员、飞行员，也能成为各行各业的优秀人才。此外，应取消对航天员的生育限制，鼓励、奖励他们生个三四胎，把他们优良的基因更多地遗传给下一代。

卫生部新修订的《人类精子库基本标准和技术规范》规定：每位供精者的精液最多只能使全国 5 位妇女受孕，以最大限度减少后代近亲结婚的可能。但鉴于航天员人数太少，他们的基因又过于优秀，可以考虑放宽限制，每位航天员供精者在某个省或直辖市最多能使 5 位妇女受孕，这样在全国 31 个省、自治区、直辖市，每位航天员供精者最多能使全国 150 位妇女受孕，由于每省最多只能使 5 位妇女受孕，近亲结婚的可能性微乎其微。

# 下篇　培养天才

# 第五章　如何避免入错行的悲剧

## （一）我国科技人员总体素质为何偏低

国际科技界通常认为已发表科技论文的数量与质量状况是衡量一个国家科技人员总体素质高低和科研能力强弱的一个重要指标。美国出版的《科学引文索引》（简称SCI）所选用的科技期刊和已发表的科技论文都有严格的标准，收集了世界上绝大部分重要科技期刊与重要科技论文，是国际上权威的科技期刊与科技论文检索刊物，而我国（不含港、澳、台）科技期刊和论文的被采用率明显偏低。

据中国科技信息研究所于2001年底发表的统计结果显示，我国科技论文的数量和质量与发达国家均有很大差距。

一是论文数量与先进国家相比相差较大。2000年，我国被《科学引文索引》收录的论文数虽排在第8位，但与排在前3位的国家相比，仅仅相当于美国的12%，日本的25%，英国的23%。我国国际论文总数仅占世界论文总数的3.55%，在全世界科技论文总量中所占比例甚微。如果以每10万人被收录的科技论文篇数来衡量，发达国家普遍在10篇以上。我国1997年每10万人被收录的科技论文篇数只有2.9篇，远远落后于发达国家的平均水平。

二是论文质量有待提高。据悉，1999年，我国论文的平均被引用次数为2.27。2000年我国在《科学引文索引》上发表的论文只有30%被引用。大致地说，目前我国比较重要的科学论文占世界的分量约为百分之一，被引用率比较高的是其中的百分之一，也就是说从数量上我们对世界的贡献是百分之一，在质量上我们是万分之一。这和我国占世界四分之一人口的状况很不相称。

三是我国科技期刊的影响力较小。一种刊物中论文平均被引用的次数被称为“影响因子”。1999年我国被《科学引文索引》收录的期刊为56种，影响因子最大的为0.839，而《科学引文索引》收录期刊的最大影响因子为47.564。

四是作为我国科研主力军的大学，所发表的国际论文和国外大学相比，差距不小。2000年，我国大学位居《科学引文索引》论文榜首的北京大学共发表论文1105篇，而哈佛大学则为8000多篇。1993年，我国首次对全世界大学发表论文情况进行排名，我国清华大学未进入前100名，尚不及韩国汉城大学。

五是据中国科技信息研究所1998年分析报告，我国高校被《科学引文索引》收录论文总数为6000余篇，仅与美国哈佛大学一个学校教师被收录的论文数相当！要知道，我国普通高校103万教职工中，有教授3.32万人，副教授11万。如果把6000余篇论文和14余万大学教授、副教授联系起来，那么，平均每位教授只发表约0.04篇左右。

就专利申请总数而言，我国可以说是专利大国。专利申请数超过我国的只有日本、美国、德国、英国、法国等国家。但是，我国专利申请包括发明专利、实用新型专利和外观设计专利。1997年，我国受理国内外专利申请114208件。在我国授权的50922件专利，发明专利、实用新型专利和外观设计专利分别为3494、27338、20160件。其中，只有发明专利真正具备新颖性，因此具有与国际意义上的专利可比的"资格"。但我国发明专利比例偏低，只占授权专利的6.9%。这从一个侧面说明我国创新能力和知识产权保护意识比较低。如果以我国的发明专利数量去参与国际比较，我国的专利申请总量只能退居20名开外。

每10万人专利申请数，发达国家普遍在100件以上，我国只有9.2件（发明专利、实用新型专利和外观设计合计），同样大大落后于发达国家的平均水平。

从我国基础研究的状况看，并不令人乐观。近年来，我国自然科学一等奖曾连续四年出现空缺，表明基础研究中有重大理论建树的成果不多。

有学者统计，一般情况下一个国家立国30年左右就会在该国出现诺贝尔自然科学奖得主。而我国已立国近50年，却仍与诺贝尔奖无缘。

1998年7月，中国科学技术协会调查并发布的最新资讯显示，国有企业下岗科技人员有1.1万人，占科技人员总数的4.9%。

中国科协在四五月份对部分国有企业科技人员下岗分流情况进行了调查。涉及大、中、小型共403个国有企业，职工136.8万人，其中科技人员22.3万人；下岗职工19.1万人，下岗科技人员占下岗职工总数的5.7%。

据分析，国有企业中科技人员下岗的情况已普遍存在，且不完全取决于企业效益状况，2/3接受调查的企业存在科技人员下岗；效益较好的国企里也有科技人员下岗的；从行业公布看，纺织、冶金、机械、电子、石油、化工、煤炭、建筑、轻工、交通运输、兵工等各个领域里，都有科技人员下岗。分析认为，随着企业改革进程的进一步深化和力度的加大，科技人员下岗的数量在今后一段时间里还会不断地增加。

调查发现，企业下岗科技人员转岗再就业存在一定的难度。通常认为，科技人员作为全社会智力水平较高的阶层，下岗后实现转岗再就业的困难应小于企业其他职工。但在被调查的企业中，下岗科技人员的再就业率仅为19.5%，还不到下岗科技人员的1/5。国务院研究室和劳动部门所作的调查称，全国国有、集体、三资企业累计下岗的2000万职工，已有70%实现再就业，这个比例大大超过科技人员再就业的比率。

我国科技论文之所以数量偏少、质量偏低，我国专利申请量之所以偏少，我国自然科学一等奖之所以连续四年空缺，本来严重短缺的科技人员却大量下岗且找不到合适的工作，原因是多方面，但一个重要原因是我国科技人员总体素质偏低。

瑞士洛桑国际管理开发研究院每年发表的《国际竞争力报告》（简称《洛桑报告》）一直是被国际学术界公认的权威经济分析报告。其对各国国际竞争力的比较分析，历来被一些国家列为重要的发展“参考书”。我国自 1994 年列入参评之列，至 2001 年，8 年来国际竞争力一直徘徊在 30 位前后。

2000 年的《洛桑报告》中引起关注的有，我国企业家对“国内劳动力市场上合格工程师、合格信息技术人才数量”这两个指标的打分是各参评国中最低的。但实际上，我国科技人力资源总量名列世界前列，每年各大院校出来的理工科毕业生更是数量庞大，数量亦居世界之最，企业还喊“没人”，恐怕不是“没人”，理工科毕业生的数量虽多，但总体素质不高，合格技术人才偏少，企业自然喊“没人”。

据《世界竞争力年度报告 2001》统计，在所列 49 个国家中，我国在劳动力资源方面居第一位，在研究开发人员数量上位居美国、俄罗斯之后，日本、德国之前列第三位。但合格工程师数量却居末位。这从一个侧面反映了我国科技人员队伍总体素质不高，尖子科技人才严重缺乏的严峻局面。这也是我国在研究开发人员数量上尽管位居日本、德国之前，技术创新能力却远落后于日本、德国的重要原因。致使我国相应的工业总产值只是美国的六分之一，日本的三分之一。

2004 年 7 月，英国《自然》杂志刊登了一篇关于世界各国发表科学论文的情况及其效果的文章，用以反映各个国家科学研究水平。在此文中，科学研究工作的产量用论文数表示，其效果或质量用论文引用次数表示，被引用次数多的论文代表高水平论文。据 1997 年至 2001 年的统计，排在前 9 位是科技强国，中国居第 19 位，美国科学家每人发表的论文数为中国科学家的 4.8 倍，日本科学家每人发表的论文数为中国科学家的 2.3 倍。也就是说，美国一人的研究工作等于中国 4.8 人，日本一人的研究工作等于中国的 2.3 人。用高水平的论文数比较，相差更为显著，美国科学家发表的论文中，高水平论文占 1.9%，日本占 0.3%，我国和其他科技弱国只占 0.03%。若按倍数计算，美国科学家每人发表的高水平论文数为中国科学家的 27.7 倍，日本科学家每人发表的高水平论文数为中国科学家的 5.5 倍。也就是说，美国一人高水平的研究工作等于中国 27.7 人，日本一人高水平的研究工作等于中国 5.5 人，相差十分悬殊。

2005 年 10 月初，著名的麦肯锡咨询公司发表了一份咨询报告，该报告基于对国内 83 位人力资源高管的访谈。这些人士认为，中国毕业生只有不到 10%拥有为外企工作的技能，而相比之下，印度的该比例则能达到 25%。

该报告称，尽管中国每年毕业新生数量巨大，但仍面临人力资源困难。中国，每年新培养出 60 万名工程师，是美国的 9 倍。然而在中国 160 万年轻工程师中，只有 16 万名具备为跨国公司工作所需的实用技能和语言技能，能为跨国企业工作的大学生人数比许多企业需要的要少。

“一方面是短缺，一方面是丰富，这是个自相矛盾的问题。”麦肯锡上海办事处负责人、报告作者之一高安德说。

麦肯锡还预测，跨国公司欲在华招聘高质量员工必将困难重重，因为目前越来越多的企业在华扩张业务。报告的结论是缺少高素质大学生有障中国经济的增长。显然，麦肯锡咨询公司的报告，对中国大学生总体质量的评价并不高。

原上海大学校长杨德广等人曾抽样调查了 1981 年至 1983 年毕业的大学生 1075 人（其中有科研人员、工程技术人员、医务人员、中学教师等），调查的结果表明：在大学生中“尖子”人才很少，仅占到 2%－4%；不少单位都反映缺乏“打攻坚战”的人才，缺乏学术带头人。由此可见，大学生的共同弱点是“平而不尖”。要知道 20 世纪 80 年代初的大学录取率很低，录取的都是最优秀的学生，毕业后的素质尚且如此，那么大扩招的今天，毕业生的总体素质就更成问题。

用人单位对大学毕业生的评价除了少数有成就者外，普遍不高，“适应力差，眼高手低，大事做不来，小事不愿做。”几乎成为当代大学生鉴定的通用语。企事业单位领导普遍反映，大中专毕业生中尖子不多，部分毕业生实际工作能力较差，特别是部分理工科毕业生长期不能胜任专业技术工作，如学机械的画不好机械图、学电机的修不好电机……可以断言，这些毕业生今后只能在工作岗位上平平庸庸混一辈子，难以胜任工作。

我国有相当一部分工程师的含金量并不高，相当一部分“高级工程师”在技术业务上并不高级，顶多相当于西方国家普通工程师的水平，甚至比西方国家普通工程师还不如。至于在美国的华裔科技人员素质高，屡获诺贝尔奖，由于美国实行的是以高报酬搜罗全世界科技天才的移民政策，庸才是去不了美国的，因此去美国的都是中华民族的科技精英，素质高也就不足为怪呢，这只能作为一个特例，并不能以此说明大陆科技人员总体素质也同样高。笔者认为，专业选择不当是造成我国科技人员队伍总体素质偏低的重要原因。

《教育改革与管理——研究生教育研究》2004 年第 1 期上发表了同济大学教授、中科院院士马在田先生的大作“认识自我，追求优秀，在不断完善知识结构中成才”，拜读了马院士大作，感触颇深，马在田院士在文中说：“就我个人来讲，对专业的选择也走过弯路。当我 1950 年高中毕业时，已经意识到自己学理科是合适的。那么选什么呢？当时我想，东北要搞大规模经济建设那就要造房子吧，于是选了建筑系。但学了一年之后，虽然我的数理化成绩是名列前茅的，但我对建筑仍未产生多大兴趣。……尽管总成绩不错，专业课如建筑物外观设计、素描与写生，我就不如别人了。基础课与专业基础课成绩的反差使我更加意识到我的思维特征长于抽象，不善于形象。如果坚持学建筑学专业，未来可能不会是一个好建筑师。碰巧在二年级时选派第二批留苏学生，我有了重新选择专业的机会。我坚持地放弃了已学了两年的建筑专业，改报地球物理学，我认为这个专业与我的思维特征，即理科思维能力强，善于抽象思维很一致。后来证明这个专业对我而言也是适合的。我在这个专业里找到了可以发挥自己能力的天地。我能够有所成就，与第二次选择与自己思维特征相适合的专业是有很大关系的。”

看来马在田院士也有错选专业、入错行的经历，幸亏留苏时选了适合自己的专业。因此，马在田院士告诫学生：在选择专业方向时一定要从自己的实际出发，不能随波逐流地去从事与自己思维和潜力特点不相适应的事业，以免本来可以成就显著的人，由于追逐一时的功利而最终事业无成。

马在田院士经历表明，选择最适合自己的理工科专业，对一个科技人员成长、成才至关重要。其实不仅是马在田院士，一些著名科学家也有错选专业，入错行的经历，他们也是像马在田院士一样经过重新选择，才走上成功之路。而我国科技人员总体素质之所以偏低，在相当程度上是由于错选专业、入错行造成的，这是造成我国科技人员总体素质偏低的一个重要原因，这个问题已到了非解决不可的地步。

## （二）入错行是大学生的最大悲剧

### 1. 理工科专业选择为何问题多

每年四五月间，全国几百万参加高考的考生都面临着决定一生命运的重大抉择，即选择合适的报考专业。在目前大学生就业不景气的情况下，选择合适的报考专业对考生和家长来说显得至关重要。但在报考专业的选择上，一直存在一个被人忽视突出的问题：

多数家长、学生对高校文科专业和相关职业如新闻（记者）、法律（律师、法官）、财会（会计、出纳）、管理（厂长、经理）、师范（教师）、金融（银行）、音乐、美术、体育等，由于经常接触，媒体报道得也多，了解也相对多一些，这样，选择文科专业的盲目性就会少一些，准确率就相对高一些。

文科各专业尽管内容各不相同，但侧重于记忆是文科专业的共同特点。而学理工科专业决不能仅靠死记硬背，因为理工科不同专业对人的特殊才能是有不同的要求，如对建筑和机械专业的学生来说必须具有很好的空间想象力，因为建筑工程师和机械工程师是直接和石块、钢铁、塑料、点、线、面，色彩和物质构造打交道。在他们手里设计和制造出汽车、飞机、火车、轮船、火箭等，他们要了解组成这些物体的物质材料的结构、性能，也要懂得它们的构成方法。但遗憾的是一些缺乏空间想象力的学生却填报了建筑和机械专业，当教师拿起他们的第一张制图作业，发现他们空间设想能力十分薄弱，以至于画法几何老师大为感叹，很难想象这些学生毕业后能成为合格的建筑工程师和机械工程师。同时，建筑和机械专业中的工程力学、结构力学、材料力学等一系列专业课与物理关系密切，如果你的中学物理学得不好，就不适合报考这两个专业。

但对高校众多的理工科专业，除了数、理、化、生这四门在中学学过的基础学科外，考生和家长们大都比较陌生，如材料工程、土木工程、机械工程、信息工程、工程物理、工业自动化……除非是业内人士，很难对这些专业有深入的了解，家长和考生在所知甚少的情况下，不知道什么专业最适合自己，不知道理工科不同专业对人的特殊才能有那些不同的要求，只能盲目地选择专业，再加之追逐热门专业，结果很多考生选择了不适合自己的理工科专业，最后只能在专业的苦海中煎熬，这方面的例子是很多的。

2002 年湖南高考理科状元肖吉，1999 年就以 677 分考上北京某大学，错选了信息工程专业，其对所学专业不感兴趣，学校又不允许转系，他感到这样读书对自己是种折磨，在大二时竟然不顾家长、教师的反对，果断退学。同时系里还给他开了这样一个证明：该同学因不喜欢现在的专业，而申请退学到高中复读。他回家后继续读起了高中，2002 年再次参加高考，以 703 分的好成绩成为湖南高考史上的最高分，终于被录取到清华大学自己喜爱的专业。试想，如果当初他没有选错专业，他也不会白白浪费 3 年青春年华，如果他退学后没能再考上大学，那岂不是误了一个才子的终身?

北京某著名学府电子工程系一男生在大三时提出退学，理由是对专业没有兴趣，无法继续学习。这个男孩非常喜欢建筑，但是，以他的成绩进不了这所大学的建筑系，他于是选择了热门的电子工程。可进去之后才发现自己根本就不喜欢这个专业，越来越学不下去，就想退学去上一个专门的建筑院校。职业能力倾向测试的结果也表明这个男孩的艺术想象和空间想象能力确实非常强，适合于学建筑专业。

以上例子表明，对理科生来说根据自己的能力所长选择专业至关重要，由于专业选择不当，不少学生进校后发现所学理工科专业与自己的兴趣特长大相径庭，学习劲头一直提不起来，甚至被弄得力不从心，开始很快厌倦学习，最后只得高喊 60 分万岁，还有个别学生由于学习跟不上，成绩差，不得不中途退学。

北京师范大学在 2000 年曾经对北京 18 所高校的大二学生进行调查，结果发现一半以上的学生不喜欢自己所学的专业，一半以上的学生在选择本专业时并不了解它。他们非常被动地接受自己的专业。

据华东师范大学有关专家对 1395 名在读大学生的调查显示：有 51.9%的人对自己的专业“没有什么感觉”，有 21.6%的人认为是“勉强就读”，有 3.5%的人对所学的专业“十分不喜欢”。

北京市教育科学研究院于2001年初完成的一项全国调查显示，目前约有42.1%的大学生对所学专业不满意；65.5%的大学生表示有可能的话将另选专业。

广州华南建设学院陈淡卿等人曾对该院98届448名毕业生、99届426名毕业生进行了问卷调查，调查结果显示，98届毕业生中认为热爱自己所学专业的只占65.5%，99届的比例也只有65.1%，每年平均有34.6%的毕业生不喜欢所学专业或“搞不清楚”自己是否喜欢。也就是说有三分之一多的学生不喜欢或不太喜欢所学专业。难怪，教师们总是抱怨学生课堂纪律不好，学生学习缺乏积极性和主动性。这部分不喜欢所学专业的学生大都没有明确的奋斗目标，缺乏学习动力，不少人抱着得过且过的态度，高喊60分万岁，毕业后走向社会很可能改行。没有改行的也很难专心致志地钻研本职业务，缺乏职业热情。该校每年毕业生跟踪调查显示，多达18%的学生改了行，仅有5.8%的毕业生能刻苦钻研本职工作，在毕业后三四年能成为独当一面的骨干，这是教育资源和人力资源的极大浪费。

## 2. 天才也怕入错行

以上这些数字实在是令人触目惊心的，用俗话来说这些选错专业的学生是入错行，那么入错行将给他们今后的学习和工作带来什么样的负面影响？让我们先从爱因斯坦和牛顿这位举世闻名的大科学家谈起。

在人们印象中像爱因斯坦那样一百年才出一个的天才，在科学领域应该是个全才，但事实并非如此。爱因斯坦的数学才能就远不及他的物理才能突出，爱因斯坦曾自我评价道：“我在数学领域的直觉能力显然不够强。”相对论所使用的数学工具是非欧几何学的一个重要分支——黎曼几何，而爱因斯坦为了掌握黎曼几何，竟花了7年时间去钻研它，才最终掌握了高深的黎曼几何。这反映出数学是爱因斯坦的弱项，如果他一生把数学而不是把物理学作为主攻方向，他很可能一事无成，顶多成为一名很一般的数学家。假如爱因斯坦报考大学时选择数学系，后果真是不堪设想，天才都怕入错行，更何况凡人呢？

牛顿作为发现万向引力的大科学家也并非全才，如牛顿就没有管理才能。他母亲曾把农场交给他去管理，结果被他弄得一塌糊涂。在学校读书时，他被编入综合成绩最差的班级。后来一次偶然的机会，老师发现了他在物理上的特长，便鼓励他向这方面努力，果然成为一个大物理学家。如果他一直管理农场，那就不堪设想了。

中国最流行的歌是《老鼠爱大米》，俄罗斯最流行的歌却是《要嫁就要嫁普京这样的人》，俄罗斯总统普京长相一般，身材五短，却成为俄罗斯“女老鼠”们青睐的“大米”，主要是因为俄罗斯总统普京作为政治家是非常优秀和称职的，使俄罗斯走上复兴之路。然而许多人所不知道的是如今风光无限的普京总统却有过入错行的经历。据2004年10月27日德新社报道，20世纪80年代，俄罗斯总统普京曾在前东德城市德累斯顿当了5年克格勃间谍。那几年普京几乎什么重要的事都没有干成，他当时的工作就是招人充当克格勃间谍。但整整5年中，他仅招聘了两名间谍，其中一名还成了“定时炸弹”，此人后来成为叛徒，将至少15名克格勃间谍战友全都给出卖了。

前东德间谍组织“斯塔西”头目马库斯·沃尔夫在接受德新社记者采访时说：“据我所知，他当时是一个处于极端边缘的间谍，作为一个克格勃间谍，普京只能算是一条小鱼。”沃尔夫还称，普京在前东德5年克格勃间谍生涯中，仅获得过一次“东德国民军队铜质奖章”，沃尔夫讽刺说：“连一位女清洁工都能获得这一奖章。”言外之意，普京克格勃间谍生涯非常平庸，故一直是“一条小鱼”。德新社这篇报道最后结论是：普京是个“笨特工”。“笨特工”与优秀的政治家确实形成强烈的反差，普京当年克格勃同事，大概怎么也不会想到，在他们眼中非常平庸的普京居然能成为一名优秀政治家，成为深得俄罗斯民众信赖的一位总统。

与最终入对行的普京总统形成鲜明对比的是，我国明朝的中后期却有三位入错行的皇帝，正是由于他们统治无方，直接导致明朝中后期的衰落。

总统需要选举，厂长可以任命，皇帝就不一样，除开国皇帝外，都是世袭的，不想当，不适合当，就因为无法选择，也被赶鸭子上架，演出悲剧人生。

明朝的明宪宗对当皇帝兴趣不大，却热衷于做买卖，为满足他的嗜好，他竟在紫禁城中开设集市，让太监扮成买卖人高声叫买叫卖，明宪宗以此从中取乐。一时间，紫禁城人声鼎沸，好不热闹。不仅如此，明宪宗还亲自操刀上阵“卖猪肉”，人送外号“一刀准”，因为要割一斤（或几斤）猪肉，他只要一刀下去肯定割下这么重的猪肉，在秤上一称往往一两不差。这不禁使笔者想起原北京北货大楼闻名全国的劳动模范张秉贵有个“一抓准”的绝活，顾客要买一斤糖果，他一把抓下去在秤上一称，不多不少刚好一斤，不用再添或减糖果，因此他的售货速度比一般售货员快得多。明宪宗在现代社会完全有可能成为类似张秉贵的优秀售货员，可他却成为入错行的皇帝，他又怎么可能治理好国家。

明朝的天启皇帝，大概是中国历史上唯一一位爱干木匠活的皇帝，动手能力很强，整天猫在皇宫做木匠活，做的家具和各种木器美轮美奂，巧夺天工。他干起木匠活来专心致志，十分卖力，往往不知疲倦、废寝忘食，有时还脱掉外衣，光着膀子干活，常常做得满头大汗，贴身太监一催再催，还不肯收工休息。大太监魏忠贤常常趁天启皇帝干木匠活兴致最浓时去报告国事，天启皇帝宁肯大权旁落，把国家大事交给魏忠贤处理，也不愿放下手中的木匠活，结果朝廷大权被魏忠贤把持。也许天启皇帝内心里并不想当皇帝，可是他没有选择，做家具又不能治理国家，只能很郁闷地做了很多年差劲皇帝。

而明朝的正德皇帝，用现代的话说是一个前卫的行为艺术家。身为皇帝，却有一颗不羁的心，海阔天空爱自由，对于国家和个人，都是悲剧。正德皇帝一生都在和儒家官僚体制抗争，屡斗屡败。他不住皇宫，在自己设计建造的超现代主义风格的豹房居住。

正是这三位入错行的皇帝把国家治理得一团糟，东北女真人首领努尔哈赤借机兴起，成为明王朝强大的对手。

无独有偶，法国国王路易十六也是一位入错行的皇帝，这位优柔寡断，有些木讷的皇帝算得上是法国王室中一个另类，他既不贪财，也不贪色，却经常整天将自己关在五金作坊中，做自己最喜欢的工作——制锁。

1774 年 5 月，路易十六被推上法兰西国王的宝座，此时法国债台高筑，每年仅偿还利息就要消耗国库收入的一半，帝国是千疮百孔、摇摇欲坠。然而，面对国内日益紧张的局势，路易十六依然沉迷于自己的“老本行”。其实，早在他还是王储时，就已显露出在锁具制作方面的天赋。他曾在凡尔赛宫里专门建造了一间法国最高级的五金作坊，制作各种最复杂、最精美的锁具。

当上国王后，路易十六更是无心朝政，经常到自己的五金作坊里，成天与锁为伍。路易十六制锁的水平确实很高，他制的锁极富创意、形状各异，几乎每一把都是一件艺术品。他曾把锁制成松鼠形状，扭动松鼠的钥匙，松鼠就会频频点头，摇尾乞怜，甚是可爱。

然而高超的制锁技巧无法挽救他的王国，由于他的昏庸统治，法国社会矛盾不断激化，轰轰烈烈的法国大革命终于在 1789 年 7 月 14 日爆发，1793 年 1 月 21 日，路易十六被推上断头台。

如今，仍有十几把由路易十六亲手制作的精美锁具保存在法国的博物馆中，叙述着这位古怪国王的高超技艺和昏庸的统治。看来路易十六确实是位入错行的皇帝，如放在今天，他准会是位优秀的制锁工程师。

假如爱因斯坦、牛顿这两位天才也入错行，假如爱因斯坦报考大学时选择数学专业；假如缺乏管理才能的牛顿去选择热门的管理专业（幸好那时还没有管理专业），假如普京一直当克格勃间谍，后果真是不堪设想，天才都怕入错行，更何况凡人呢！凡人入错行只能落个比天才更惨的结局。

旧时有句话：男怕入错行，女怕嫁错郎。所谓入错行就是错选专业、职业，旧社会女人通常是不工作的，靠男人来养活，在家中相夫教子，婚姻就是女人的职业，正所谓嫁鸡随鸡、嫁狗随狗、嫁猫随猫，女人自然怕嫁错人。而现今城市妇女基本上是职业女性，而正确选择专业、职业对一个职业女性的成功至关重要，所以女人也怕入错行。至于嫁错人倒无关紧要，嫁错人可离了再嫁，嫁了又离，以至于朋友见面，相互间总要问：“离了没有?”反正这年头离得越多越光荣。但选错专业后想要重新选择却非常难，要么退学，要么复读，这会使自己付出时间、精力和金钱上的巨大代价。要么转系，问题是允许转系的高校还不多，即使允许转系，也有严格的名额限制，不可能每个想转系的学生都能如愿。所以对绝大多数学生来说，一旦选错专业就意味着一生厄运的开始。通常只能硬着头皮学完自己不喜欢专业，其身心所受到的巨大痛苦是非亲历者所难以想象的，说得形象点是在专业的苦海中煎熬，煎熬出来后很有可能成为难以胜任所学专业工作的平庸之辈。

这种情况下的学习不再是快乐的，而被动、消极、厌倦和恐惧的，甚至把学习当作敌人。学都学不好，将来怎么能胜任工作？怎么能适应激烈的就业竞争？只能年复一年地过着痛苦、平淡的生活，从事着自己不喜欢甚至厌恶的工作。就像不慎选错专业一样，炒股难免经常被套，然而炒股被套毕竟是一时的，损失也是有限的，而专业选错则是整个人生被套。

记得有个学医的女孩，打通《中国青年报》“青春热线”开口说自己“找不到活下去的理由”，原因就是不喜欢自己的专业，父母又不同意她退学。我非常理解她的痛苦。尽管许多人只把职业作为谋生的手段，但是，令人满意的专业与工作总是能使人体验到愉快感、价值感，找到生命的意义。对专业不满意，怎么能对自己的工作、生活满意呢？

如果改换门庭，干脆背叛自己所学专业，被迫找一个与所学专业不对口工作，从零开始，在一个完全陌生的领域去奋斗，可能会遇到许多的障碍和难题，隔行如隔山，成功的前景也将很渺茫。更何况，在各类大学毕业生招聘会上，几乎所有的招聘单位都将专业对口放在首位，想找一个与所学专业不对口的工作，决非易事。

即使找到了工作，在大学苦学几年的专业派不上用场，对社会有限的教育资源和个人的财力、精力、时间都是一个巨大的浪费。

对待大学毕业生找工作专业不对口的问题，大学生们自己认为，这并不是多奇怪的事，大学的本质是培养人的素质，而不是纯粹的知识量的积累，如果选择恰当，一样能够闯出一个崭新天地。

问题在于当初如果选择了适合自己的专业，就可既学好了专业知识，又培养了自己的素质，收到两全其美之效。选择专业不对口工作只能是迫不得已的痛苦选择。

那么考生应怎样选择理工科专业才能避免入错行悲剧的发生呢？为此笔者提出一个全新的观点，即找到和发挥自己的特殊才能是正确选择专业的关键。

特殊才能并不神秘，世界上全才总是很少的，人各有所长，对绝大多数人来说总有自己比较擅长的方面。据遗传学家研究认为，人的正常中等的智力是由一对基因所决定。另外，还有五对次要的修饰基因，它们决定着人的特殊天赋，人的这五对基因总有一对是好的，也就是说，一般人总可能在某些特定的方面具有良好的天赋与素质，这被称之为特殊才能或特殊智能，人们一般称之为特长。

考试成绩可以衡量一个人的普通智力，但不能代表才能的全部，尤其是不易反映出一个人的特殊才能，但特殊才能对于一个人将来的成就最为重要，古今中外杰出人物的成功大都靠某方面的特殊才能，这方面例子可以说是很多的。

许多人所不知道的是，著名物理学家丁肇中在大学最先学的是机械专业，后来他发现自己并不适合学机械专业，机械图也不怎么看得懂，于是果断决定转学自己最擅长的物理。然而还有许多人所不知道的是，丁肇中当初打算到美国去念理论物理，后来他到美国遇到了一个叫约里门的著名物理学家，约里门跟他谈话以后，认为他读实验物理更合适，建议他改读实验物理，丁肇中教授终于在这一最擅长领域获得诺贝尔物理奖。

无独有偶，杨振宁在西南联大毕业后到美国芝加哥大学攻读实验物理，希望自己能成为一名实验物理学家，可他在动手实验上不具有天赋，连杨振宁本人也不否认实验物理是他的弱项。

据2004年11月14日《中国教育报》报道：杨振宁教授在山东大学做报告时说："诺贝尔物理奖得主也不是物理全才。"面对众多学子，杨振宁教授笑言："我做起实验来笨手笨脚，当时实验室有个说法，哪儿有巨大的响声哪儿就有杨振宁！"杨老的幽默引来大笑。他强调："所以，所有的大学生在读书时，最重要的决定之一，就是你要选什么专业、什么课题。"

据杨振宁回忆，当实验仪器出了故障，有的美国同学踢一脚就能使仪器正常运转，可杨振宁踢几脚都踢不好，反而越踢越坏。实验仪器发生漏气，一位叫阿诺德的美国同学马上就能找到漏气处并加以修复，可杨振宁花几小时也找不到。杨振宁曾向阿诺德讨教，阿诺德也说不清为什么。实际上阿诺德靠得是自己在实验上的特殊才能，这是种与生俱来的天赋，而杨振宁则不具备。

尽管杨振宁在实验上屡屡出错，但在理论问题的思考上却显露出过人的才华，这马上引起了他的指导老师，也是美国氢弹之父——爱德华·泰勒博士的密切关注。正当杨振宁为自己的发展方向而举棋不定时，泰勒博士对杨振宁说："我认为你不必坚持一定要写一篇实验物理论文，我建议你还是侧重于理论物理研究为佳，我可以做你的导师。"杨振宁对此是又惊又喜，可起初他还不甘（在实验物理上）服输，可痛彻思考了两天两夜后，终于决定听从智者的建议，弃短扬长，转向专攻理论物理。正是泰勒博士这位循循善诱的学者，在指导的过程上令人钦佩地帮助杨振宁把注意力从显然不是他最擅长的实验物理学，转到了他最擅长的理论物理学上，后来，杨振宁果然在理论物理上做出了杰出的贡献，于1957年荣获诺贝尔物理奖，杨振宁一直庆幸他最终选择了理论物理。

2004年教师节期间，温总理曾拜访过为数不多的几位教师中，一位是被清华大学聘为高级研究员的姚期智教授，然而许多人所不知道是，如今风光无限的姚期智教授也有错选专业、入错行的痛苦经历。

2002年10月18日上午，姚期智在2300名大学生的惊呼声中走上北京大学的讲台。作为首位荣获图灵奖（该奖设于1996年，素有"计算机学界诺贝尔奖"之称）的华人科学家，姚期智与另两位获奖者一道，应邀参加由微软亚洲研究院和国家自然科学基金委联办的第四届"21世纪的计算机"国际学术研讨会。

"哇！好年轻！"是学生们给这位生于1946年圣诞前夜、仍旧有一头黑发的科学家的评语。姚期智的心态的确年轻。当记者问到“56岁科学家的科学生命还有多长”时，话音刚落，他立刻纠正：“我才55岁，还没到56岁。”

可1972年，26岁时的姚期智却觉得自己“已经很老”。这位刚刚获得哈佛大学物理学博士的年轻人作出了一生中的最重要也是最艰难的决定：放弃苦心钻研8年的物理，进入了更适合自己却很陌生的计算机领域，到素以计算机科学研究的深厚积淀而闻名的伊利诺大学，攻读计算机科学博士学位，因为他觉得自己是块读计算机的料。从那时以来，姚期智所发表的近百篇学术论文，几乎覆盖了计算机理论的所有方面。因为他对计算机理论做出了诸多“根本性的、意义重大的”贡献，美国计算机学会（ACM）决定把2000年度图灵奖授予姚期智。此前，美国国家科学院院士等光环也都戴在了他的头上，人也自然觉得年轻呢！

按常理，获得哈佛大学物理学博士的姚期智，凭着哈佛的光环，可轻而易举地找一份不错的工作，并一直在物理界干下去。然而他却觉得自己“已经很老”，换言之，他不太适合物理这个专业，继续干下去也不大可能取得显赫成就。他对采访他的记者说：“就能力和性格而言，我更适合搞计算机，因为物理看重直觉，你必须推理出正确的答案，求证也许可以不太严格。可数学与计算机，光有直觉不行，你必须用严密的数学逻辑来证明答案，我发现自己的论证能力在计算机领域更合适。”

姚期智博士中途转行确实需要很大的决心和勇气，事实证明他的选择是完全正确的。

数学家纳什中学毕业后，凭奖学金进入匹兹堡的卡耐基技术学院（现卡耐基梅隆大学）的化学工程系，但他对化学中烦琐的分析和枯燥的实验操作感到乏味，认为这些不能引发大脑的思考和理解能力提高，而他在数学方面的天赋远远超过化学，他的老师因此建议纳什改上数学系，于是纳什决定转系，进入新泽西州的普林斯顿大学数学系。两年后，纳什凭借论文“非合作游戏”获得数学博士学位，这篇论文写于1949年，当时他只有21岁。纳什的论文发展了数学家纽曼等人提出的游戏理论“博弈论”。并提出了在广泛情形下这类竞争的可靠解决方法，即45年后使纳什摘取诺贝尔经济奖的“纳什均衡”方程。由此，纳什把博弈论转变为一种可以被经济学家用于分析商业竞争或贸易谈判的强有力工具。诺贝尔经济学奖得主、麻省理工学院教授罗伯特·索罗评论道：在纳什理论出现之后，博弈论才在经济学家那里具有生命力。

可见，转系成就了纳什这位数学天才，如他继续攻读化学工程，也许他会成为一个出色的化学工程师，然而世界上就会少一位数学天才，少一位诺贝尔奖获得者，无论从哪个角度讲，向他提出转系建议的那位不知名老师，居功至伟，令人钦佩。

大科学家伽利略19岁时，父亲把他送到医学院读书，但他不久发现自己厌恶医学，根本不是学医的材料，他对物理更感兴趣，于是他不顾父亲的反对，坚决退学，转而从事物理研究，最终成为一代物理大师。如果他不坚决退学，而是死抱住自己不擅长的医学专业不放，他就不会在物理学上做出巨大贡献。

达尔文自认为记忆力很平常，记忆范围很广，但是比较模糊。他自我评价道："我追踪纯粹抽象思想长链的能力十分有限，因此我在哲学和数学上从来一无建树。"他还对自己不能运用语言明晰而又简洁地表达自己的思想"深感不满"。然而，他具有很强的观察和收集事实材料的能力，在探索问题的敏锐性上表现非凡，他"总是忍不住对任何问题都要提出一个假说"。他正是靠这一特长发现了进化论。

著名物理学家霍金回忆道："在小学、中学时我总是对事物的如何运行深感兴趣，经常把东西拆散以穷根究底，但在再把它们恢复组装回去时却束手无策。我的实际能力从来跟不上我的理论探讨。"

看来霍金是很清楚自己的短处，故上大学时选择了理论物理，而非实验物理，最终成为继爱因斯坦之后最伟大的理论物理学家，如他选择实验物理，他很可能一事无成，顶多成为一名很一般的实验物理学家。

西班牙大画家毕加索在他少年时期，除了爱绘画外，什么课程都学不好。他 10 岁那年就离开学校，当时，他连读书写字几乎都不会，父亲给他请了位家庭教师，专门辅导他死活都不肯学的数学，弄得老师也失去了信心，认为这位学生不可救药，后来，他却靠自学成为世界著名画家。

北京师范大学第二附属中学高级教师纪连海因在央视"百家讲坛"上主讲清史人物而闻名全国，在央视一个节目，他面向全国观众坦陈，从初中到高中，他的物理考试从来没及格过，但这并不妨碍他在历史教学与研究上的突出才能，使他成为走上央视"百家讲坛"第一位也是目前唯一一位中学教师。

人生道路的曲折，事业的艰难，有时会驱使未成才的人到处碰撞，以致他们自己也来不及弄清自己特殊才能是什么。

19 世纪著名化学家瓦拉赫，先在德国哥丁根大学文学院学习，一年后，文学院对他的评论是"瓦拉赫很用功，但过分拘泥和死板，他写的字比刀刻的还要一丝不苟，这种人即使有完美的品德，也不会在文学上有所建树"。于是他决定改学油画，但不到半年，艺术大师基于同样的原因，又给他下了"不堪造就"的结论。后来著名化学家维勒建议瓦拉赫到他那试试，瓦拉赫一丝不苟的品格使他在化学试验中大显身手，从此结束了瓦拉赫一生的曲折道路，使他从不堪造就变成了著名的化学大师。

高尔基童年丧父，继而丧母，只读了九个月的书就被命运之神抛到了流浪生活的苦海里。他学过制鞋，烤过面包，当过画师的徒弟，还当过铁路工人。但均一事无成，有时连饭都吃不饱。一次，一家报纸的编辑发现他的文学才能，把他的一篇稿子登出来，从此他才走上文学创作的道路。

法国的拉马克，刚开始是准备当牧师的，后从戎做了军官，从军界出来，做了银行的职员，在此期间，想业余研究音乐，成天拉小提琴，忽而又爱上了医学，学医四年之久，但均一事无成，有一次他在植物园散步，幸运地遇到了卢梭。卢梭把拉马克领进植物研究室，从此，他研究生物学的才能一发而不可收拾。

著名诗人歌德早年喜欢绘画，一直梦想当个画家。他 40 岁的时候游历意大利，看到一些绘画艺术杰作之后，感到自己在这方面难以做出成就，就毅然放弃了这一梦想。后来他发现自己擅长于诗歌，决定向诗歌方向发展，然而在此前他却几乎浪费了半生的光阴。

类似的例子还可举出很多，柯南道尔作为医生并不著名，他写的福尔摩斯侦探小说却名扬天下；李时珍三次考举不中，却在医学上做出了杰出贡献；费玛作为一位律师并不知名，然而他提出的费玛大定理却使他名留数学史册……以上这些例子表明，找到和发挥自己的特殊才能是人才走向成功的最重要因素。

如果你觉得以上列举的名人离自己太远，我们来看一位平凡女孩如何找到和发挥自己的特殊才能。有一位女孩，高中毕业后，没考上大学，被安排到当地一所学校教初中，结果上课还不到一周，由于解不出一道数学题，被学生轰下讲台，灰头土脸地回了家。母亲安慰说，没有必要为这个伤心，找找别的事，也许有更合适的工作等着您去做。

后来，女孩到一家服装厂打工，没几天就被老板赶了出来，原因是她裁剪衣服的时候太慢了，别人一天可以裁剪出六七件，而她仅能裁出两件来，而且质量也不过关。母亲却安慰说，手脚总是有快有慢的，别人已经干了多年了，你却初来乍到，怎么快得了。说完，便为女儿打点行装，准备让她到另一个地方试下。

女孩先后到过几家工厂、公司，当过编织工，干过营销，做过会计，但无一例外，时间不长都半途而止了。然而，每当女儿失败后满脸沮丧地回家，一个劲自责自己太笨的时候，母亲总是安慰她，鼓励她再试试。已丧失自信的女孩对母亲的话是半信半疑，再试下去还有效果？在母亲鼓励下，她硬着头皮继续试下去，可她对成功几乎不抱什么希望。

一个偶然的机会，女孩受聘于一所聋哑学校当辅导员，这次她一下子因入对行而找到了如鱼得水的感觉。几年下来，凭着学哑语的天赋和一颗爱心与学生建立了良好的互动关系，深受学生们爱戴。后来，她自己申请开办了一家残障学校；再后来，她又在许多城市开办了残障人用品连锁店。如今她已经是一位爱心和资产一样都不少的女老板。

有一天，功成名就的女儿凑到已年迈母亲面前，她想得到一个一直以来很想知道的答案。那就是，那些年她连连失败，自己都丧失信心时，是什么原因让母亲对她那么有信心呢？母亲的回答朴素而简单，她说：一块地，不适合种麦子，可以试试种豆子，豆子长不好的话，可以种瓜果，瓜果也不济的时候，撒些荞麦种子一定能开花。因为一块地，总有一粒种子适合它，也终会有属于它的一片收获。

这位母亲的话印证了一句老话：天生我才必有用。问题是你想知道自己具有哪方面的天才即特殊才能，是哪块料，则要像这位母亲鼓励女儿那样不停地寻找和体验，直到最终找到为止，你才能入对行。

即使学习成绩一般甚至较差的人，只要找到和发挥自己的特殊才能照样能取得成功。

有这样一个学生，自打上学起，数理化就几乎没及格过，街坊邻居背地里都叫他“大傻”。“大傻”的父母倒不逼着他上高中考大学，而是根据他在绘画方面表现出的一点儿小小的天赋，让他上了一所美术职业学校。这孩子自从走上美术设计之路后，潜心学习研究，专业成绩优异，几年后居然创办了一家广告公司，主要从事广告的美术设计，生意颇火。

在1999年全国首届新概念作文大赛中获得一等奖是少年作家韩寒第一次成名，那时韩寒上高一。上高二时，他推出了畅销一时的校园小说《三重门》。的确，他的文字功底和语言能力极好，让人不得不信服。但按现在的教育评价标准，他却是个地地道道的差生。除语文和英语外，韩寒有七门功课总是不及格，但并不妨碍他成为少年作家。连他自己也不否认这点，用他自己的话来讲就是“成绩单挂红灯七盏，照亮我的前程”。

北京百货大楼前矗立着著名劳动模范张秉贵的半身铜像。有一次我走过这里，脑海里钻出一个古怪念头：如果让张秉贵种田，又会怎么样呢？他也许会成为“种田状元”。但最大的可能是，他不过是一个普通的农民。至少，百货大楼前不会有他的铜像。

类似的例子还可举出很多，这些例子表明，找到和发挥自己的特殊才能是人才走向成功的最重要因素。即使学习成绩一般甚至较差的人，只要找到和发挥自己的特殊才能照样能取得成功。

## 3. 勤奋就是天才吗

人们常说勤奋就是天才，然而古往今来终身勤奋的人不计其数，但成功的只是少数，事实表明只有在自己特殊才能的基础上去勤奋才能取得成功，我们可以设想：张秉贵不当售货员而去种田；爱因斯坦不去研究相对论而去研究数学；牛顿不去研究物理而去管理农场；杨振宁不去研究理论物理而是研究实验物理；毕加索不是去学绘画而去钻研数学；瓦拉赫不去研究化学而是搞艺术创作、纪连海不去教历史而去教物理……那么他们再勤奋、再努力也不可能取得成功。哥德断言：天才就是1%的灵感加99%的汗水。然而哥德40岁以前学绘画，拉马克学医学与音乐，瓦拉赫学文学与绘画……均很勤奋，按哥德的话说，付出了99%的汗水，却没有产生1%的灵感。可他们一旦选择能发挥自己特长的领域，马上取得了成功。同样的勤奋却产生了迥然不同的效果。看来，天才入错行，照样一事无成，再勤奋也是白搭，甚至天才成庸才。对天才尚且如此，对常人来说更是如此。之所以有这么多的大学生在专业的苦海中煎熬，度日如年，都是因为入错行，没有根据自己的特殊才能选择合适的专业。如果入错行，再勤奋也是扬短避长、事倍功半，酿成无数的人间悲剧，其结局只能比入错行的天才更惨。

我们的社会在智能的认识和宣传上存在误区。人们不敢或不愿承认先天智能差别，从教科书到科普册子都反复告诉人们，孩子的先天智能没有或极少有差别，孩子的智能潜力无穷无尽。新闻报道不厌其烦地证明，只要教育得法，学习刻苦，每个孩子都可培养成大学生。孩子学习成绩不好，是不刻苦或方法不对，或没有提供成才条件，或是老师教得不好。总之孩子学习不好主要是客观原因，于是努力在客观上创造条件，乃至施加各种压力，督促孩子们为上大学而拼命学习。

人的先天智能到底有没有区别，有多大区别？是一个非常复杂的问题。生活经验告诉我们，这种差别肯定有，而且比较大。上面几个例子表明人与人之间确实存在智力天赋的差距。如果你不是这块料，没有这方面的特殊才能，再勤奋努力也是收效甚微，甚至是白搭。

所以勤奋就是天才、天才就是1%的灵感加99%的汗水之类的传统观念有着很大的局限性。不能撇开特殊才能谈勤奋，因为离开了特殊才能，勤奋就成了空中楼阁，虽然勤能补拙，但补拙是有一定限度的。成才的关键是找到和发挥自己的特殊才能，并根据自己的特殊才能去选择专业、职业，在这个基础上去勤奋则能有效地促使特殊才能全面和充分的发挥。至于科学家们爱说勤奋就是天才，是因为他们只注意到了自己的勤奋，却忽视了自己的勤奋是建立在特殊才能的基础上，否则他们将一事无成。再看看我们周围的人，几乎人人都立志成才，但成才的却不多。还有很多人终身勤奋，可以说付出了99%的汗水，却始终未得到1%的灵感的光顾，以致壮志未酬、饮恨终身。看来，1%的灵感加99%的汗水之类的活，过于夸大了勤奋在成功中的比例，过于迷信勤能补拙的效果，对家长和学生产生了误导。

看来，一个人要成功、要成才，关键是充分认识自己的优势和长处，找到自己的特殊才能，选择适宜的专业、职业，充分发挥自己的特殊才能，并勤奋的学习和工作，就能收到事半功倍的效果，就一定能取得成功。

在人类历史上，像达·芬奇那样在各个领域都做出杰出贡献的百科全书式的天才（通才）屈指可数，绝大多数人都只有某方面的特殊才能。许多人平庸一生，不是他们没有才能，而是他们没有发现自己的特殊才能。正如西方谚语所说：上帝让你出生，就会给你一种天才。大哲学家苏格拉底也说过："每个人身上都有太阳，只是要让它发光。"这与我们常说的天生我才必有用的观点是完全一致。

一位哲人说过这样一段话："每个人身上都隐藏着原子能，但只有很少的人能够点燃它；每个人的大脑中都有一个金矿，只是很少有人开采它；每个人的身后都沉睡着一个神通广大的巨人，可是很少有人唤醒他。""原子能"、"金矿"、"巨人"实际上就是每个人的特殊才能。

特殊才能一词就其本意来说，是指每个人的才能类型都有其与众不同的特殊性，正因为与众不同才显示出其特殊性，这如同在世界上找不到两片完全相同的树叶。某些人的某方面的特殊才能甚至在一定范围内是独一无二的。前面所介绍的古今中外名人成功的案例，他们的特殊才能都是多样化的，都是各不相同的。这些名人成功的前提是他们找到并充分发挥自己的特殊才能，根据自己的特殊才能选择最适合自己专业、职业，即入对行。如果我们忽视这点，单凭所谓的热门和一时的狂热选择专业和确定奋斗目标，就很难避免入错行悲剧的发生。像 40 岁前的歌德由于入错行而一事无成。歌德如果不是在 40 岁后正确认识发挥了自己的优势，这个世界上怕就少了一位伟大的诗人。

教育学、心理学、人才学专家们对特殊才能还有其他称谓，如成功心理学创始人，美国的唐纳德·克里夫顿博士把特殊才能称为独特优势。顾名思义，独特优势是指每个人都具有某项与众不同、独一无二的优势。他发现人类共有 400 多项独特优势，任何人至少会有其中一项。通俗的说法是独特优势是指一个人天生只能适合做好某一类事，而且比其他一万个人都做得好。克里夫顿博士强调：每个人的独特优势是先天形成的，遗传在人的独特优势形成上起着主要作用，一旦先天定型，后天很难改变，无法培训。人类 400 多种独特优势数量并不重要，最重要的是每一个人都应该知道自己的独特优势是什么，之后要做的则是将自己的生活、工作和事业发展都建立在这个独特优势之上（相当于笔者所说入对行），这样方能成功。

多元智能论创始人，哈佛大学的加德纳博士在多年研究和实验的基础上发现，人的智能是多元的，至少可划分为八种不同类型，任何人至少会拥有其中一项类型智能，这是与生俱来的，他把特殊才能称之为强项智能。就是说，每个人的智能发展存在着强项与弱项的差异，各有所长，也各有所短。成才者与未成才者的区别，就在于前者充分地发挥个人的强项智能优势，而后者的强项智能优势不幸被埋没，没有被发现和发挥。据统计，差不多所有的成才者都是靠发展、发挥个人的强项智能而取得成功的。如果不发展与发挥个人的强项智能优势，在激烈的竞争中是不可能胜人一筹并取得成功。

无独有偶，前苏联大教育家苏霍姆林斯基和美国科学院院长布鲁·阿尔伯兹也持有类似的观点。苏霍姆林斯基认为："最主要的是在每个孩子身上发现他最强的一面，找出他作为人发展根源的'机灵点'（这相当于多元智能论所说强项智能优势），做到使孩子在能够最充分地显示和发展他的天赋素质的事情上，达到他的年龄可能达到的最卓越的成绩。"

据 2004 年 8 月 3 日《科技日报》报道（何屹：干一行不必永远爱一行）：在美国科学院院长布鲁·阿尔伯兹看来，未知世界和未来社会的挑战，已经使过去干一行爱一行的理念变得有些不适应了，他千叮咛万嘱咐的，就是一个人不能自缚手脚。他在接受中国记者采访时说："对于科学家来说，有些人在某些领域开展研究活动不见得有机会，而在另外的领域却有可能取得成功。一个科学家如果选对了领域的话，就可能做出很大的成果，同样，对于年轻人不说，越早发现自己的潜能，发现自己的优势所在，今后发展机会就越大。”

说起青年人，布鲁·阿尔伯兹显得更加兴奋。“过去美国曾经流行过 IQ，把人按照智力来划分，这种方法其实非常不好。每个人都是不相同，不甘落后的人。每个人天赋是不同的，每个人的大脑也是不同的，在一方面强，就有可能在另一方面弱。有些人的优势没有发挥出来，只是由于环境没有为他提供发挥潜能的条件而已。”

“社会应当为有各种潜能的人提供机会。对青年人而言，要有各种各样的机会，以发挥出他们的潜能来。因为人要是发现了他们的潜能所在，他就会产生兴趣，他的激情也就更大。反之，一个人如果选择了一个弱项的话，就会使他失去了发挥的潜能的机会。科学需要不同的能力，不同的科学领域，对能力的要求也不尽相同。对于一个要想投身科学的人来说，关键是发现你自己的强项潜能和优势，因此，对于年轻人来说，发现自己是一件最重要的事。”

苏霍姆林斯基和布鲁·阿尔伯兹的以上论述与加德纳博士的强项智能观点有异曲同工之妙。

据《光明日报》2004 年 1 月 16 日报道（王庆环《正视“天然优势”科学把握人生》）：北京教育科学研究院的张贵良把特殊才能称之为天然优势，或潜能优势。他是国内较早将心理学和教育学理论应用于潜能优势测试研究的学者之一，“重点注意人的天然优势，而不是缺陷”；“顺应天然优势去设计未来的人生”是他多年研究的心得。他主持开发的“IMAP 潜能优势测试”，能帮助学生发现自己的优势和潜能，选择最符合自己的优势和潜能的专业、职业，通过明确未来奋斗目标来提高学生的学习兴趣和自信心，也使家长和老师全面深入地了解学生，老师可以因材施教、家长可以因材培养、学生可以因材择业。

张贵良强调如果一个人选择了与自己优势和潜能相左的专业、职业（也就是笔者所说入错行），往往会陷入痛苦之中，成功的可能性也将大打折扣。张贵良对记者说，他就曾因忽视“天然优势”而浪费了 10 年的光阴。

据张贵良向记者介绍，他上中学时文科成绩很好，尤其对语文感兴趣。但在高中分文理科时，因为“选理科班才有可能考上大学、学理科好分配”的理由而选择了理科班。这个现在被他评价为“错误”的选择，让他勉强读完了高中剩余的课程，并在高考中发挥一般，最终被一家省级师范学院数学系录取。张贵良用“痛苦无比”一词来形容他的大学生活，他似乎永远也弄不懂那一大堆的数字和公式，数学成绩在全班是最差的。与此同时，他一直努力想转学喜欢的文科，大学时试图转到中文系，毕业教书后又向领导提出教语文，但都没有成功，直到报考教育学专业研究生终被录取后，才得到了解脱，那时他已在自己不喜欢的数学专业被煎熬了 10 年。“10 年啊，那种做自己不愿做的事的滋味真是难受，好似一种漫长的煎熬。”是啊，人生又有几个 10 年。

特殊才能的称谓（或称之为天然优势、独特优势、强项智能等）和划分标准尽管还存在差异，但其本质是一致，即每个人的智能不是均衡发展的，而是各有所长、各具优势、各有所短的，任何人都必须扬长避短才能入对行，才能取得成功。现代科学诸如脑科学、生理学、心理学、遗传学的最新进展和国内外专家学者的研究已充分证明这一点。其实早在两千多年前，孔子就注意到人的个体之间的差异，提出“因材施教”的教育思想，这个“材”实际上就是指人的特殊才能。不仅教育要“因材施教”，每个人选择专业、职业也要“因材择业”。

所以只要找到并充分发挥自己的特殊才能（或称之为天然优势、独特优势、强项智能等），根据自己的特殊才能选择专业、职业，让丁肇中去攻读实验物理、让杨振宁去研究理论物理、让纳什去研究数学、让纪连海去教历史……就能使每个人勇敢地点燃自身隐藏的“原子能”、开采“金矿”、唤醒“巨人”、让“太阳发光”，把自己的特殊才能充分施展出来，就能使人人成才，我国科技人员的整体素质就能从根本上得到提高，中华民族的伟大复兴必将指日可待。

假如爱因斯坦、杨振宁、丁肇中等科学家扬短避长，爱因斯坦去钻研数学、杨振宁去搞实验物理、丁肇中去学机械……他们很可能一事无成。所以专业方向选择对科学家成功至关重要，对大科学家尚且如此，对众多的普通考生来说更是如此。考生一定要根据自己的特殊才能选择最合适自己的理工科专业，使自己的特殊才能与选择的理工科专业相符，才能确保自己顺利完成学业。假如考生错选了专业，使自己的特殊才能与选择的理工科专业不相符，不仅学起来没有感觉，而且非常吃力，只能在专业的苦海中煎熬，成为不称职、不合格，低素质的科学家和工程师，这对国家、社会和个人都是一个无可挽回的巨大损失，从这个意义上讲，专业选择的正确与否在一定程度上决定国家、民族的前途和命运，所以我们再也不能对这个问题漠然视之，而应尽快采取有力措施加以解决，以避免入错行悲剧的发生。

北京西单图书大厦专门设置的成功学（励志类）分类专柜有近千种这方面的书籍，品种之多也许创了一个世界纪录。人人都希望自己在人生道路上取得成功，这是成功学（励志类）方面的书籍大受欢迎的重要原因。

成功学（励志类）方面的书籍尽管出了不少，但从国外翻译来的书籍来看，无论是拿破仑·希尔的成功大全，还是羊皮卷、加西亚、卡耐基丛书，最突出问题是过于强调主观条件在成功中的重要性，书中颠来倒去的就那么几个与主观因素密切相关的词：自信、微笑、目标、爱心、热忱、心态……再加上证明这几个词的若干个浅显动人的故事、几句牵强的释读，却迷惑了国内不少读者。让读者觉得成功的获得只要有自信、微笑、目标、爱心、热忱等这些主观条件便可万事大吉，坐等成功。这样的误导是有害而无益的，这样的“励志”只会助长读者的浮躁心理，进而迷失人生的方向。

谁都清楚自信心在成功中的重要性，但自信心并不是像部分成功学书籍所鼓吹的那样，靠主观努力或自我激励、甚至大喊大叫就能树立起来。自信心只能来自大大小小的成功体验，成功一次就能不同程度地增强自信心，而成功的关键是扬长避短入对行。如果像前面那些名人那样扬短避长入错行，就会四面碰壁、屡屡受挫，甚至在学习与工作的苦海中煎熬，原来再强的自信心也会被消磨一空，所以只有扬长避短入对行才谈得上树立和增强自信心。

又如不少成功学书籍大肆鼓吹“你行我也行”（或者“你能行我也能行”），并把这句话作为成功的准则与要素，这必然会误导读者。在主观条件上，如在工作、学习上的热情、态度、积极性上，你可以与别人较劲和比拼，可以“你行我也行”。像很多成功学书籍大肆鼓吹的微笑、目标、爱心、热忱、心态等，只要在主观上努力，谁都能做得到。但在客观条件则不能盲目地与别人较劲和比拼，因为别人具有的先天优势或强项智能，你往往不一定具有，较劲和比拼的最终结果很可能是“你行我却不行”。与其与盲目别人较劲和比拼，倒不如注重发挥自己的长处和优势。

我们可以设想一下，如果杨振宁先生不顾自己的先天劣势，硬在实验物理领域与同学较劲而不肯转行，硬要“你行我也行”，硬要以自己之短比别人之长，即使他在主观上再努力和勤奋，也必将在学习和工作的苦海中长时间的煎熬，而且在事业上必将一事无成，甚至成为失败者。纪连海先生不顾自己的先天劣势，硬在物理领域与别人较劲，肯定是一事无成。所以说先天劣势或者说客观缺点通常是无法克服的，那么扬长避短也就成了唯一正确的选择。现代科学诸如脑科学、生理学、心理学、遗传学的最新进展和国内外专家学者的研究已充分证明这一点，可绝大多数成功学书籍却没有这些最新科学进展的介绍，笔者怀疑这些书的作者是否是“科盲”？离开现代科学的最新进展与指导，这些成功学书籍能帮助读者走向成功吗？那是十分令人怀疑的。

克里夫顿博士独特优势论、加德纳博士的多元智能论，张贵良的天然优势论反映了现代科学诸如脑科学等领域的最新进展，这“三论”的共同特点是强调客观条件即优势或特长（独特优势或强项智能、天然优势、特殊才能）在人成功中的重要性，这“三论”表明一个人的成功即要靠主观努力，更离不开客观条件的制约和发挥。过分地强调主观条件如自信、勤奋、微笑、目标、爱心、热忱、心态等在成功中作用是不妥当的，而本书在不否认主观条件的同时，侧重于强调客观条件即（独特优势或强项智能、天然优势、特殊才能）在成功中的作用，希望给读者以有益的借鉴和启迪。

## （三）如何才能避免入错行悲剧的发生

### 1. 在专业、职业选择中大力推广采用人才测评方法

“认识自我”这句镌刻在古希腊德尔菲神庙里唯一的碑铭，便是著名的德尔菲神

语，它犹如一把千年不熄的火炬，表达了人类与生俱来的内在要求和至高无上的思考命题。

许多年以后，莎士比亚借李尔王之口发出“谁能告诉我——我是谁?”的呐喊。马克思曾说过，人类一切真理的精华在于最终认识自己。无论是古人，还是今人，都深知认识自我的困难。特别是青年学生面临升学、求职两大人生关口时，要正确选择专业、职业，必须认识自我。然而青年学生要认识自我更不容易，一是他们涉世不深，不了解社会。二是他们对未来的憧憬常常脱离现实，不能客观地评价自己，再加上他们从众心理较强，这些因素综合在一起，造成他们对职业的期望值过高，不论是选择专业，还是选择职业，都表现出很大盲目性和随意性。

而要认识自我，发现自己的特长、潜力等，仅靠自我实践、探索和体验是不够的，还必须借助现代心理学的测评手段——人才测评方法。人才测评，是一种建立在心理学、行为学、管理学、数学、计算机技术等多种学科和技术之上的一种科学选才方法。它通过严密的测评过程和客观的评分标准，对人的能力、个性和发展潜力等进行综合评价，并根据岗位及企业要求为单位招聘、选拔、培养各类人才提供参考，同时也能为个人的发展提供咨询。

现代人才测评方法，采用定性与定量相结合的方法，其操作程序、内容、技术、步骤、条件、规则等实现了规范化、标准化，克服了主观随意性。现代人才测评方法，特别注重考查人的综合素质、职业能力倾向。考查理解性、应用性、逻辑推理的题目多。注重考查应用知识、实际分析问题与解决问题的能力，重点考查其创新意识和创新能力。职业能力倾向考查包括创造力测验、情景模拟、面试、演讲、答辩、小组讨论等方法，对其职业能力倾向进行测评。

所以现代人才测评方法具有较高的科学性，较强的客观性，严密扎实的可靠性。它是一门科学，又是一门技术，也是一种职业，已经发展成为各个行业选用人才的主要方法。

人才测评，作为一种科学有效的人员评价手段，起源于20世纪初的美国，首先应用于战争中对军官和士兵的选拔，收到了良好的效果。

在第二次世界大战后，西方人才测评思想和方法日新月异、名目繁多、内容丰富，发展迅速。人才测评开始广泛应用到各个领域，尤其是在企业管理中得到了迅猛的发展，企业广泛采用这一科学手段来招聘和选择人员。在美国，1/3的小企业和2/3的大企业都采用人才测评，如制造业的通用汽车、通用电气，食品业的卡夫，信息产业的IBM、德州仪器等等。某些大型跨国集团甚至建立了本公司整套的人员评价体系。哈佛商学院MBA新生入学考试所采取的GMAT，实际上就是能力倾向测验。MBA新生入学后，还要接受坎贝尔职业兴趣测验，为日后择业提供参考信息。

人才测评发挥了其他评价手段难以企及的成效。20世纪50年代，美国AT&T公司曾经对一批经理候选人进行测评，8年后，把测评结果与实际情况进行核对，发现在测评预测会获得提升的人员中，已有64%升职为高层管理人员。

在美国，人才测试产业一年的营业额竟高达几十亿美元。据美国人力资源协会的有关资料显示，发达国家约有50%的企业通过人才测评选拔聘用员工。凡进入中国的跨国公司和三资企业都十分重视人才测评。据了解，像宝洁、IBM、壳牌等跨国公司在招聘和录用新人时，都委托有关机构或者自己操作进行人才测评。

人才测评中的一个重要测评是职业能力倾向的测评（又被称为职业性向测评）。众所周知，能力直接影响工作的质量与效率，是工作顺利完成的个性心理特征。社会上任何一种职业对工作者的能力都有一定的要求。如对会计、出纳、统计等职业，工作者必须有较强的计算能力；对于工程、建筑及服装设计等职业的工作者要具备空间判断能力；对于飞行员、外科医生、运动员、舞蹈演员等职业的工作者则要具备眼与手的协调能力。在选择、专业职业时不能好高骛远或单从兴趣爱好出发，要实事求是地检测自己的职业能力在哪个专业、职业方面最有优势，最适合那个专业、职业，这就是所谓职业能力倾向。

职业能力倾向实际上就相当于笔者所说的特殊才能，虽然职业能力倾向与特殊才能的叫法不同，但含义是相同或类似的，你有哪方面的特殊才能，你的职业能力必然倾向哪方面。

选择专业、职业时首先需要考虑的因素是个人的能力所长，应力争做到扬长避短、人尽其才。围绕各种不同的专业、职业对能力的不同要求，心理学家进行了大量的研究。这些研究发现，对于人的言语理解、逻辑推理、抽象思维、空间关系、机械推理、知觉速度、手臂和手指的灵活、数字计算等方面的基本能力，各种专业、职业有不同的要求，例如，科学理论研究对机械推理、手指灵活等方面的要求较低，而熟练技术工人则对这些能力要求较高，那些成功的人恰恰是在自己能力所长的方面去努力的结果。在此基础上，心理学家设计编制了一些成套职业能力倾向测试的试题，可以反映出一个人在各种专业、职业方面的潜力与倾向。例如，由北京市人才评价与考试中心开发的《BEC能力测试》，把人在不同的专业、职业中所需要的特殊能力分为八大类104种，通过对这些特殊能力的测试，可以使被测试者了解自己在科学理论研究、行政、管理、文教等14大类专业、职业方面的潜力和职业能力倾向，为正确选择专业、职业提供指导和帮助。

也许有的同学会提出这样的问题，可否根据个人兴趣来确定自己的职业能力倾向即特殊才能？兴趣是人们选择专业和职业要考虑的重要因素，但不应该是唯一和主要的因素。

第一，中学生的兴趣有很多是表层的、不稳定的，变化多端的。所以填报志愿时一定要想清楚自己对某个专业或学科的兴趣是持久的还是暂时的、是表面的还是深层的？以免被兴趣所误导。

例如获首届国家最高科学技术奖的吴文俊教授虽然是杰出的数学家，但吴文俊小时候却喜欢历史书籍，对历史最感兴趣，很想当一名历史学家。直到现在，百忙之中他还抽空看历史题材的小说和电视剧。但小时候他却对数学没有多大兴趣。假如他当初根据自己表层的兴趣选择了历史，恐怕最多只能成为历史专家，甚至是历史爱好者，但不大可能成为大师级历史学家，国家却少了一位未来的大数学家，对他个人和国家来说都是一大损失。

无独有偶，2001年度国家最高科学技术奖获得者黄昆院士（另一位是王选院士）原来最感兴趣的是数学。据他回忆，他刚上中学时，有半年是住在身为教授的伯父家。伯父见黄昆放学后很空闲，就询问究竟。黄昆说，老师安排的数学作业都做完了，伯父说那还不行，数学书上的作业都要做。从此，黄昆就按伯父的话去做了，至此，他对数学产生了浓厚的兴趣，他将来很想当一名数学家，但出国时阴差阳错上了物理系。

现在看来黄昆的数学虽不错，但他的物理才能更突出，如果他凭兴趣选了数学，恐怕难以做出像物理领域那么多的重大发现与创新。

央视著名主持人李咏小时候很爱画画，整天背着画板在街上乱转，见什么、画什么，这个爱好直到他上大学还没丢，每个周末都要去中央美术学院学油画。许多人所不知道的是，他还曾为北京广播学院的第一套《播音学丛书》、《西方艺术论》等书籍做过封面设计，为几倍电视剧的道具画过素描。不过，他的启蒙老师对他说，画画是讲究“血统”（遗传）的，如果你不具备那种天分，最好还是把它仅仅作为一种爱好。这样，李咏放弃了想当画家的想法。显然，李咏虽从小对绘画有浓厚的兴趣，但这种兴趣并不能保证李咏成为一名好的画家，绘画只是李咏的表面兴趣，幸好李咏没有钻牛角尖，死抱住画家的梦想不放，而是转行当主持人，才有了今天的李咏。

第二，兴趣和能力有时候并不一致，对某类工作有兴趣并不一定就有从事这类工作的能力。如果只有兴趣没有能力的话，就会很受打击，慢慢地也就没有兴趣了。因此，考生选择专业时，在兴趣比较浓厚的情况下，一定要考虑自己的能力如何。

第三，凭兴趣确定自己在艺术、文科、基础科学（如数理化生）领域的特长，并据此选择专业、职业有一定的准确性，但不适合于工科领域，因为对很多工科专业来说，除非业内人士，家长和学生都没有接触过，接都没有接触过，何来兴趣，何以凭兴趣选择工科专业。

所以要准确判断自己的职业能力倾向即特殊才能，兴趣是个重要的参考要素，但不能迷信，恐怕还得靠人才测评中的职业能力倾向的测试，才能更准确、更稳妥地做出判断。

假如测出的职业能力倾向与你的现有兴趣不符没关系，因为兴趣是在学习、工作中逐渐产生的，你没有经历过实践（如工科专业），就谈不上兴趣。只要你转向职业能力倾向的测试所指出的领域发展，就能扬长避短，在学习、工作中自然就会产生与职业能力倾向相符的新兴趣。数学家吴文俊教授就是这方面的一个典型。

如何确定自己的职业能力倾向？美国的赫尔曼和霍兰德的观点对确定自己的职业能力倾向有所帮助。

美国科学家勒得·赫尔曼对7000多人进行测试，结果发现大脑半球的支配与人们谋生的方式之间存在着牢固的联系。使用左脑的人大多是律师、作家、医生、税务专家以及处理逻辑、语言文字资料的那类人；而那些喜欢用右脑的人多为诗人、政治家、作曲家、建筑师、企业家、舞蹈家和高级官员。

这位科学家发现，自己是倾向使用右脑，还是左脑，可进行一个这样的实验。当你面前的一个人向你提出问题时，观察你怎样转动头和眼睛。如果你一般都是转向左边，那么你趋向于使用右脑；如果你转向右边，那么你就喜欢使用左脑。

另一项支配脑半球的试验为：装配一件产品，使用左脑的人通常按说明书一步一步去装配，从字句到字句；而右半脑起作用的人多半会不注意文字的说明，而根据对原理图或图片的理解装配零件。

霍兰德是美国著名的职业生涯指导专家，霍兰德认为：在我们的文化里，大多数人分为六种人格类型：现实型、研究型、艺术型、社会型、企业型和传统型。

现实型：有运动机械操作的能力，喜欢机械、工具、植物或动物，偏好户外活动。

这是一类重实际操作、动手能力较强的人。他们喜欢那些实际性的、具体的工作，在这些人看来，任何工作的完成都必须自己动手实际参与，并满足于参与中的工作乐趣。这类人适合的职业有：工程师、机械师、技师、机械工、技术员和手工操作工等。

传统型：喜欢从事资料工作，有写作或数理分析的能力，能够听从指示，完成琐细的工作。

顾名思义，这是一群传统职业工作者，他们的特点是办事比较规范，不愿冒险，行事认真，因此，一些要求规范化工作的职业，如会计、秘书、办公职员等是这些人的理想选择。

企业型：喜欢和人群互动，自信、有说服力、领导力，追求政治和经济上的成就。

他们是商品流通领域的合适人选，他们喜欢与产品打交道，重视人与人之间的相互影响，善于利用影响力对周围的人或事产生影响，推销员、宣传工作、律师、管理工作等都是他们的职业领域。

研究型：喜欢观察、学习、研究、分析、评估和解决问题。

他们是一些重思维、重研究的人。这些人喜欢对事物的原因和结果进行分析，逻辑思维对他们来说是最重要的，这类人适合的职业主要是一些科研工作，涉及的领域应该是科学技术方面。

艺术型：有艺术、直觉、创造的能力，喜欢运用想象力和创造力，在自由的环境中工作。

从字面上就可以理解这类人的特点，他们是一些唯美主义者，看待任何事都是从美的角度去讨论，善于体会生活中的乐趣。适合的职业范围包括：艺术工作、作家、演员、记者等。

社会型：擅长和人相处，喜欢教导、帮助、启发或训练别人。

这是一群重视社会交往的人群，他们喜欢与人交往的工作。重视交际，重视人与人之间的沟通和交流是他们的共同特征，适合从事的职业有：社会工作、教师、旅游业工作者、医务工作等。

如何准确评价一个人的职业能力倾向，除了借助人才测评有关方法外（这类测试需由心理学专家实施，一般不可自测），读者可参考霍兰德理论对自己的专业、职业选择倾向进行一次自我评价。

据2004年11月8日《四川日报》报道：四川大学管理学院一位大四女生登录该校就业网，进入该校学生职业选择测评系统。在通过个人职业趋向、兴趣、职业潜力等多项内容测试后，系统为她提供了选择职业的大致方向。她说："马上要进入社会了，但我对自己究竟适合从事什么样的工作还不是十分有把握，通过测试，我对个人职业方向有了比较准确的定位，找工作时能做到有的放矢，更有信心。"

该校招生就业处处长韦泰旭介绍，学校出资引进该系统，对学生免费开放，是学校为毕业生服务的一项重大举措。它可以让学生客观、科学地认识、规划自己，避免择业中的盲目性，从而更好地进行职业选择和规划。该系统开通以来，已有上万名学生进行了测试。

不仅是四川大学，已有越来越多的大学为学生提供类似的测评系统，也有越来越多的高校毕业生像上面那位女生那样，在求职竞聘前先进行一次职业选择测评，这当然是正确明智的选择。但令人遗憾的是多数高校毕业生测出的职业能力倾向（即适合自己发展的职业）与所学专业不符，也就是说当初选择这个专业就有误，尽管你求职竞聘时可改换门庭，尽量选择一个与你的职业能力倾向相符的工作，但这意味着你在大学本科苦读四年所学到的专业知识难以用上，岂不可惜。所以毕业生在求职竞聘前的职业选择测评尽管是必要的，却是马后炮，无法弥补当初错选专业所带来的身心、经济与时间上的三重损失，选择职业与选择专业是密切相关的，你选择了什么专业，就意味着将来很有可能从事与专业对口的工作。现在不仅有职业选择测评系统，也有类似的专业选择测评系统，如前面提到的张贵良主持开发的"IMAP测试"就属于高中毕业生报考专业选择测评系统，作为高考生为何不在考大学前就进行职业（或专业）选择测评呢?

由于绝大多数考生对报考专业测评重要性认识不足，参加测评的考生很少，至于小城市和农村的考生更不知道报考专业测评是怎么回事，这就需要高校采取强制措施加以引导，以充分调动考生参加测评的积极性。为此笔者建议高校每个专业在录取新生时，应对报考者进行强制性报考专业测评（测评费用由考生自负），在录取新生时不仅要考虑分数，更考虑学生的职业能力倾向、性格特征等特殊才能要素是否适合本专业的特点和要求。不仅是考大学前，而且在考入大学后的转系、转专业；考研、考博也应照此办理，以把学生错选专业及职业的可能性降低到最低限度，避免学生在转系、转专业，或考研、考博时选择专业再次出现失误。这样在录取培养学生时才能做到扬长避短、因材施教，使每个学生向自己最擅长的方向发展。

必须指出的是，各类人才测评结果，由于各种主观和客观因素的限制，不可能做到100%的准确。这是因为，人是非常复杂的“多面体”，人要受到社会环境、文化背景、价值观念、生理特征等诸多方面的影响和制约，要想准确测量其各方面的素质是比较困难的，尤其对于人的某些素质，如思想品质，很难用测评的方法测量出来。人才测评作为一门科学发展到现在，尚不完善，某些方面需要继续发展和探索。故各类人才测评结果（包括报考专业测评结果）的准确性通常只能达到70%至80%。故考生和用人单位可将测评结果作为一个重要参考，但不能完全由它来“定夺”未来。

据北京教育科学研究院潜能研究中心张贵良介绍，他们开发的“IMAP潜能测试”针对两部分学生，一是准备高考的学生，二是面临文理科分班的高中生。目的帮助家长更好地了解孩子的潜能，帮助学生发现自己的天然优势和劣势，更好地把握未来，为考生选择大学专业，进行文理分科，提供咨询和指导。

但潜能测试报告中为考生列出的“最佳报考专业排序表”只能起参谋作用，不能代替考生决断。并不是只要选择“排序表”中的第一个专业就能确保这个专业最适合你，也有可能出现例外的情况，也许“排序表”中名次靠后的某个专业，甚至不在“排序表”中的某个专业更适合你。

测试只能提供一个大致的方向，重要的还是要依照自己的实际情况来作出最后的决定。例如测出一个考生适合学经济，考生就要依据自己的性格特征更细致地选择专业。如果稳重踏实，则可学会计、财务、金融等；如果活泼开朗、交际能力甚强，则可学营销、管理等。总之，在得到测试结果之后要融合其他因素综合考虑定夺。因此使用各种人才测评及报考专业测评结果时，必须参考其他方面的信息，才能获得较准确和客观的结果。

有的考生可能会说，既然测评结果准确性不是很高，是否可以不做测评？问题是不做测评的后果可能糟10倍，高校200多个专业你如何选？如无目标的盲目选，选对的可能性真是微乎其微。而做测评的话，准确性虽不能达到100%，但也能达到70%至80%，总比盲目选择专业、职业准确性高得多。像潜能测试报告中为考生列出的“最佳专业排序表”，可使你的专业选择范围大大缩小，范围小了，选择才容易，准确性才会更高。你从“排序表”中选择一个最合适的专业无论如何比从200多个专业中去盲目选择一个最合适专业的准确性要高得多。选择职业也是如此。所以测评就是比不测评要好，要不然发达国家的学生怎么会几乎人人都去做测评。奉劝那些对测评持犹豫、观望态度的求职者，放弃观望，积极参加测评。虽然你将为此支付一二百元，但却有助于你在人生道路上做出正确的选择，这笔数量不大的人生投资绝对是非常值得的。

大学录取培养新生前要进行人才测评，对企业在招聘员工和用人安排上也应如此，下面结合几个案例，对先进行人才测评的必要性进行深入地分析阐述，理论和实际相结合能使读者对人才测评的重要性有更深的认识和体会。

长期以来，我国干部选拔任用大多采用领导提名、组织人事部门考察、党委讨论批准的传统模式。这种模式的效果往往取决于领导者个人的素质与好恶，从而造成人才的不公平竞争和不合理使用。

而对于一些国有企业的职工，传统的干部任用制度带给他们的似乎是一种“运气效应”。对一位好领导的期待，往往要靠碰运气。不是有少数人钻了用人制度的空子，爬上领导宝座，本来没有本事，却又不思进取，中饱私囊，搞垮了企业，拍拍屁股一走了之，社会上不是有“穷庙富方丈”一说吗？这样的人走就走了，可换个地方很可能仍旧做官，可能接着再弄跨一个企业。

要解决干部选拔任用中存在的这些问题，人才测评是一个有效的手段。目前，成都市企业经营管理者评荐中心主要开展人才素质测评，企业经营管理知识和能力测评。其中人才素质测评软件能比较全面地测量出人才的个人能力倾向、人格因素、人格特点等，准确度达 80%以上；企业经营管理知识和能力测评软件则通过情景模拟、系统仿真等技术，对人的战略观念、投资决策、财务分析、市场开拓、组织指挥、公关意识、知人善任等能力进行科学量化。

四川锅炉厂通过测评选出了厂级领导候选人，该厂组织部部长指出，传统的“背靠背”“面对面”的考评，只能从静态定性上反映人才的素质和能力，有时还难免受到人为的主观因素的影响，通过科学的人才测评，人才积淀的知识和具备的能力可以得到充分发挥，人才的职业能力倾向、职业兴趣、人格特点等也得到了全面剖析，最后从动态、定量两个方面反映出人才的整体素质和能力，为用人单位聘用和考评提供了重要依据。

成都金雁集团先后组织 40 余名管理干部进行测评，其中副总经理以上职务 14 名，部门经理 26 名，并聘请著名的人力资源研究专家、管理学专家对测评结果进行分析，取得了良好效果。该集团人力资源部部长说：“人才测评最适合现代人力资源管理，不但减轻人事部门工作量，提高了效率，更重要的是客观地反映出企业管理人才的素质和能力结构，为企业干部的培训和选拔任用，实现人力资源合理配置提供了决策依据，并对管理人才能力的提高有较大的促进。”

每个人都有长处和短处，在领导班子或团队配备中，最好使领导班子或团队的组成人员长短搭配，这就能形成成员间长短互补的效应，成为一个较完美的领导班子或团队成员搭配，在工作中能做到合作与和谐。但要做到这点，先要借助人才测评手段进行团队分析。

团队分析，是针对企业或部门的领导班子进行的。它主要考察三个方面的问题：一是在这个领导班子中的每一个人都具有什么样的管理角色特征；二是这些人目前所承担的工作是否与其自身的管理角色特征相匹配；三是这些人的管理风格与方式是否协调。曾经有一位职业经理深有感触地谈道："如果一个企业的一名总经理和几名副总全是当总经理的材料，这个企业一定搞不好！"这说明在一个团队中，需要各种各样的人来扮演各种各样的角色。一个完美的团队的特点是人尽其才、各司其职、各显其能、全力配合。

北京有一家公司，请"世纪人才公司"为其高层管理者进行团队分析。"世纪人才公司"在对一名总经理和五名副总进行测评后认为，该公司高层班子的人员结构非常好——总经理是一位高瞻远瞩，抓大局、抓战略的决策者，从不过多干涉具体的业务问题；而恰恰有一位副总有明显的外部经营取向，总是能够妥善处理好业务问题；另外一位副总有明显的内部团队取向，能够把企业员工凝聚起来……在"世纪人才公司"的建议下，该公司对领导班子的分工进行了调整，进一步强化了各位领导的角色偏向。该公司总经理认为，原先的分工是工作中自然形成的，自己也讲不出其中有什么必然性，经过测评，头脑清晰了，方向明确了，更加坚定了信心。

对企事业单位来说，通过人才测评，可以发现每位员工的特长、兴趣等，将他们进行合理组合，安排到合适的工作岗位上。这不仅能最大限度地发挥他们的潜能，提高工作效率，而且也可以协调员工间的人际关系，达到易于管理的目的。企业的业务人员，如财务、出纳、推销员等，是否能干好本职工作，关系到企业的整体发展。人才测评技术不仅能测试出他们业务水平的高低，还能根据他们在能力和个性方面的特征，判断出他们是否适合从事该项工作，为企业员工的工作岗位安排提供科学的依据。

企业招聘到一个大学生或员工，往往哪里有空缺就安排到哪里。办公室缺人，就到办公室吧；车间还有空缺，那就到车间去吧。安排工作岗位时往往不考虑这名学生或员工的兴趣特长。现代人力资源管理十分强调个人与岗位在特长、个性、兴趣等方面的匹配，认为岗位应尽量与个人的特长相吻合。至于怎样确定是否匹配，其实是有成熟的人才测评技术和专门的评估手段的。

有一个私营企业的老板，感觉手下有 13 个中层干部不是很得力，按通常的思维，解雇另聘就是了。但这位老板没有简单从事，他想，这 13 位干部到底是能力的确有问题，还是自己没有把他们用好呢？他委托一家人才测评机构为他把关。该机构仔细了解了企业的组织体系、运作机制后，对各岗位做了工作分析，采用人才测评工具，对这 13 个人的能力倾向、职业兴趣、能力结构、行为风格和社会愿望等方面进行了测试和评价，并针对不同的岗位要求，提出了培训和配置建议。老板根据建议，调整了部分人的岗位，解聘了一名人员，工作马上又顺手起来。所以，做领导的一定要记住，部下业绩不理想时，千万不要简单地下结论，认为部下不认真干，工作不努力。也可能是自己没用好人，分工与岗位安排不合适，使自己的部下扬短避长入错行。

为解决人才紧缺的矛盾，很多企业领导习惯于眼睛向外，热衷于到外地区、外单位以高待遇挖人才，他们信奉的是“家花哪有‘外花’香”、“外来的和尚会念经”。在挖空心思、花巨资引进外来人才的同时，却忽视发现、重用企业内部的人才，挫伤了企业内部人才的积极性。其实企业内部不是没有人才，而是用人不当，在工作安排上扬短避长，入错行使潜在的人才变成了庸才。

用人必须扬长避短，但扬长避短的前提是管理者要知道员工的长处和短处，这除了靠管理者日常观察外，人才测评是一种很有效的手段，企业通过人才测评，可把每个员工安排到最合适的岗位。通过扬长避短，由入错行变为入对行，这将使许多员工有条件显露才气、创造不凡，企业内部大批人才就会脱颖而出，企业在人才任用、选拔上就会立足自己，而不必费九牛二虎之力，花重金去引进外部人才。

在国内，由于对人才测评重要性认识程度的差异，国内人才测评呈现冷热不均的态势，具体表现为内资企业冷，外资企业热。外资企业特别是跨国公司在投资、用人上普遍重视人才测评，外资企业在这方面的做法与经验值得内资企业学习、借鉴。

大众公司在世界各地（包括在中国）的合资企业都规定：凡申请进入该公司的人员，均需通过人才测评，测评内容从一般能力到基本技术技能，从社会责任感到集体活动中的组织能力。通过测评可以将每位被测者的特长、性格和才华充分表现出来，公司再根据测评结果为他们安排最合适的工作岗位，以用其所长、避其所短。大众公司在中国的合资企业也是通过人才测评来挑选人才，并将这批人通过培训组成中坚力量，以使整个公司生产出过硬的产品，在整体水平上达到欧洲总部的质量要求。

位于合肥的达西浦国际实业（安徽）有限公司是由香港力胜、美国飞歌、合肥天鹅公司三方合资于1996年创建的，是生产分体式空调的大企业。为了保证员工的高素质，达西浦实行了独特的用人制度。公司刚招聘来的员工本可按其原专业划分工种，但达西浦没这样做，它专设一个题库，备有一整套心理测试方法，所有员工在安排工作岗位前先进行测试，经过测试可以比较准确地发现每个员工的心理和能力特点，然后据此进行分工。以前曾在生产线上的赵××参加了心理测试后，公司发现他性格细致严谨，反应速度较慢，于是把他从生产一线调至仓库任保管员，非常胜任。

西门子公司有一个专门用来测评员工各种能力的题库。如人力资源部员工应具有的核心能力是，具有分析、沟通及以客户为导向的能力。

西门子公司认为，如果通过测评使每个员工都清楚地知道自己具备哪些能力，并有意识地加以培养，那么员工才可能真正提升自己的能力与素质。

拜尔（四川）动物保健品公司行政人事经理吴小艳向记者说，“通过对人才的能力素质、心理素质和知识素质的定期考评，人才测评体系不仅能为企业对人才的甄选、使用提供科学的参考依据，而且为人才自身的发展指引了方向。”据她介绍，她所在公司进行人才测评的具体做法是：把有潜质的员工送到基层各部门锻炼，再把这些员工送到拜尔大中国区员工发展测评中心，由中心的专家组在大约一周的时间里对员工的管理能力、团队精神、沟通交流能力等进行不同形式的测评，测评结果反馈到被评估公司，公司召开会议作出是否留任、提升和岗位安排的结论。

在国外，人才素质测评的证书就是一种上岗证。经过近一个世纪的发展，人才测评在很多国家已经具有了一定的科学性和权威性，政府部门、企业、学校在招聘、安排人员时，往往要求申请者参加人才素质测评。

日本人有这样一个习惯，他们每到年末便主动去参加一次测评，根据测试结果来判断自己来年的工作去向。一般来讲，经过一年的努力工作，每个人都取得了很大进步，通过测评，他们可以对自己与所能胜任的工作有一个更清楚的了解，这种每年一度的人才测评对他们的就业颇具指导意义。

与跨国公司相比，国内企事业单位对人才测评普遍不重视。目前有相当一部分企业选择人才的法宝仍然是传统的“学历＋专业＋工作经验”，且非常依赖面试。他们往往对人才测评持怀疑态度。不可否认，目前人才测评的准确度还不够高。但可以肯定，测比不测强得多。如不测，用人中可能出现 100％的失误。而测出的 70％至 80％的可信度可将选人、用人的失误大大降低。不能因为可信度还不够高，就怀疑、甚至冷落人才测评，更不能把人才测评与江湖先生算命画等号。

2001 年四川省中小企业发展中心进行了一次企业人力资源管理手段的抽样调查。调查结果表明，除西门子、摩托罗拉等外资、合资企业外，四川省近 50 家知名国有、民营企业无一家引入专业化人才测评体系。企业人力资源管理仍停留在招聘、安排培训计划、市场调研等事务性工作上，还未完成从传统的行政管理方式向现代经营管理模式的转变。

总的来看，国内绝大多数企事业单位仍沿用传统的选人、用人方法，而传统的选人、用人方法是计划经济的产物，在指导思想上重思想、重专业、重经验、重资历，轻素质、轻能力、轻业绩、轻实际。而现代人才测评方法，其指导思想是重视能力、素质的考查。着重考查人的职业能力倾向、心理潜能、实际领导与管理才能等。这些因素是反映一个人素质的主要指标，是鉴别人才类型的主要标志。因此，大力推行人才测评，让人才测评热起来势在必行，这就要求各级党政部门及其领导要树立现代人才观念，选拔任用高素质人才必须运用现代人才测评方法，这是干部与人事制度改革的关键性举措，也是一项重要内容，是各个行业各个领域人事管理工作的核心。

成都市在这方面的做法值得借鉴。成都市委组织部规定，凡拟聘（任）用担任国有或国有控股企业的经营管理者（即企业的正副董事长、董事、监事会主席、正副总经理、厂长、三总师等从事企业经营管理的企业领导人员），必须通过成都市企业经营管理者评荐中心的任职资格人才测评。未经测评者，企业不得聘（任）用。

这是成都市委市政府为适应建立社会主义市场经济的发展和建立现代企业制度的

要求，加快企业经营管理者职业化、市场化进程，加强企业经营管理者队伍建设，逐步形成企业经营管理者持证、择优聘（任）用机制而推出的一项重要举措。前面所举评荐中心通过测评选拔出四川锅炉厂厂级领导候选人就是一例。

建议各企事业单位在考核和选用人才前，应由组织部门或人事部门组建由领导、专家（必须从人才测评专业机构聘请）、职工代表三结合的人才选用委员会。领导者要发挥组织、指挥与管理的作用；人才测评的内容、技术、程序由专家测评人员亲自主持与操作，严格把关，发挥专家测评人员的主导作用，以保证测评结果的客观性、精密性。职工代表积极参与，发挥监督作用，及时反馈职工群众的意见。最后将测评结果、业绩考核、民意考查意见等全部材料交三结合的人才选用委员会讨论，作出选用决策。

以上有关人才测评论述无非是想让读者树立一个正确的理念：人才测评通常是由专业机构和人员承担，你不懂、不会人才测评没有关系，但必须要有人才测评的意识，要高度重视人才测评的结果，并作为选择专业、职业的重要依据，这样才能确保你在专业、职业的生涯中，少走弯路，发展顺利。

随着社会分工越来越细，专业、职业的种类也越来越多。同时，每个人的智力、体力、能力、兴趣等各不相同，要让对自己特长和众多专业、职业了解都极其有限的毕业生、在职者、求职者，在短时期内做出正确的选择和决策，的确有很大困难。如果得不到足够的指导和帮助，往往存在很大的盲目性。这种盲目选择的结果很可能是入错行，导致教育资源的浪费和职业的不稳定，学非所好、用非所长。有时导致长期的事业上的挫折感，用非所长，用非所好，这种状况，既不利于个人的充分发展，也不利于社会人力资源的合理配置和充分开发。

而人才测评可以帮助被测评者增加对各种专业、职业及社会需求的了解；可以帮助被测评者全面认识自己，增加了对自我的了解，增加对自我长处与短处的认识。尽可能结合个人的兴趣、爱好、性格、特长，选择最适合的专业、职业。通过入对行，尽可能学其所长，用其所长，调动每个人学习的积极性和工作的创造性，这是利国利民的一件大事。要做好这件事，就要在全社会大力倡导人才测评。要通过人才测评来引导每个人都能三百六十行中选择最适合自己的专业、职业来发展，从而做到人人都能入对行，都能自信自强、扬长避短、顺势成才。

### 2. 大力提倡按大类招生

在欧美发达国家的大学，大学生错选专业的现象也是存在的，但相对来说数量不多，而且能及时更正。因为欧美国家的大学通常不按专业招生，而按文、理两大类招生，即文科生报考文学院（这里的“文”指文科，而不是指狭义的文学），理科生报考理学院。无论是文学院，还是理学院，一二年级新生是不分专业的，学校开出数百门课程，供学生自由选择，学生入学后通过不断地选课、观察、尝试，广泛征求教师、学生的意见，学生在大三时再确定专业方向。在美国，各大学还专门为新生指定指导老师，一方面帮助他们选择专业，一方面给他们选课做参谋。

哈佛的经验就是宽口径地培养学生，新生不分专业进入文、理学院，课程分成8个领域11大类，要求学生在一定时间所修课程必须涉及9大类，使之具有宽厚的知识基础。

可能有的同志对此感到大惑不解，开出几百门课供大一大二学生选择，有这必要吗？从发现特长的角度来看是非常必要的。因为人的特长（特殊才能）是多种多样的，按成功心理学观点人类共有400多种优势，学生要从中发现自己真正的特长并不是容易的事，而在开设几百门课的情况下，如果学生学某门课感到不适应、学习困难、成绩不好，那肯定不是自己长处所在，那就另外选一门课来试试。在不断地选择与体验中总会发现一些课适合自己读，学习轻松，感觉良好，成绩好，那肯定是自己长处所在。这样可使学生在学习与选择的体验中逐步发现自己的特长，为自己在大三时专业定向创造条件。可以说，在欧美发达国家的大学，专业方向与学生的兴趣特长始终相伴相行。

特别是在美国，条件最宽松。各大学都允许甚至鼓励高中生以“专业未定”的身份入学。入学后，再通过观察、尝试，广泛征求教师和高年级学生的意见，再决定将来学什么专业。上大学后，一旦发现自己选错了专业，换个专业很容易，只要找对口院系联系一下，填几张表格就可以搞定。所以美国大学生换专业比较频繁，平均一个美国学生大学期间会换2.5次专业！这对我们中国的大学生来说是难以想象的。

反观中国，大学都按专业招生，而且必须在上大学前选定专业，一旦被录取，就难以更改，即使你不喜欢、不适合，换个专业很困难，只能终身与这个专业打交道。然而在迈出选定专业这一步时，学生们还未成人，还未定型，还无从知道自己的特长，只能盲目、错误选择专业，由此酿成许多悲剧，中科院院士杨福家曾对此提出严厉批评。

在中国科协2001学术年会上，杨振宁教授做报告时说：“我以为清华大学学生的平均水准高，因为这些考上清华大学的孩子是从全国各地选择出来的最优秀的青年。”但中国科协副主席、中科院院士杨福家却不能完全同意这个观点。

杨福家说：“如果从考试成绩上看，清华大学学生的水准的确比美国哈佛大学学生的水准高，但在个人创造性、知识广度等方面却并非如此。上海复旦大学把学生领到了46个‘小胡同’里，上海交大把学生领到了57个‘小胡同’里，北大则把学生领到了59个‘小胡同里’，我国其他高校也都是如此。你让学生怎么充分发展？而在哈佛大学，一二年级学生并不分是哪一个系的，他们可以自由地选课和学习，哈佛大学的学生素质提高得很快，科研能力也很强。造成清华大学学生素质和科研能力提高不快的原因不在学生，而在于我国高校目前的教育制度。”

针对按专业招生的弊端，国内的一些高校已开始了改革和探索。从2003年起，北京大学全部实行按院系和学科大类招生。即考生在填报志愿时，不用填写具体的专业，只需填报院系和学科大类（如经济类、工商管理类等），学生入校经过一年半的基础教育后，将在老师的指导下，根据自己的专业兴趣重新选择具体专业。

据介绍，北大按院系招生可以比按专业招生给学生提供更多的专业选择空间。北大每个院系一般都有几个专业或专业方向，按院系和学科大类招生，学生入学时虽然没有专业，但是学生到了高年级就可以根据院系提供的专业选修课程要求，按照自己的兴趣特长来确定专业或专业方向，这在一定程度上缓解了考生填报专业志愿的盲目性。此外，许多考生及家长对大学的专业还不十分了解，对学生毕业后社会发展、社会对人才的需求无法作出合理的判断，对考生本人的就业方向也不能作出准确的定位，在专业志愿填报上带有盲目性。有的新生上学后出现对所报专业不感兴趣、学习积极性下降的现象。允许学生在入学后通过一段时间的学习，再根据个人的实际情况选择专业和发展方向更符合学生利益。

北京大学还在全校性公共课中推行自由选课制度，这种制度打破了过去按年级和专业班级统一排课的固定模式，在保证必修课性质不变的前提下，由学生根据自己的不同情况选择学习时间、学习内容，也可选择教师。

目前，北京大学各院系的教学计划，以注重素质教育和能力培养为主导思想，在加强基础课的前提下适当压缩了总的学分数和学时数，加大了选修课的比重。同时，各院系也加强了实践性教学环节，如实验课、实习和社会实践。在课程设置方面，除全校公共必修课外学校要求所有本科生必须要选修16学分的选修课。

淡化专业色彩，推行通识教育是北京大学目前很火的“元培计划实验班”的口号。从严格意义上讲，参加元培计划实验班的所有学生从一开始都是没有专业的。在入学后一年半时间里，学生接受的主要内容是通识教育。比如说，原来数学系、物理系的学生并不需要学习普通大学化学课程，但在元培计划实验班里，理科方向的所有学生都必须选修。只有到了二年级下学期，等学生们对大学学习有了一定的感性认识之后，他们再根据个人的兴趣和社会的需求确定自己的专业。

无独有偶，少年班入学后也不分专业。2002年7月底，在北京出席“中外大学校长论坛”的中国科技大学校长朱清时院士说，从举办“少年班”20多年的经验来看，“少年班”的成才率最高，而其教学模式也是目前很多高校追求的。

中国科技大学“少年班”创办于1987年3月，每年招收一次，开始每届只有十几个人，后来“少年班”名气越来越大，报考人数逐年增加，录取人数也相应增加，但录取难度并未降低。2001年，中国科技大学“少年班”的招生计划为50名，报考者却高达1211人。

“少年班”曾一度引来人们的广泛关注，国内10多所重点大学相继办起“少年班”。但从2001年上海交通大学“少年班”停止招生后，除最早创办“少年班”的中国科技大学外，全国10余所重点大学先后办起的“少年班”全部停办，这引起了人们对中国科技大学“少年班”的质疑。

据朱清时介绍，从1978年到现在，中国科技大学少年班共有25届949名学生，已毕业的500名学生中，有70%多的人被国外大学录取为研究生，现已有100多个人获得博士学位，应该说成才率是最高的。

朱清时说，现在少年班毕业生中不少人已成为全国著名高校、各研究机构的教学和科研骨干力量，有的已成为一些大企业的决策者和领导者，还出现了一些国际化的人才，如微软中国研究院院长、生物学“斯劳恩”奖得主等。

“科大少年班最大的成功在于它的教学模式”，朱清时说，“现在大学学生一入校大都必须分专业，而少年班入学后不分专业，前两年强化基础课，三年级以后，再自选专业学科。这样学生对大学、对专业有了一定的了解，才能选准他喜欢和擅长的专业。一个人从事自己喜欢和擅长的专业，取得成绩的可能性就大得多。”

朱清时校长强调创新型人才对于科技创新尤其是原始性创新的重要性。他说，我们的大学生进大学，很大部分不是自己选专业，不少是父母选专业，有的是被迫选的专业。如果学生不能选择自己喜欢和擅长的专业，试问他可能作出创新吗？更谈不上原始性创新了，说到这里，朱校长有点激动了，他说，我们缺乏足够的办学自主权，行政干预多。比如，世界一流大学都已经做到让本科生先学习两年基础课，再根据爱好自主选择专业，而我们却做不到，他认为，改革这一点并不难，只是个观念问题，我们现在搞的依然是计划经济的那一套。

朱校长说，除少年班外，科大数学系学生进校前三年不分专业，统一打好扎实的基础，三年之后再分专业进行学习，而分专业也不是采取人为指定的方式，而是由系里组织开设各专业的课程，由学生根据自己的情况选课，并选择指导论文的老师。这样就自然地分出了专业。大大提高了人才培养质量。

上海大学是上海市最大的一所地方院校，由原上海大学、上海科技专科学校等4校于1994年5月27日合并而成。上海大学每年招收新生五千多人。

2002年，上海大学在招生中淡化专业，考生在填报上海大学的志愿时，不填报具体专业，即学生进校两年内，基本不分专业，以学院或系为单位强化基础教学，拓宽专业面。第三年起，至少50%的学生可以在就读的学院内或系内任意选择自己喜好的专业。而且该校还允许部分优秀生一年后可在全校范围内再次对学院（系或专业）进行选择。

上海大学这一“宽口径”的招生方式使众多考生减少了选择志愿的盲目性，受到考生、家长的普遍欢迎。

2004年11月25日，同济大学召开了2005年按专业大类招生研讨会，李国强副校长指出，实行按专业大类招生既有利于培养基础扎实、知识面宽、能力强的优秀学生，又有利于促进各学院专业建设，同时可以向学生提供更多的选择专业自主权，减少了考生填报志愿的盲目性。该校 2004 级新生进校后按照专业大类培养，学校准备在此基础上，2005 年部分学院按专业大类招生，即同一专业大类招收的本科生入学时不分专业，学生在完成 1 到 2 年学业后，可根据自身的发展目标、兴趣特长和学习成绩在专业大类中重新选择具体专业。

以上几家大学按院系“宽口径”招生培养的举措虽然来的晚了点，但对广大考生来说仍是个好消息。

众所周知，以往多年，考生填报高考志愿是一个让考生和家长都焦头烂额的事，他们怎么会知道什么大学的哪个专业适合考生自己的兴趣和发展呢？于是只能瞎猫碰死耗子，撞大运。而且一旦“误入歧途”，再想转专业，实际上都非常困难。由此造成的弊端是，大量学生硬着头皮学自己毫无兴趣的课程，在专业的苦海中煎熬，拿个文凭了事。在选择信息极度不对称的情况下，专业选择几乎演变成为纯粹的功利判断：什么专业毕业后能有好工作、能拿高薪就选那个专业。所以要求学生按专业报考，这是完全无视教育的基本规律的，扼杀了学生的学习兴趣，而且基本上剥夺了学生的选择权利。

北大、中国科技大学、上海大学、同济大学实行“宽口径”的招生，学生进校一年半至两年内不分专业，让学生在充分了解各专业的课程和自身兴趣特长后再决定所学专业，好处多多。

首先是这种做法符合教育规律，因为兴趣特长是决定一个人学习努力程度的基本动力，兴趣特长是最好的老师，有兴趣特长的课程，没有人逼他，他也会悉心投入。没有兴趣特长的课程，只能被动应付，60 分万岁，学生只有选择了符合自己兴趣特长的专业才会努力学习。其次，不言而喻，选择权与责任感是成正比的，只有自己的选择才能心甘情愿地负起学习的责任。

以管理专业为例，管理专业作为大类可分为四个具体专业即营销管理、财务管理、人力资源管理、工商管理，在大类招生情况，考生不必在填报志愿时就要从中选一个专业，只填报管理学院或管理系。学生进校一年半至两年内不分专业，进行通识教育，再对专业和自身有了全面、深入的了解后再进行选择。交际能力强、有商业头脑学生可选择营销管理，办事严谨、精于算计的学生可选择财务管理，爱管人的学生可选择人力资源管理，想当企业家的学生可选择工商管理。这样在具体专业选择上，就能使每个学生各取所需、各扬其长，向自己最擅长的领域发展。

在打破按专业招生弊端上，山东理工大学做得最好、最彻底。山东理工大学 2002 年高考招生完全打破按专业录取的传统模式，借鉴欧美大学的做法，实行本科按文理两大类、不分专业招生，学生入学两年后根据学习成绩、志愿和规定办法自主选择院系和专业。

学生入校第一年，学校按文、理两大类设置了公共基础课教学平台，全校统一排课，学生可自由选择任课教师和上课时间、地点，全校统一考试，统一对教师进行教学质量评价。学年末，修满规定学分的学生，按其学习成绩、志愿和规定办法自主选择院系。学分高的学生优先选择，根据各院系的招生计划选满为止。

第二年按院系设置学科基础教学平台，由院系统一排课，学生依然自由选择任课教师和上课时间、地点，统一考试。学年末，各院系的学生根据前两年的成绩、志愿和规定办法依然按优先顺序自主选择本院系专业。

第三四年按专业设置专业平台，按专业设置课程、组织教学。

从中可以看出，山东理工大学第一学年结束后先让学生选择专业方向即院系，第二学年让学生学习与专业方向有关的公共基础课，尔后在第二学年完成后再从专业方向即院系中选择具体专业，这种循序渐进的选择当然能大大提高专业选择的成功率。同时，新的教学模式可以为学生提供一个设计自我的环境，培养学生的自主能力。按传统的招生和教学组织模式，学生一旦填报了志愿，以后的学习就如同进了模子，学什么、什么时间学都由学校事先安排，学生自主空间太小。改革后的模式则不然，它以学生为本，让学生自主选择专业、设计学习进程、选择喜欢的老师，学生的个性能够得到有效发挥，有助于培养学生特长。而且，学校允许学生跨学科、跨院系、跨专业、跨年级选课。

据了解，山东理工大学是山东省高校全面推行学分制改革试点单位，学校招生办有关人士认为，招生制度的改革对于后续的学分制度改革具有重要意义，只有招生制度改革与学分制改革配套进行，才能实现真正意义上的学分制改革。

有些高校将过去的按专业招生改为按院系招生，这当然进了一大步，问题是综合型大学有几十个院系，学生要从中选择出一个最适合自己的院系决非易事，选错的可能性仍较高，选错了院系如同过去选错专业一样，照样会在院系的苦海中煎熬。转系的做法也会造成教育资源和学习时间的浪费。最好的办法是像山东理工大学那样，按文、理两大类招生，进行宽口径教育。既然院系都不存在呢，则既用不着选择院系，也用不着转系，到大三再让学生根据自己的兴趣特长最终选定专业或院系。这样，专业或院系选择失误率就会大大下降，这对国家、高校和个人岂不是三全其美！何乐而不为！

### 3. 在中学大力推行职业指导

所谓职业指导是指学校帮助学生按照个人的特长正确地选择最适合的专业或职业，并培养其选择专业或职业的意识和能力，最终实现人尽其才。

20世纪80年代以来，学校的职业指导受到各国的普遍关注和重视，联合国教科文组织对职业指导予以高度重视。在联合国教科文组织第十八届大会上通过的《关于职业技术教育的建议》中提出。

专业和职业的方向指导，应看成是一个连续过程和教育的一个重要组成部分，其目的是帮助每个人在教育上和职业上做出正确选择。它保证每个人具备必要的先决条件，以使：a. 本人逐步意识到自己的兴趣和能力，并能确立明确的目标。b. 无论职前培训或继续教育，都能选择与既定目标相适应的途径。c. 在职业生涯开始时及以后阶段都能做出个人的职业选择，以便从事满意的工作。d. 无论在哪一级或哪个阶段，都能容易地从学习转为就业，或从就业转为学习。

学校职业指导一般包括三方面内容：对学生开展专业，职业选择教育；通过心理测试了解学生的兴趣特长；指导学生正确选择专业、职业。

职业指导通常在中学分流阶段进行，对部分初中毕业生来说要报考职业学校，这就涉及到选择职业问题。对高中毕业生来说，考上大学的要选择专业，大部分落榜学生将走向社会从事某个职业，也涉及到职业选择问题，所以在中学初中毕业和高中毕业两个分流阶段特别需要开展职业指导。当然，职业指导并不是在毕业时才进行，而应在毕业前一二年就应积极开展，如美国、日本在初、高中均开设职业指导课，由专家授课，向学生们介绍这一方面知识，每周 1－2 学时，这样初中生、高中生在毕业前就能掌握职业、专业选择的初步知识，在选择专业、职业时就不再消极被动了，毕业时就能在专家咨询与指导下做出准确无误的选择。

（1）**发达国家中学职业指导的做法与特点**

在发达国家，对中学生开展职业指导，是学校教育工作的一个极为重要的方面，许多国家已形成全国性的指导网络，在中学配备专业指导老师和专家，有完整的指导计划、课程教材及测量评定设施。

发达国家中学对学生进行职业指导归纳起来有以下几种做法。

**a. 开设职业指导课。**

在日本，所有的中学都开设了“进学指导”课，即职业指导课，且作为必修课。从高一到高三平均 13 节左右，在这三年里分不同阶段向学生介绍就业信息、大学和企业情况等。通过此课指导学生据自身的情况和社会需求报考大学或就业。这种做法可以使学生根据情况不断调整自己的目标，对升学就业有明确认识，同时减少报考大学的盲目性，这些工作因在平时的教学中去同步完成，故学生在对待高考，选择专业、职业时，就显得非常自信了。

**b. 调查学生专业、职业意识。**

对学生进行职业指导，首先要调查了解他们对未来专业、职业的想法，把握其专业、职业意识的发展程度。很多国家从学生入高中时就通过心理测试的方式进行调查，了解学生的职业能力倾向、个人兴趣、个性特点等与专业、职业选择有关的因素。

测试学生的职业能力倾向是为了确定学生所具备的天赋智慧，调查学生在数学、语言、艺术、体育、技艺等各种专业化领域中具有哪些先天能力；这些测试和调查为职业指导提供颇具价值的资料，因而已成为当今调查和了解学生专业、职业意识的主要手段，也是进行职业指导必不可少的关键环节。

**c. 提供职业信息。**

当今职业种类剧增，学校的职业指导工作必须注重为学生提供社会上各种职业信息，以便使学生及时了解社会上各种职业的动态。学校提供的职业信息包括社会上职业的种类、环境状况、经济收入、职业发展前景及就业条件和难易程度等。

在这方面，日本学校的不少做法值得借鉴，日本学校重视研究社会职业信息，几乎所有的学校都设置了专门收集社会职业现状和动态的科研指导部门，其职业信息主要来自各道府县的职业协会和雇主联合会、各类新闻媒介所公布的大量职业与劳动市场的信息资料。

**d. 制定职业指导计划。**

职业指导计划内容大致有学生劳动观、职业观形成的指导，职业知识和信息的分析与指导，正确选择职业的指导等。在瑞典、丹麦、芬兰、西班牙等不少国家除了学校的职业指导人员外，还有社会公共人员、心理咨询与辅导人员等。由于多重指导人员的帮助与指导，职业指导计划的制定可以更加周详和科学，颇受学生们的欢迎。

学校为此建有专职机构，负责组织、领导与规划工作。职业指导人员培训也成为师范院校的任务之一。为了便于学校开展这项工作，国家还出版了系列丛书与专用教材，使之更加系统化、专业化。

(2) **美国中学的职业指导**

职业指导起源于20世纪初的美国，倡导者为美国的帕森斯。20世纪20年代后才由美国传入西欧，20世纪60年代几乎遍及世界各国。作为职业指导发源地的美国，在中学进行职业指导已有90多年历史，形成了一套较为完整的职业指导理论和较为系统的职业指导方法。美国的职业指导在世界上规模最大，方法最先进，设施最完善，效果最好，走在了世界的前面，其经验很值得我们借鉴。美国职业指导工作特点是：

**a. 有专门的职业指导机构和人员。**

联邦政府设有指导与人事服务司，州设有指导与人事服务处，学校设有职业指导教师，全国从上到下形成了职业指导机构网络。指导人员一般都是本科毕业的心理专家，再接受相当硕士学位的咨询专业训练。美国平均每50个中学生就配备一位心理学专家，为毕业生填报专业、选择职业出谋献策。

**b. 强调根据学生身心发展的特点来进行职业指导。**

美国的中学非常尊重学生个性及差异，学校为每个学生设置一个文件夹，要求教师通过搜集、积累学生的各科学业成绩、个性特长、各种能力测验结果等情况，记载学生有关智力、兴趣、能力倾向与个性特征的鉴定结果。

**c. 通过法律手段来促进职业指导的发展。**

美国各州都专门颁布了有关法律，规定职业指导、咨询工作者的资格条件，以及拨出专款来改善和推进学校的职业指导工作。

必须强调的是，职业指导是一项有科学根据的，非主观臆断所能决定的工作，必须由专家负责组织和实施，在国外，通常是由心理学家开展这项工作。因为职业指导的大部分内容是心理学的组成部分，或者与心理学有着密切的关系。以美国为例，中学职业指导特别重视心理测试与鉴定，美国职业指导工作者认为这是进行职业指导的关键环节，通过心理测试能鉴定出学生的才智类型，使学生正确地选择专业、职业。故美国从事职业指导的主要是心理学家，而且每 50 个中学生中就配备一个进行职业指导的心理学家。全美国就有几十万心理学家专门从事这项工作。这在不少人看来简直不可理解，有必要配备那么多的心理学家吗？笔者以为确有必要，一方面心理学家要为中学生开设职业指导课。另一方面要依据心理学的科学方法对学生进行多次严格测试和指导，每个学生都要耗费心理学专家大量的时间和精力。

以美国为例，每个毕业生都配备专职心理专家对其进行职业指导，职业指导的心理测试为 10－15 次，每周一次，每次一小时左右。通常心理专家让学生填写一系列测试表，用统计方法去确定他们在哪方面有较高的才能。接着通过谈话，写自传，圈画爱读的书单，卡片分类等方法了解他们的兴趣特长。心理专家还要向学生提供各种职业的介绍，如对职业工作特点、要求等进行详细说明。视需要可采取小组活动的方式，比如组织孩子们与某个专业的人员座谈，全面了解这个专业的工作情况或者邀请不同行业的人员举行聚会，在自然轻松的气氛中观察孩子们的表现：喜欢同谁接近，问些什么问题等。有的编导小短剧，让孩子们选择自己喜欢的角色。

青少年虽已有自己的主张，但心理专家要帮助他们区别哪些是本人真正的意愿，引导学生发现和认识自己的特长，深入了解各行业的情况，帮助孩子做出正确选择。由此可见，职业指导是项烦琐、细致、需耗费大量时间和精力的工作，因此，需要为数众多的心理学家从事这项工作，美国每 50 名中学生中就配备一名心理专家就不足为怪。

黄全愈先生的《素质教育在美国》一书，对美国中学如何开展职业指导工作有一段生动的介绍，现引用如下：

了解和领略现实社会的各种各样的职业，积累社会工作经验，在美国学校的教育中占有重要的位置。

小学高年级，就让每个孩子上讲台讲讲“长大了想干啥”。在初中阶段，教师要指导学生进行职业课题研究，预先选择感兴趣的职业，还经常搞体验式调查，开展“当一天警察、记者”之类的活动。在高中阶段则组织学生到高校访问，选择自己感兴趣的专业听课。教师还要把学生的智力、能力测试结果以及适合何种专业要求的情况，提供给家长参考。

因而，美国孩子们对职业的选择从小就开始了，而且是五彩缤纷，长大后想当总统的有之，想开货车的有之，想当动物园饲养员的有之，想当家庭妇女连生四五个孩子的有之。曾有一对美国夫妻以很平常的口气对一位中国朋友谈起她们女儿的前途，说他们女孩的手挺巧的，如果能以剪发为生倒也不错。形成鲜明对比的是中国孩子的职业选择面太窄，一般都在父母望子成龙、望女成凤的影响下早早立下大志。不上大学心不死，不进名校不算数。尽往热门专业、职业挤，只想成为《哈佛女孩》之类的精英和白领。

美国的中学经常会举行一个“职业日”活动，请社会上各行各业，甚至“三教九流”的人到学校来给孩子介绍各自的职业和工作。律师、拍卖行的拍卖师、车行的推销员、消防队员、警察、运动员、作家等。当然，从“职业日”里孩子们学到的并不主要是什么职业能赚多少钱，什么职业最热门。他们学到的最重要的东西是，社会上的人到底是怎样生存的？每种职业有什么特点？对从业者的思维方式与性格的要求是什么？通过“职业日”，孩子们了解社会上各种职业的特点，他们的眼界自然开阔了，他们看到的世界，绝不是文、理两个世界。他们眼中的世界是五颜六色、多姿多彩的。

看来，美国教育的一个特点是想方设法地开拓孩子的眼界，让他们尽早同社会接轨。让他们在接触社会的过程中，认识自身的特点价值，确定自己的专业、职业选择方向。而不是像中国的孩子那样高中要毕业了，才与千军万马一起，面对一座独木小桥，报志愿时才发现自己竟然对生机勃勃的社会非常陌生，对众多专业、职业的了解竟然一无所知，这又怎么可能正确地选择专业、职业？

“职业兴趣分析”在美国的中学里十分流行。在上高中之前，很多学校都为学生进行“职业兴趣分析”。为孩子“想干什么”和“能干什么”提供分析。此外，每年的 4 月 22 日是“带孩子上班日”。美国的不少公司鼓励员工们，这一天带年满 6 岁到 16 岁的孩子来上班。据说这一活动的初衷是鼓励女孩参加工作，后来演变成让孩子知道和学习其父母的职业、工作特点。

正是由于美国的社会、家庭和学校，从小就开始培育孩子那颗将来走上社会需要的“种子”。当他们长大成人正式进入社会时，已成了“老江湖”，一般不存在择业的困惑和痛苦。因为他们可能早在中学甚至小学高年级的职业指导教育中就已“私定终身”了。

总的看来，美国这发达国家通过开展职业指导，使学生兴趣特长同专业，职业选择紧密结合起来，通过职业指导，使大多数学生在初中和高中毕业时，就对自己的兴趣特长心中有数，了如指掌。学生一毕业就知道自己干什么工作合适，报考哪个专业合适。

**(3) 我国中学职业指导的问题、经验与建议**

与发达国家相比，职业指导这样重要的工作在我国的中学几乎还是空白。学生毕业后不知道自己应报考哪个专业，也不清楚自己合适干什么工作。在众多的专业、职业选择中显得茫然不知所措，不知如何选择。

据2002年5月17日《中国青年报》报道（吴芯雯《苦读中他们失去什么》）：离填报高考志愿的日子越来越近了，北京东城区某中学高三学生晓名仍拿不定报考什么专业，十几年来，她一直埋头读书，除了为考大学而读的课本外，她几乎没兴趣爱好，也从未认真思考过今后要从事什么职业。

几天前，晓名约上同学一块儿去了一场高校招生咨询会，在各高校展台前转悠了半天，她仍然很迷茫，不知道自己应该如何选择，晓名突然发现，在过去的岁月里，自己不知不觉地失去了选择的能力。

面对填报高考志愿，陷入困惑和迷茫的高三学生岂止只有晓名。一位高三男生说他一直以来都将考大学作为自己的奋斗目标，可是到了真要填报志愿了，却很困惑，因为他不知道自己适合学什么专业。他说，网上、报纸上各种热门专业介绍令人眼花缭乱，看得越多心里越糊涂。在各类高校招生咨询会上，到得最多的往往是家长，而不是学生。

另据2001年10月29日《中国青年报》所公布的中国青年政治学院陆士桢教授的一份调查报告显示：青少年对自己特长的知晓率仅有37.13%，不清楚和一点儿也不知道的占21%。值得注意的是，知道自己某些方面有特长的青年大多数是自己判断的，占67.80%。第二就是朋友和周围的人说的，占17.04%。真正经过科学测试的只占5.41%，而大学生经过科学测试的只占3.43%。在对未来职业的了解上，有一半以上的学生对自己所选择的职业缺乏了解，选择“非常了解”的比率依次为职业高中生（9.16%）、普通高中生（8.96%）、大学生（6.54%），均低于一成。由此可以看出，目前在对青少年职业指导上所存在的严重问题。

在如何填报高考志愿这种重大选择面前，为什么会有这么多学生陷于迷茫和困惑？为什么会有这么多学生无可奈何地（向家长）交出选择的权利？究其原因不难发现，是我们的教育在帮助孩子怎样选择上做得十分不够，使学生们缺少了选择的能力。在过去的日子里，为了上大学，他们一心埋头苦读，过重的学习压力使他们根本无暇发现自己兴趣特长。考上大学成为他们的终极目标，他们缺少专业、职业选择意识，更缺少对自己专业、职业生涯的设计，所以，当真正面对临选择时，他们就会不知所措，陷入困惑和迷茫之中。

另一方面，在高考压力下，学校关心的是学生能不能考上大学，能不能考上名牌大学，家长也只关心孩子能不能考上大学，他们十几年的辛劳，十几年的焦虑，为的就是这个目标。

由于社会、学校、家庭的关注点全聚焦在学生能否考上大学，指导学生进行专业、职业选择的职业指导教育反倒被人忽视，几乎成为空白。正是因为缺少这一课，学生才会在填报高考志愿这一人生重大的选择面前，没有最起码的选择能力，只能盲目、错误地选择专业和职业。

现在高校专业多达几百种，盲目、错误选择专业的必然结果是，自己的兴趣特长与专业要求相符的可能性很小，可以说大部分学生所选择的专业不能充分发挥自己的长处，不自觉地浪费了自己的可贵天赋，这必然导致毕业生素质偏低，给经济建设和改革开放带来严重后果。

显然，大学毕业生总体素质偏低的一个重要原因是报考专业选择不当，造成自身特长的巨大浪费。我们天天都在谈论人才的浪费，都说人才的浪费是最大的浪费。殊不知，充分发挥特长是一个人成才的关键，正所谓天生我才必有用，对特长的浪费才是人才的最大浪费，由此埋设了千千万万的人才，这是我们国家、我们民族的最大悲剧。

所以在中学开展职业指导是件刻不容缓的大事，通过职业指导把选择的权力交给每个学生，从小培养他知道做出选择是迈向人生成功的第一步，要学会怎样选择。通过职业指导帮助每个学生正确认识自己的特长，以扬长避短，根据学生特长正确选择专业、职业，向自己最擅长的领域去努力，使学生人人成才。

在我国，仅在京、沪等大城市的少数中学开设职业指导课，尽管规模很小、进展缓慢，但凡开设职业指导课的学校均收到良好的效果，他们的经验值得借鉴。

在京、沪等大城市的少数中学开设的职业指导课包括三方面的内容：在非毕业班是职业准备教育——了解国情，认识社会需求；在毕业班是职业分流教育——分析掌握个人的身心特点和学业水平，科学填报志愿；而职业定向教育则主要是在职业高中进行，教育学生热爱专业，建立职业道德意识，培养专业兴趣和爱好。当然，职业指导并不是让学生过早定向，更不是把职业准备局限于某一职业范围，而更重在以正确的人生观、人才观和职业观教育引导学生，帮助他们准备好选择、适应自己喜爱的专业、职业。

北京第125中学是所普通中学，生源虽比较差，但学校近几年从开展职业指导入手，通过组织活动，发现和培养学生的兴趣、爱好、特长，使学生树立自信心，努力学习，为将来就业做准备。在初一，职业指导的内容是了解社会，比如让学生跟爸爸妈妈一起去上班，回来与大家交流后，分出了170个职业群。同时还要了解自己，培养兴趣爱好。该校初一的学生，全部参加到了课外兴趣小组里。到了初二，要在初一了解的基础上，重点了解某一个职业群。初三时，就要在老师指导下科学填报（职业学校）志愿了。由于学习目的明确，学生学得有劲头，都爱上职业指导课。

职业指导帮助学生们了解自己（包括自己的性格、气质、兴趣、爱好、能力、特长等），引导他们走到最适合自己的那扇职业之门和专业之门的跟前。这样选择专业、职业时的盲目性就会大大下降，准确性就会大大提高，学生的能动性和潜力就能得到最大限度发挥，学习与工作就成为一种乐趣。正如列宁的夫人、苏联教育家娜·克鲁普斯卡娅说："只有对职业做出确定的选择，才能使劳动成为愉快的事情。"

实践证明，中学职业指导课可以帮助学生较系统地了解各类专业和职业，开阔眼界；可以帮助学生全面认识自己，增加对自我的了解，使学生的各种兴趣特长得到发现与培养，从而做到自信自强、扬长避短、顺势成才；可以帮助学生了解升学和就业形势，了解国家的就业政策，引导他们树立正确职业观；能使学生把现在的学习与未来的专业、职业联系起来，能充分调动广大学生的学习积极性，提前做好专业、职业选择准备。学生和家长们普遍认为，中学职业指导课不仅能培养中学生的职业意识和初步的择选能力，而且能帮助教师更好地了解学生职业心理从而有针对性地教育学生。这样做，既充实和丰富了学校教育的形式和内容，又有利于培养和发展学生的特长，增强了专业、职业选择的思想准备与能力。因而受到了学生及家长们普遍欢迎。

为加强我国中学的职业指导，在借鉴发达国家经验的基础上，笔者提出以下建议供教育部门参考：

**a. 编写教材，增加课时。**

在职业指导上尚无教育部统编教材，只有几种省编教材，但教材的内容容量十分有限，只能短期开课，均安排 10 课时。除授课外，还要组织有关测试、讲座和社会调查。这样从时间上看，根本不够用。传统说法是社会上有 360 行，但实际上不断有新行业、新职业产生，高校报考专业也多达几百种，要使学生对如此众多的行业、职业、专业进行了解，再加上社会实践活动和一些心理测试，一学期 10 课时实在太少。笔者主张每周至少安排一节课。面临升学和走向社会的初、高中毕业班，更应加强职业指导，每周至少应安排两节课。

每周开设一至两节职业指导课，应由专职教师按教学计划组织教学，向学生宣传职业指导的意义，让学生了解职业、专业，了解社会对人才需求的信息。同时帮助他们看到自己的个性、兴趣、特长，引导和启发他们根据社会的需求和自己的特长选择未来的专业、职业。

**b. 设立学生资料卡，因人施教。**

每个学生的家庭情况、生活环境、学习状况、职业能力、兴趣爱好、性格气质等各不相同，他们的思想基础、心理特点也不一样，因而对每个学生的情况做到心中有数是做好职业指导工作的基础。根据需要，我们的职业指导教师应为每个学生设立综合情况资料卡或个人档案，用于记录学生的职业能力倾向、兴趣爱好、性格气质等，以及测试的一些数据，同时对他们每学期在专业、职业选择意向等方面的发展作追踪记录。这样便于检索和指导。

在开展心理测试的同时，辅之以师生间的咨询谈心，有利于增进学生的自我了解，有利于教师有目的地培养和发展学生的职业意识，帮助他们选择专业、职业方向。

此外，走出校门，参加工厂、商店、大中专院校，可以使学生开阔视野，了解社会状况。参观一些相关职业，请有关领导介绍专业特点及职业对从业人员道德、心理、思维、生理、文化等方面的要求，使学生增强对自己喜爱专业的了解，明确自己前进的目标，激发成才的动力。

**c. 培养师资。**

目前，我国能胜任职业指导课的师资奇缺。首先，普通高等师范院校没有设立相应的专业。其次，各级教育主管部门很少组织这方面教师培训。授课质量就大打折扣。开展职业指导试点的学校往往让班主任或其他学科教师兼职，业务不熟就谈不上提高教学质量，更谈不上经验积累，被动应付就在所难免。所以，师范院校应尽快开设职业指导专业，大量培养这方面的师资。各级教育部门应开设正规的培训班，对现有的从事职业指导的兼职教师进行系统培训，尽快提高他们的业务水平，更好地对学生进行指导和服务。

还可考虑动员和组织一批高校和科研单位的心理学家转行去从事职业指导工作，不能转行的可利用业余时间兼职。

**d. 进行远程职业指导。**

我国开展职业指导的最大难题是中学生达一亿多人，心理专家却太少，从事职业指导的心理专家更少，仅在京、沪等大城市有少数心理学家从事职业指导。由于从事职业指导的心理学专家太少，不可能像美国那样每50名中学生就配备一个心理学家，不可能在每个中学都开设职业指导课，可考虑采取远距离（电视、网络）教学方式请国内一些这方面的专家在中国教育电视台或中央电视台上授课，全国各中学组织学习和收看。

**e. 举办家长职业指导学习班。**

由于缺乏职业指导或没有进行职业指导，绝大多数初中、高中毕业生缺乏职业选择能力，或多或少地依赖于家长的决策，而相当一部分家长也缺乏职业指导知识，简单地包办代替，对子女的选择缺乏科学指导，甚至为子女作出错误选择。为此，有条件的学校应举办家长职业指导学习班，定期讲座，宣传职业指导的意义和提供社会就业信息，要求家长关心子女的兴趣、特长，尊重子女的意愿，为学生成才创造条件。

## 4. 管理者用人必须扬长避短

与发达国家比，无论在我国的哪个行业与领域，工作质量与效率与发达国家相距甚远，笔者认为与大学生入错行相同，在选择职业或工作岗位上入错行是工作低效率、低质量的根源。这在很大程度上是管理者不是用人所长、扬长避短，而是用人所短、扬短避长造成的。例如不少管理者在安排大学生岗位时强调专业对口，即你在大学学什么专业，就只能从事相关的专业工作。问题是相当数量的大学生当初在选择专业时就出现失误，在专业的苦海中煎熬四年以后，又被分配到所谓专业对口工作。可以想象，专业都没有学好，又怎么适应专业对口工作呢！只能在工作的苦海中继续煎熬，可谓跳出虎口又落入狼窝，相信很多读者都有同感。

对管理者来说，如果你的下属工作效率不高，甚至是在工作的苦海中煎熬，在多数情况下并不是下属无能，而是你在用人上扬短避长造成的。扬长避短似乎谁都懂，但在工作中，在用人中，真正懂得扬长避短，善于扬长避短的管理者还是太少，为此下面举一些案例，来帮助管理者认识扬长避短的用人真谛。

（1）**宋郑还的用人之道**

好孩子集团创造了我国童车行业的一个奇迹，这个历史不过十七年的企业，产品已连续十二年居国内销量第一，在国内市场占有率高达25%以上，共申请了1000多项专利，他们的高档童车连续七年高居美国童车市场销量第一。好孩子集团的迅速发展，是与总经理宋郑还在用人上善于扬长避短密不可分的。

他让坐不住的人搞推销，让怕出事的人抓安全，让争强好胜不服输的人去完成突击性任务，让“六亲不认”的人去做纪检或监察工作。如此一来使每个人的长处都得到充分发挥。

有一个厂长，不计小节，在他眼里，一点色差，包装箱上的几个不规范的钉子，都不算问题。但是，他具有很强的鼓动和指挥能力，能打硬仗。于是，宋郑还就让他去做小处要求不那么细致的中档车，于是，他把这一块管成了集团内的优秀企业。

有一道包装工序，时常会出些质量问题，而这些质量问题时常出在同一类人身上。这些工人都很能干，也很想干好。可为什么会出质量问题呢？宋郑还的研究结论是，此道工序需要那种“慢工出细活”的人来做，于是，急性子和干活求快不求精的人被调开，慢性子的细致人被一个个调过来，此工序以后就不再出质量问题了。

为了严把质量关，宋郑还专门挑选比较固执的员工从事产品质量检验，使产品合格率达100%。

这种扬长避短的用人方式使得员工们工作起来身体很累但精神很放松，从技术人员到普通工人，他们不需担心没有道理的指责与不合理的批评，可充分发挥自己的特长，全身心地投入到工作中。

无独有偶，上海轮胎公司总经理范宪提出“吝啬的采购经理、细心的财务经理、春风化雨的党委书记、口才交际能力强的销售经理、谋略出众的市场经理”，这几句口号形象地反映了对这几类职位在能力及性格上的要求。

（2）**扬长避短用好学生官**

据2002年11月10日《中国青年报》报道（王锋《扬长避短用好学生官》）：姜红刚，重庆大学土木工程专业的高材生，毕业后分配到第二炮兵工程技术总队，他最担心的事情就是当排长带兵，不是怕吃苦，而是实在不善于“管人”。在学校时，他曾听说部队有规定，“学生官”都得过这一关，心里就有点打鼓。没想到，日夜担心的事情还是让他给“撞”上了。

新兵训练结束，领导看他身材魁梧，像块带兵的料，再加上部队当时正缺排长，就让他代理排长锻炼锻炼。既然让干，小姜就想干出个样子来。白天，他围着连队干部请教带兵之道；晚上，躺在床上琢磨如何搞好排里的工作。可一个多月下来，他人瘦了好几圈，带兵的门道却没摸着。

由于缺乏经验，小姜在工作上屡屡碰壁。一次，排里一名战士因家事涉及法律纠纷，找到他寻求帮助。这下可把他难住了，他根本不知道当排长还要管战士家里的事，更别说去想方设法给战士排忧解难了。类似的事情一多，小姜排长在官兵中的威信明显下降，个别战士私下议论："还是大学生呢，连个排长都当不好。"小姜感到了前所未有的压力，那段时间，他常常怀疑自己的能力，还动过打退堂鼓的念头。

姜红刚的苦恼也正是部队领导的忧虑，一名优秀的大学生，陷入如此尴尬的境地，原因何在？经过调查，领导们发现，关键问题是用人不当，没给小姜提供一个适合他本人的舞台。

"不同的设备要安装在不同的位置，不同的人才要用到不同的地方"。部队高政委说："大学生来部队，最看重的就是发展空间，实现自己的价值。部队要留人、用人，就要因人而异，扬长避短，量才为用，不搞一刀切。"

不久，小姜就被安排到营里担任技术员了。有了用武之地，小姜如鱼得水，所学知识全派上了用场。部队引进的新装备，他摆弄摆弄就会操作，还当起了小教员；施工中出现了技术难题，他左瞅右瞅，指指画画，问题就迎刃而解，被官兵誉为"小博士"，令他自信大增。如今，他正在某重点国防工程工地上，参与组织指挥部队施工。接受采访时，他踌躇满志地说，当技术员，感觉自己像变了个人似的，浑身有使不完的劲儿。

扬长避短，量才为用，才能人尽其才。为了充分发挥大学生干部的作用，该总队不仅尽量把他们安排在最合适的岗位上，还千方百计帮他们找位置。2001 年毕业于解放军艺术学院的王腾飞，学的是绘画专业。来到部队后，曾一度认为自己的专业与部队的施工任务挨不着边，难有作为，如果按有关规定去基层部队当代理排长，心里更没底。没想到总队领导早替他考虑好了，让他到战士业余演出队担任舞美设计。在那里，小王的绘画才华得到充分施展。前不久，总队搞营区美化，他参与设计的古代战争史浮雕，想象丰富，形象逼真，赢得了官兵们的交口称赞。

要想留住人，就得扬长避短地用好人。近年来，该总队在安排大学生的工作中，一直坚持"把人用在最合适的地方"，使"学生官"都在各自的岗位上挑起了大梁。

**(3) 你的强项是什么**

据 2002 年 9 月 15 日《中国青年报》报道（胡训军、钟友国、樊剑英《新理念冲击波》）：如何才能带好兵，一直以来是带兵人关心的话题。驻广西某师 18 名优秀带兵人，用他们的带兵新理念，冲击着绿色军营。

"你的强项是什么？"新兵一进营门，优点、长处就受到关注。该师周政委说，盯着优点看战士，瞄准长处用人才，部队遍地是"黄金"。

一项调查显示，3 年来，团里挑选的驾驶员有 87%在入伍前开过车；团修理所挑的兵基本上都在家干过修理活；酷爱军事的习武迷、科研迷全部被安排在科技练兵第一线……

“让每一个战士干自己想干的活，最大限度地提高部队战斗力。”团政委孔雪兴说，传统用人观念总是强调战士的入伍动机，一味要求听话、服从，很多人想学学不成，想干干不了，造成人力资源浪费！带兵人最重要的就是要有科学的人才理念，开掘出战士个性特长。师副政委晏宏应认为：“每个战士都应该有自己的棱角，应该张扬个性而不是压抑个性，应该培养智能型、知识型的战斗员，而不要打磨一个毫无见地，一味被动服从的下级。”一位将军曾对此大发感慨：“一个个士兵，就像一头头猛虎，如果压抑战士个性，无异于囚虎成猫，猫是好管了，但一旦上了战场，我们还能把猫变成虎吗?”

过去看是“刺头”的战士，如今的带兵人都能从多个角度去观察战士，也能发现他们的优点和长处。在某炮兵团，18 名刺头兵成了科技练兵场上夺金摘银的“十八大金刚”。在该师，对有特长的士兵因材施用，87%以上的技术兵、特长兵得到对口使用。一批文体骨干、训练标兵和技术革新人才，相继在军区和集团军各类比赛中崭露头角。

带兵人这些新理念，对部队各个方面的影响甚大，难怪有人把他们比喻成军队现代化建设进程中“一股强大的冲击波”。至少在该师，这股冲击波的作用是显而易见的。

**(4) 从“一块砖”到毛遂自荐**

据 2004 年 2 月 24 日《工人日报》报道（朱长义、王道华《从“一块砖”到毛遂自荐》）：按传统的说法“革命军人是块砖，哪里需要哪里搬”，这一多年不变的口号，如今在北京空军某场站被填写了新的内容。

在 2004 年新兵分配时，该场站新兵连 130 多名新战士，每人领到一张“自我推荐表”，他们可以根据自己的兴趣特长“毛遂自荐”，在服从组织分配的前提下，向组织上提出自己的分配意向，选报自己适合干的工作。这张“自我推荐表”成了机关确定兵员分配去向的重要参考依据，这是该场站在兵员分配中，把组织需要与尊重战士兴趣特长结合起来的创新方法。

该场站领导认为，现在新战士文化水平较过去大大提高，大部分新战士在入伍前就学了一技之长，不能照搬以往“拉郎式”分配方式，应针对新战士的兴趣特长，把学过医、懂电脑、会烹饪、能开车等有特长的新兵，尽可能放在对口的技术岗位上，这既能充分发挥新战士的特长，又能缩短其专业技能培训时间，从而让新兵尽早地为部队建设做贡献。

该场站还借鉴飞行人员综合心理素质检测方法，对新战士实行全面测试，根据实际测试结果，确定受检人员适宜的岗位类别，以尽可能地把新战士安排在最合适的岗位。

(5) **从先干后爱到先爱后干**

长期以来，企业对员工进行的爱岗敬业教育模式，一直是强调“干一行，爱一行”、“立足本职做贡献”（这种用人理念笔者简称为先干后爱）。如今，这种用人理念，在山东新汶矿业集团公司协庄矿正悄然发生某种变化，围绕“干一行，爱一行”与“爱一行、干一行”谁更能激发职工积极性这一话题，这里正在展开一场讨论。

前不久，这个矿综合区因缺少几名锅炉工，想在本单位内部人员中调剂。但当锅炉工又苦又累，收入不多，没人愿干。工区只好向矿人力资源部门申请，面向全矿招聘，特别要求尽量从待岗人员中招用。

通知发出后，先后有 11 名职工应聘报名。经过公开招聘有 4 人被用人单位录用。巧合的是，这 4 人是清一色的待岗人员。他们重新走上工作岗位后，十分珍惜这来之不易的工作机会，不仅月月出勤，而且工作态度和质量令工区领导和群众十分满意。其中一位职工，还结合自己的本职工作，向工区提出两项节约材料、提高效率的合理化建议并被采纳，为单位带来了很好的经济效益。他说：“当初报名干这项工作，就是本身愿意干，只要自己愿意干，就一定能干好。”

通过这件事，工区党支部不失时机地组织全工区职工开展了一场“怎样做到爱岗敬业”的大讨论，并让这几位职工现身说法，谈自己的感受和体会，由此，引发了一个新的讨论话题。用职工自己的话说，“过去，讲‘干一行，爱一行’，可以说，我们是被动地选择，被动地接受，难以入脑入心。现在看来，还是应该让职工自己先爱上并选择一项工作，才能够更好地发挥人的潜能。”（这种用人理念可称之为先爱后干）这或许是对我们传统的教育方式乃至人力资源配置方式的一种新挑战、新观念。

(6) **汇集优点**

第四军医大学教授、中国工程院院士樊代明教授领导的一个由 30 多名科技人员组成的科研小组在胃癌研究上不断取得突破性进展，走在了世界的前列。他在谈到他的成功经验时说，他并不太注重科研小组内每个科技人员的缺点，因为与生俱来的缺点是无法克服的。他特别注意观察、发现每个科技人员的优点，给每个科技人员安排科研任务时尽量扬长避短，尽可能施展每个科技人员的优点与长处，让每个科技人员干自己最擅长的事，使每个科技人员的优点与长处闪闪发光。这不仅大大提高了科研效率和工作质量，也增强了每个科技人员的自信心与成就感。

樊代明教授强调，正是把科研小组内每个科技人员的优点都汇集起来，才使这个科研小组产生无穷的创造力。

(7) **雇人补短**

某计算机公司的一位女推销员在与客户周旋时游刃有余、谈笑风生，可一接触文字工作便愁眉不展、畏首畏尾。她说：“每当看见表格、文件，比如与顾客会谈的报告、费用表，我立刻会神经紧张。”

面对这种情况，她的主管不是强求她去克服缺点，而决定雇一个人来帮她处理文字工作事项，使她能全力以赴地投入电脑推销，将工作业绩效提高了100%。只要从新增销售利润中拿出一小部分就可弥补增雇一个人的开支，算总账结果是得远大于失。反之，主管不雇一个人帮她补短，她陷入自己干不来、干不好的文字工作有多久，就得被自己的劣势支配甚至折磨多久，使自己的特长发挥大受影响。

(8) **日本企业是如何用人所长的**

索尼在进行人事招聘时特别注重招聘与众不同而又极具特长的人，让他们在不同的场合自由发挥自己的特长。

在索尼公司的计算机研究所，研究人员的专业五花八门，除了计算机专业让你认为是理所当然的，许多人的专业在外行人看来几乎与计算机风马牛不相及，如脑科学、机械运动、噪音、经济学、生物学……恰恰是这些众多专业、各具特长的研究人员相互渗透、交叉研究，才造就了索尼公司强大的创新能力。

索尼公司现任董事长大贺典雄原是东京大学歌剧院的学生，20世纪50年代他买了一台索尼最早的转盘式录音机，过了不久他把这台录音机退给索尼并画了很多改进图。当时索尼的创始人盛田昭夫觉得此人很具工业设计天赋，多次希望他来索尼工作。盛田先生告诉他可以随时来索尼工作，并在他学习期间一直为其提供工资。大贺慢慢地一周来两次、三次，最后变成全天。大贺先生现在领导着几十万人的大企业，又是东京交响乐团的团长。

目前，日本有些公司将有关雇员的特殊技能的资料储存在电脑中，以供公司作为人事管理和新产品开发之用。一些大公司更进一步设立了一种“内部创业”制度，全力支持有特殊才能的雇员创办新业务。

日本最大的旅行社（JTD）从1999年12月开始使用一种新电脑系统，储存全部1.2万员工申报的个人特殊技能，如外语能力、体育、唱卡拉OK，以及驾驶执照、打字证书、建筑师执照等的证书资料。有了这些资料，公司在发展新业务或开办新旅游线时，就可以“就地取材”，雇员也有机会尽展其特殊才能。

全日本最大的化妆品制造厂资生堂，早在1987年10月就利用电脑，储存了7000名雇员的证书和特殊技能资料，对公司发展多元化业务，大有裨益。资生堂还邀请员工参加“内部创业”活动。员工提出的创意若得到采纳，便会获1亿日元的资金，去实行他的计划。

在松下电器公司机器人自动系统部有一位叫美浓伸夫的人，他酷爱机械，他利用闲暇时间孜孜不倦地研制汽车。

美浓在家里设置了小型铣床和钻床，一回到家就潜心于研制发动机和零部件。美浓的技术能力在公司受到了高度重视，因此他原则上可以不上班。公司支持他在家里搞太阳能汽车的开发，向他提供零部件与资金。他帮助公司接连开发出横向行走的机器人搬运车、低底盘运货车、登楼梯车等设计独特的搬运车，他的研究受到了公司的高度评价。

有的日本企业在公司内发行以《吉尼斯事典》等命名的小册子，专门刊登公司内身怀一技之长职员的活动和成绩，用此办法努力发现身怀特技的职员。富士复印机公司等设立了“特别加分制度”，在人事考核时开始参考在公司外的靠自己一技之长取得的活动成绩的员工。

今天，人们不再羡慕那种企业战士型的疯狂加班工作的职员，身怀一技之长的职员渐渐开始受欢迎，并成为人们学习的样板。

有人说：“现在是由公司型职员有向一技之长型职员转变的时代。”

**(9) IBM是如何用人所长的**

2002年7月3日《中国妇女报》报道了这样一个事例，28岁的陆薇，从清华大学计算机系拿到博士学位后，来到了IBM。

一年中IBM给陆薇留下印象最深的地方，就是它管理的人性化：初到IBM，老板先让陆薇看了一个月的资料，以了解整个研究中心的研究方向。一个月后老板让她自己根据兴趣选择参加哪个研究小组？陆薇选择了IP语音与因特网技术研究方向，并如愿地进入了那个小组工作。陆薇后来曾私下里问过老板，自己的选择和他对研究中心的安排一致吗？老板摇了摇头，告诉陆薇，其实另外一个小组更需要人（形成鲜明对比的是国内很多企业用人方式是那缺人就把新进的员工安排在那），但是公司尊重她个人的选择，希望能够按照她的兴趣发展。陆薇也真的没有让研究中心失望，她和同事合作研制的两个软件在2001年全球网络协议互操作大会的测试中得到了个A（最高等级）。

IBM给科研人员在研究方向与课题上的自主选择权是值得称道的，因为有了选择权，科研人员才能根据自己的特长选择最合适的研究方向与课题。

**(10) 杜邦的用人之道**

杜邦公司创始人化工大王杜邦从经营中小企业起家，在创业初期，公司从采购到销售都靠他一个人，后来公司规模日益扩大，无论从内部行政或外务问题，都日趋繁杂，杜邦只好聘雇了一些人才来辅助他的事业，当时他对部属说了以下这段话：

“你们必须全力发挥特长，贡献力量，当然也可以充分利用上司的能力，把业务做得更合理化。”

在以后的业务中，公司的每一个职工都对这句话记忆犹新，并努力去完成。

杜邦能成为化工大王，肯定有超乎常人的过人之处。每个人的才能都是不一样的。杜邦过人之处在于会辨别这些差异，他会看出谁在某个工作上才能不够，并尽力为他找到适合发挥他才能的工作。

杜邦曾委派一个员工专门负责推销方面的工作，结果那个员工怎么也干不好，几个月下来销售额大减，他并没有把此人解雇，而是对他进行观察。在一次偶然的机会里，发现他对数字很敏感，于是杜邦便让他做一名会计，结果令人大吃一惊，这个曾经在推销中干得一团糟的员工后来居然成为杜邦的私人会计师。

在杜邦公司，员工经常被重新调派工作，一旦他们被重新调整职位后，他们的表现水平常有戏剧性的大幅度提升。

遍览当今世上全球性的大公司，从IBM到杜邦，内部莫不是最大限度在做到扬长避短、人尽其才。这正是一个优秀企业和优秀管理者的过人之处。他们准确地洞察下属员工的一切，把握员工每一个人的长处，给予充分的发挥。并且，能使每个员工对自己的工作感到有意义，从而有效地调动了他们的积极性和创造性。

(11) **扬短避长、毁灭人才**

前面举的都是扬长避短的正面案例，最后举个管理者扬短避长的反面案例，正反两方面的对比能使读者更深刻地认识到扬长避短的重要性。

马克是欧洲一家电视台的驻外首席记者，他这个星期在扎伊尔报道一个独裁者的覆灭，下星期则出现在车臣，报道叛乱分子撤退的情况。不管哪里出了事，马克总能及时从现场发回报道。更重要的是，他总能找出所有愤怒和混乱的核心，并且揭露疯狂行为背后的某种原因及意义。无论他去哪里，观众都公认“他是个冷静的、权威的记者”。由于马克的优秀表现，上司决定提升他为华盛顿分社主任。在驻外记者这个行当的阶梯上，华盛顿是最高一级。这里有最显赫的地位，最多的金钱，最长的节目时间。

然而在华盛顿，多数新闻枯燥重复，重要但无趣。分社主任的工作就是添油加醋，使这些事妙趣横生。马克却做不到这一点。他精于从政治的角度诠释真实的生活戏剧，却拙于以戏剧的形式去表现政治。

马克的才干与他在华盛顿的工作不再相匹配。他的报道空洞无物，他陷入迷途。在欧洲，他的观众离他而去。马克被解职了。

从上面的案例中我们可以发现，能否做到知人善任、扬长避短，是衡量一个管理者高不高明的重要标尺。如果管理者在用人中善于扬长避短，就可使员工逃离工作苦海，最大限度地发挥其积极性和创造性。反之，在用人中扬短避长，只能使员工在工作的苦海中煎熬，极大地影响工作质量与效率。但在国内企业（不含外资企业）中，不少管理者在用人观念上还存在着误区，非但不能帮助员工逃离工作苦海，反而把员工推入工作苦海，使员工饱受煎熬。

我们不少管理者信奉的用人观念是“干一行、爱一行”、“人才就是一块砖，哪里需要哪里搬”、“个人服从组织分配”等，这类用人观念说穿了就是强调人必须适应（工作）岗位，岗位是第一位的，人是第二位的，人必须围着岗位转，哪个岗位缺人、需要人，就把你像一块砖一样放在那个岗位上，而且必须无条件地适应和干好，即所谓“干一行，爱一行”，或者说“先干后爱”。至于你的兴趣特长、短处不足，则不闻不问，不予考虑。但再能干的人，如果在使用中扬短避长，配置不合理、特长不对路，特长得不到充分发挥，很可能成为不称职员工，本人也只能在工作的苦海中煎熬，这是对人才乃至人力资源的最大浪费，很多人对此都有切身的体会。

以人为本是现代管理的一个基本原则和理念，它强调的是人在组织中的主体地位和主导作用，进而强调要围绕人的积极性、主动性和创造性实行管理活动。

尽管很多人都强调管理中要以人为本，那么以人为本的立足点是什么？或者说以人的什么为本？很多人还缺乏清醒而正确的认识。我认为，上述管理者用人案例表明，以人为本应以充分发挥人的特长、避开人的短处为本，即以扬长避短为本。因此，以人为本应改为“以（特）长为本”，只有以（特）长为本，才能真正做到以人为本。以（特）长为本来源于以人为本，又高于以人为本，是以人为本管理发展的新阶段，也是以人为本管理发展的更高阶段和更高层次。

与以（特）长为本新理念相适应的是，现代管理学中有一条黄金法则，即在用人时要把最合适的人放在最合适的岗位，做到量才定位，最大限度地发挥人才的效能。一个人的能力总是不均衡的——有长也有短，有所能也有所不能。因此，企业管理者要做的重要工作之一就是通过人才测评和细心观察，进行精心、科学地鉴别和选择，把员工安排在最适合于他的岗位上，尽量避开其“不能”的一面，而将其“能”的一面淋漓尽致地发挥出来，实现扬长避短、人尽其才、才尽其用。

俗话说，金无足赤、人无完人。任何一个人都有其长的一面，也有其短的一面。管理者必须意识到，很多时候，一些员工的业绩和表现之所以不佳，并不是员工本身无能，往往是由于没有把员工放在能充分发挥其特长的岗位上。只有把员工放在既能发挥其长处又能避免其短处的地方，才能最大限度地发挥其聪明才智。倘若放错了位置，即使奇才也会变成蠢材。

著名数学家陈景润不善言谈和表达，是个不合格的数学老师。华罗庚却从其“短”中看到了陈景润的潜心钻研之“长”，便把陈景润从数学教师的岗位上调到数学研究所，才有他后来“哥德巴赫猜想”的成就，这可以说是扬长避短的范例。

扬长避短的用人观说到底就是岗位适应人，人是第一位的，岗位是第二位的，岗位围着人转，你适合这个岗位，才把你安排到这个岗位上，才能充分发挥你的特长。只有你的兴趣特长与岗位要求很好匹配，你才能爱上这个岗位，这就是先爱后干，这与大学生只有先爱上（适应）某个专业学习，才能学好该专业是一个道理。

毫无疑问，企业之间的竞争说到底是人才的竞争。现在，我们的企业都深知人才的重要性，求贤若渴，令人感佩。不少企业以重金和优厚的待遇到处网罗人才，甚至通过猎头公司千方百计“挖人墙脚”，不可谓不重视人才。但一些管理者却不能做到知人善任，不能根据人才的特长安排最合适的岗位，入错行使人才也变成了庸才，毫无利用价值甚至反而成了事业发展的包袱。这是另一种意义上的人才高消费，是对人力资源的极大浪费。这就要求企业建立科学的人才评估机制，对引进或发掘的人才通过人才测评进行科学的鉴别与选择，再给他们安排最合适的岗位，或者直接让引进人才自己选择合适的岗位。如此才可望达到理想的人力资源配置效果，使引进人才充分发挥作用。可以说把引进人才安排到最合适的岗位，比引进人才本身更重要，否则不如不引进。

在1999年举行的上海财富论坛上，作为中国企业唯一一位在大会上发言的企业家张瑞敏表示，海尔要进入500强，企业的每一个人都要强。

张瑞敏认为，500强中百年老公司很多，他们的价值观都有一个共同点，即创新和尊重每一个人。创新不仅仅是创造一项技术，也包括组织结构创新、观念创新、管理创新等等，最重要的是组织结构的创新。而尊重每一个人，不仅体现在生活上的关心，更重要的是创造一种机制，让每个人的潜能特长都能发挥出来。

美国《财富》杂志曾就公司经营战略问题，采访过福特公司总裁彼得森，得到的回答是：经营每一个员工。细细品味，深感奥妙无穷。

以笔者之见，经营每一个员工，最重要的是扬长避短，充分发挥每个员工的特长。可以说经营每一个员工就是经营（开发利用）每一个员工的特长。

每个人“闻道有先后，术业有专攻”，只有重视、经营好每一个员工的特长，才能收到“众人拾柴火焰高”之功效。当然，要做到这点绝非易事，它要求经营者增强“每个人的特长都是资源”、“人力资源核心是特长资源”的新意识。充分开发和有效利用宝贵的特长人力资源，最大限度地提高特长人力资源的利用率。即使是一枚不起眼的“螺丝钉”也要给其“用武之地”，发挥应有的作用。让每个员工在发挥特长过程中体现自身价值、实现自身价值、提升自身价值。这样才能像张瑞敏所说那样，让企业每个人都强。

特长人力资源不同于不可再生的自然资源，自然资源是越用越少。而扬长避短，给每个员工充分发挥特长的机会，特长人力资源就会越用越多、越用越精，这将使员工与企业共同进步，共同推动企业的发展。

企业的发展寄希望于每个人的自我发展，特别是每个人特长的充分发挥。企业的成果无非是员工个人成果的并联与串联，企业的效益无非是每个员工所创造效益的累积。如果企业每个员工的特长能发挥到极限，企业的效益也必能大幅度提高，前面所列举的案例充分说明这一点。

## 5. 职业生涯规划的核心是什么

据2004年5月12日《环球时报》报道（谭露《中国企业要帮员工成长》）：“您的企业是否为员工提供职业生涯规划？”“你能不能先告诉我什么是职业生涯规划？”在向企业管理者进行调查的时候，很多企业家对“职业生涯规划”这个词感到陌生。

近日，国务院发展研究中心企业研究所针对中国企业人力资源管理状况，对国内2100多家不同背景的企业进行了调查，并公布国内首个《中国人力资源发展报告》。报告课题组组长、国务院发展研究中心研究员林泽炎博士告诉记者，调查发现，大部分企业不重视对员工职业生涯的管理，“这将严重制约企业的长远发展”。

(1) **职业生涯规划不是员工自己的事**

职业生涯是一个人一生的工作经历，职业生涯规划与管理就是通过事先的规划，明确职业的目标和每个阶段的任务，以充分发挥自己的潜能与积极性。过去，职业生涯规划（或称职业生涯设计）被看成是每个人自己的事情，林泽炎说："这种想法不对，企业同样需要为员工进行职业生涯规划！"

办企业的人都希望多赚钱，而企业能否实现利润最大化，则取决于每名员工是不是发挥出最大的能力。"我们发给员工很高的工资，同时也有精神上的激励，为什么员工工作效率还是提高不了呢？"研究发现，员工对职业的兴趣爱好和先天特质是制约工作效率的两大因素，而这两个因素不可能完全通过物质刺激和精神激励加以改变，它需要通过对员工进行职业生涯管理来解决。

林泽炎说，缺乏职业生涯规划，就好比让员工蒙着眼睛走路，员工不知道企业的前途和自己的发展方向，于是事不关己，高高挂起。员工对企业不负责，企业就对员工不放心，更不愿意加大员工培训等投入，员工对企业也就更加不忠诚。一旦形成这样的恶性循环，人才流失的现象就会很严重。

对此，有的企业不以为然，"反正现在找工作的人多得是"。人力资源咨询专家提醒这样的企业，物质刺激只能在目前的市场情况下留住低层次的员工。真正的人才往往追求个人职业生涯中的发展，企业必须考虑员工这方面的需求。

(2) **企业规划分三步走**

国务院发展研究中心的调查显示，仅有16.7%的企业建立了与企业发展战略相结合的人力资源规划，而真正能按计划执行的企业只有7.8%，多数中国企业十分缺乏与企业发展战略相结合的人力资源规划和员工职业生涯发展计划。

一家国有大型钢铁企业就面对着这样的问题。这家企业的很多员工在工作了一段时间后，感到自己的发展空间不大，职位可能升不上去了，但是由于企业的经济效益很好，大家又不愿意放弃这个"金饭碗"，就在自己的岗位上"磨"着，没有活力，更没有创新的想法。国有企业又不能随便辞退员工，这家企业不知道如何是好。

人力资源咨询专家为这家企业进行了员工职业生涯规划。第一步是帮助企业对员工进行职业心理测评，了解员工的能力、特长、个性、兴趣、动力和个人发展愿望，一方面使企业深入了解员工，另一方面也帮助员工进一步了解自己。第二步就是根据员工个人特点，将个人发展愿望和企业的发展方向相结合。第三步必不可少，就是要对企业管理者进行辅导，帮助他们掌握对员工进行职业生涯规划的技巧。同时完善了企业的岗位说明书、绩效考核体系、轮岗制度等一系列政策，作为职业生涯规划体系的支持。

这家国有企业通过推行职业生涯规划，员工有了明确的职业发展目标，就会主动根据目标找不足，为自己寻找发展机会。

有一家私营公司通过职业生涯规划得到了实实在在的好处。这家公司根据对员工的测评结果，有目的地用人，发挥员工潜力，使以前不怎么引人注目的员工迅速成长起来。例如根据测评结果，发现一名员工非常适合做客户服务工作，就让他调换了部门，他得以发挥自己的长处，工作业绩一直很好。这家公司还发现一名做技术的女孩很有管理意识，就着力培养她。当原来的总经理离开这家公司时，她立刻顶了上去，做了总经理。

林泽炎博士特别提醒，企业要让员工意识到，做了职业规划，不可能马上见效，可能几年内的工作都是在为将来的发展作积累。

职业生涯规划需要企业和员工双方长期坚持，并且定期评估，看是否达到了目标。如果达到了，可以清楚地让员工认识到自己的进步和收获，进而制订新目标；没达到则要看有什么问题和困难，需要什么支持，是否需要修正目标。通过周而复始地反馈和修正，最终实现企业和员工双赢的结果。林泽炎说："企业家需要明白这个道理：帮助员工成长，就是帮自己成长，帮企业成长。"

（3）**职业生涯规划的核心**

职业生涯规划说复杂很复杂，说简单也很简单，职业生涯规划的核心就是扬长避短。对企业来说，职业生涯规划就是为了确保企业在用人中，在岗位安排中做到扬长避短。对个人来说，职业生涯规划主要是为了确保自己入对行。

工作即职业生涯是生命中的重大经历，一个人如果有75年寿命，自20岁开始工作至60岁退休，职业生涯就占据了生命的一半以上。职业生涯发展就好比爬树，在旧树干上爬得越高的人，退下来的难度也就越大。换句话，入错行越久的人，改行的难度越大。所以，一个人职业的第一次选择，往往会影响他一生的成就，因此，我们必须一开始就有所规划。索柯尼石油公司的人事经理波恩顿面试过7.5万名应聘者，他认为："年轻人求职时最容易犯的错误是不知道自己想要干什么。想想看，一个人花在影响自己命运的工作选择上的精力，竟比花在买件穿一年就会扔的衣服上的心思要少得多，这是一件多么奇怪的事情!"

的确，很多人为了买高档消费品，往往舍得花很多时间去精挑细选，甚至买件衣服也要反复考虑。却不肯花一些时间和精力进行职业生涯规划如职业测评。像在求职的几百万大学生中，他们都肯在简历制作和外在包装上下大功夫，却没有多少大学生肯花点时间进行职业生涯规划。

据《中国大学生》、北森测评网、新浪网三家联合在2004年6月至7月间进行的"大学生职业生涯规划"调查显示，仅有5%的大学生接受过系统的职业生涯规划服务。在已就业的大学生中仅有12%的人了解自己的个性、兴趣和能力；18%的人清楚自己职业发展面临的优势和劣势；清楚地知道自己喜欢和不喜欢职业是什么的人只占16%。尽管有54%的人愿意接受收费的职业生涯规划的咨询服务，但他们在面临职业选择或职业困惑时，找过专业咨询机构和专家的10%。

此调查表明在求职的大学生中，职业生涯规划的意识很薄弱，事先经过职业生涯规划如职业测评的很少，盲目的找工作的结局必然到处碰壁。像这样不经过职业生涯规划，就去盲目、轻率地选择职业，即使找到了工作，也很可能入错行，只能盲目、频繁地更换工作。

就在2004年3月，这三家机构还共同实施了“当代大学生第一份工作现状调查”，调查结果是：50%的大学生选择了工作一年内更换工作；3/4的大学生会在两年内更换工作。

为什么大学生会对自己第一份工作如此轻率，短期内更换工作的频率如此之高？一位有着多年外企工作经验的人事经理说：“随着就业压力的加大，很多大学生缺乏职业生涯规划，不知道什么工作最适合自己，找工作很盲目，缺乏针对性，所找到的工作往往并不适合自己，只能频繁地更换工作。但是这种缺乏职业生涯规划地更换工作，会使大学生们找到合适工作和承受就业压力的时间变得更长。”也可以说是在工作苦海中煎熬的时间更长。

许多人自认为了解自己，其实未必，而职业生涯规划设计的过程，就是让你真正了解自己的过程，让你对自己的长处和短处，优势和劣势进行客观正确的分析评价，在此基础上扬长避短，正确选择最适合自己的职业，确定自己的职业生涯目标，选定适合自己发展的职业生涯途径和方向。

诺贝尔奖获得者无疑都是取得杰出成就的人士，总结其成功之道，除了超凡的智力与努力之外，其善于职业生涯设计不能不说是十分重要的一环。他们在职业生涯设计中把握住了关键的一条，就是根据自己的长处和优势决定终身的专业、职业。当你经过职业生涯规划后，对自己的兴趣特长以及思维、知识结构等方面的长短处有所认识后，就不妨扬长避短，按自身优势来进行职业生涯定位。如爱因斯坦的思考方式偏向直觉，他就没有选择数学而是选择更需要直觉的理论物理作为事业的主攻方向。

成功者的成功事实向我们证明：在自己的职业生涯设计中，如果你能根据自身长处选择职业并“顺势而为”，就将自己的优势发挥得淋漓尽致，就会事半功倍，如鱼得水。反之，选择了与自身爱好、兴趣、特长“背道而驰”的专业、职业，那么，即使后天再勤奋弥补，即使你耗费了九牛二虎之力，也是事倍功半，难以补拙，只能使自己在学习与工作的苦海中煎熬。我们在设计自己职业生涯时切记：小兔子根本不是学游泳的料（按笔者的说法是无法克服的客观缺点），如果你像小兔子那样入错行，把游泳作为主攻方向，即使再刻苦它也不会成为游泳能手；反之，如果小兔子能入对行，把跑步作为主攻方向，只要训练得法，它很可能会成为跑步冠军。

# 第六章　开发全民独特优势

## （一）别让小兔子学游泳

在美国，有一个关于成功的寓言故事，一直被职业经理人广泛流传。它取自于一本名为《飞向成功》的畅销书，作者之一便是唐纳德·克里夫顿博士。

这个寓言故事讲的是，为了和人类一样聪明，森林里的动物们开办了一所动物学校。开学典礼的第一天，来了许多动物，有小鸡、小鸭、小鸟，还有小兔、小山羊、小松鼠。而学校为它们开设了5门课程，唱歌、跳舞、跑步、爬山和游泳。当老师宣布，今天上跑步课时，小兔子兴奋地一下从体育场地跑了一个来回，并自豪地说，我能做好我天生就喜欢做的事！而再看看其他小动物，有噘着嘴的，有搭着脸的。放学后，小兔回到家对妈妈说，这个学校真棒！我太喜欢了。第二天一大早，小兔子蹦蹦跳跳来到学校。老师宣布，今天上游泳课，小鸭也兴奋地一下跳进了水里。天生恐水，祖上从来没谁会游泳，小兔傻了眼，其他小动物更没了招。接下来，第三天是唱歌课，第四天是爬山课……以后发生的情况，便可以猜到了，学校里的每一天课程，小动物们总有喜欢的和不喜欢的。

唐纳德·克里夫顿博士说，这个寓言故事寓意深远，它诠释了一个通俗的哲理，那就是“不能让猪去唱歌，让兔子学游泳”。要成功，小兔子就应跑步，鸭子就该游泳，小松鼠就得爬树。这个寓言故事告诉我们，判断一个人是不是成功，最主要的是看他是否最大限度地发挥了自己的独特优势与特长。

于是，人们开始关注人性，人们重新界定成功的概念，人们努力研究在发挥自己独特优势的前提下如何获得成功。由此，在这样一个大背景下，一个新的学科——成功心理学便在美国应运而生了。

在长期的研究中，成功心理学发现，每个正常人都有其独特的才干以及用才干构成的独特优势。顾名思义，独特优势是指每个人都具有某项与众不同、独一无二的优势。每个人的独特优势是先天形成的，遗传在人的独特优势形成上起着主要作用，一旦先天定型，后天很难改变，无法培训。通俗的说法是独特优势是指一个人天生只能适合做好某一类事，而且比其他一万个人做得好。成功心理学还发现，截至目前，人类共有400多种独特优势。这400多种独特优势数量并不重要，最重要的是每一个人都应该知道自己的独特优势是什么，之后要做的则是将自己的生活、工作和事业发展都建立在这个独特优势之上（相当于笔者所说入对行），这样方能成功。

俯瞰当今，成功者的灿烂环绕着整个世界。乔丹是篮球飞人、罗纳尔多是足球先生、帕瓦罗蒂是美声歌王、索菲娅·罗兰是电影皇后、杨振宁是诺贝尔物理奖得主、韦尔奇是企业家的楷模。这些精英之所以出类拔萃是因为其自身的独特优势获得了最大限度地发挥。而普通的人们，在对这些精英深怀敬仰之时是否已经明白：独特优势不是这些精英的专利，他们每个人都有天生的独特优势。

如果说以上这些精英名人离我们距离太远而难以效仿，那么登上李咏主持的“非常6＋1”舞台的几乎都是各行各业默默无闻的普通人，“非常6＋1”之所以成为央视收视率最高的栏目，一个很重要的原因是导演组会根据每个业余选手在才艺上的独特优势，选择和设计一个最能展示其独特优势的节目，用导演组说法叫“量身定做”，这既能使每个业余选手在六天的短期训练取得尽可能好的训练效果，又能使每个业余选手在舞台上充分展示自己在才艺上的独特优势，结果这些业余选手走上舞台后个个身手不凡，大放异彩，才艺（独特优势）展示几乎没有重样的，“非常6＋1”从某种意义上说是展示业余选手（才艺）独特优势的大舞台，“非常6＋1”节目的多样性也表明独特优势的多样性。

## （二）人类是否真有400多种独特优势

现Google公司全球副总裁，原微软全球副总裁李开复博士在一次演讲中，有人提问：不少大学生为自己兴趣特长与专业不吻合而苦恼，您如何看待这一现象？李开复博士在回答时说，其实我们所学专业往往对应着某一行业，但行业并不就是自己的职业。你把一个行业细分为无数个方向，从中挑选最能发挥你兴趣特长的。如学金融的，你可以做银行业、保险业、信托业、证券业和租赁业等等，每个单位又有很多具体部门，可以进一步细化，从中肯定能找到适合自己的职业和工作。

细心的读者可能会问，成功心理学认为人类有400多种独特优势（或特长），真有这么多吗？我们怎么感觉不到？实际上我们确定自己或别人的独特优势（或特长）都是按大类划分，如再一层层细分下去，分成几百种小项的独特优势（或特长）是完全可能的。

如你自认为自己或某个亲朋好友有音乐才能，而音乐才能是人的一个大类优势和特长，如果认为自己或某人音乐才能突出就显得过于笼统，因为音乐才能至少可分唱歌、作曲、演奏三小类，多数情况是唱歌出色的人，在作曲、演奏上并不出色，甚至不会。而会作曲的通常不会唱歌、演奏。这是因为唱歌、作曲、演奏三者对人的特长要求各不相同，唱歌靠的是嘴、作曲靠的是脑、演奏靠的是手，集三种特长于一身的人极少，故在音乐界，唱歌、作曲、演奏三者皆通的人有一些，但三者都同时表现出色的人极少。

唱歌、作曲、演奏三小类音乐才能还可进一步细分。唱歌可分为美声、民族、通俗唱法三种，绝大多歌手只擅长其中一种，三种唱法皆优秀的歌手极少。作曲可分为交响乐、歌剧、舞曲、歌曲、钢琴曲等。其实那些伟大的作曲家并非像人们所认为那样是个全才，他们一般只擅长于某一类型的作曲，如贝多芬擅长的是交响乐，是交响乐之王；莫扎特擅长的是歌剧，是歌剧之王；施特劳斯擅长的是舞曲中的圆舞曲，是圆舞曲之王；舒伯特擅长的是歌曲，是歌曲之王；肖邦擅长的是钢琴曲，是钢琴曲之王……十项全能的大作曲家似乎没有。演奏乐器至少可分为吹、拉、弹三类，再高明的演奏家都不可能精通吹、拉、弹这三类乐器，你钢琴弹得好，并不意味着你小提琴拉得好、圆号吹得好，毕竟吹、拉、弹三类乐器对演奏者的优势或特长要求是不相同的。

所以音乐才能可进一步细分为三小类，三小类可进一步细分为几十个小项。这种细分的意义在于，你要在音乐领域取得成功，至少必须具备这几十个小项中的某一项优势或特长，否则你将在音乐领域一事无成，或者你为自己在竞争激烈的音乐领域不能取得满意的成绩而苦恼。如你要在音乐领域取得最大限度的成功，你一定要找出自己在几十个小项中最突出的某一项优势或特长，并充分发挥，就一定能取得最大限度的成功。

同音乐创作一样，文学创作可细分为若干项小类，如小说、诗歌、散文，报告文学等，再如对小说进行细分，小说不光有现实题材的小说，还就可分为科幻小说、历史小说、惊险小说、农村题材小说、军事文学、校园小说（青春文学）等，如把写作类型再一层层细分下去，分成一二十种小项的独特优势是完全可能的。大作家的文学创作才能都非常突出，但他们的文学创作才能却是非均衡发展，各有所长、也各有所短，并不是全面发展，类似的例子很多，《尘埃落定》作者阿来主要从事藏区题材的创作；作家二月河主要从事清史小说的创作；作家浩然主要从事农村题材小说创作；美国作家阿瑟·黑利主要创作惊险小说，看来十项全能、全面发展的大作家不是没有，而是太少，著名作家大都靠自己某方面或某项的独特优势，主要从事某个单项题材或某个有限领域文学创作而取得成功。大作家尚且如此，更何况常人，作为常人要在写作领域取得一定的成就，不能贪大求洋、八面出击，什么都写，而应首先找到和发挥自己的独特优势，在自己所擅长的某个有限领域的创作（写作）而取得成功，这就是独特优势论在创作（写作）上给我们的有益启示。

如果把其余的各大类才能或特长也像音乐才能、文学创作才能那样进行细分，最终分解出几十个小类和几百个小项是完全可能的。成功心理学所认为人类目前共有400多种独特优势的观点，是有科学根据的，是符合实际的。

## （三）布什红颜知己的优势信号

我们常说某某人在生活或工作有某项“绝活”，或者说“独门绝技”，其实“绝活”就是独特优势充分体现和发挥的结果。像前面提到的明宪宗的“一刀准”、张秉贵的“一抓准”实际上就是一种独特优势。当然明宪宗的“一刀准”是入错行，用错地方。相传给慈禧梳头起家的李莲英其实也不是那么会梳头，但他会隐藏落发。慈禧在梳头后，总能看到一些落发，为自己的青春渐逝而迁怒于梳头的太监们。李莲英没办法阻止落发，却有办法用极快的手法把落发藏入手心、袖筒中，让她老人家眼不见为净，这是他的独特优势或者说“绝活”，从而因解决了落发问题而大受慈禧赏识。

吉尼斯世界记录中五花八门的“绝活”，只不过是人的独特优势发挥到极致的结果。可见，独特优势距我们并不遥远，就在我们每个人身上，关键是你要根据独特优势的重要信号善于发现它。

唐纳德·克里夫顿博士说，大凡成功者都通晓自己的独特优势，一般普通人则不然。在现实生活中，他们很难把握自己的独特优势是属于小兔子型的、小鸭子型的，还是小松鼠型的。对这一课题，成功心理学在做了大量实验的基础上，总结出了以下一个基本规律，让你知道你的独特优势所发出的重要信号，进而能让你找到你的独特优势。

一个有效的发现办法是进行回忆，回忆自己的学习、生活、工作经历中给你留下深刻、难忘、激动、兴奋的东西或体验，或者说回忆你很顺利、高质量地完成某件事情，或学习掌握某门（项）知识（技能）的经历，这可能就是你独特优势的重要信号。

唐纳德·克里夫顿博士说，当你看到别人在做某件事时，你心里是否有一种痒痒的召唤感——“我也想做这件事”；当你完成某件事时，你心里是否会有一种愉快的欣慰感——“我还可以把这件事做得更佳”；你在第一次做某类事情或某项工作时几乎是自发地、无师自通就能将其拿下；你在做某类事情时不是一步一步，而是行云流水般地一气呵成；如果你在日常的工作、学习和生活中，如对某种刺激感到很兴奋，而对其他刺激无动于衷；你乐意去做某事，而且能做好；你在激烈的辩论中能左右逢源、妙语连珠；你本能地易记住陌生人的模样（公安人员要从茫茫人海中发现通缉犯就需要这种特长）；你爱冒风险、你急不可耐等等……这些都是最重要的信号，它诠释了你的独特优势（或特长）所在。

只要对国际新闻稍感兴趣的人都知道美国国务卿赖斯是布什总统的红颜知己，电视新闻中，她与布什总统总是形影不离，布什总统到哪，赖斯准会到哪。在美国有一个政治笑话，有一次布什总统“失踪”了，记者们问（布什总统的夫人）劳拉：请问总统先生到哪里去了？劳拉回答说：“请你们去问赖斯吧。”

2004年11月16日，布什总统提名自己的红颜知己，原任总统国家安全事务特别助理的赖斯接替鲍威尔为下一任国务卿，这位黑女人一跃成为美国最有权势的女人，名声大振，成为全球关注的新闻人物。可很多人所不知道的是，赖斯从小钢琴弹得很好，她一直梦想成为钢琴家，16岁进丹佛大学后她先学的是音乐专业，但在大学二年级时，她偶然旁听了一次“国际政治概况”课，讲课者为克林顿总统时期女国务卿奥尔布赖特的父亲约瑟·考贝尔。她后来回忆说：“这就像恋爱一样，这一课程拨动我的心弦……我无法解释，但它的确吸引了我。”赖斯所说恋爱、吸引、拨动心弦的感觉，实际上就是赖斯在国际政治（或国际关系）上独特优势的重要信号。

赖斯果断地放弃了自己的钢琴梦，转到国际关系学院攻读国际政治，这使得她的独特优势得到充分发挥，先后取得硕士、博士学位。这为她步入政坛、进入白宫打下了坚实的基础。

赖斯在大学的一次演讲中说，希望你们（学生）也要像我这样大胆地找到适合自己的发展方向，如果你们不知道自己适合干什么，那就去大胆地探索吧！去听你喜欢的课，去找到一位志趣相近的教授。

无独有偶，2004年11月24日，世界著名惊险小说作家阿瑟·黑利在家中辞世，享年84岁。阿瑟·黑利的代表作有《航空港》、《大饭店》等，他的11种书被翻译成38种文字，在40个国家都获得了惊人的销量，总销量在1.7亿册以上，好莱坞的制片商对他的作品青睐有加，他的很多作品被搬上银幕后取得巨大的成功。

阿瑟·黑利出生于英国，二战后移居加拿大，父母都是与写作无关的普通职员，他原来也并不认为自己有什么写作上的才能，但一次乘飞机的经历改变了他的人生。有一次，他在飞机上享受空姐送来的午餐时，突发奇想，如果机组人员都因食物中毒而死了，会怎么样？他从这个奇想开始构思，感到自己思如泉涌，这实际上是他在惊险小说创作上独特优势的重要信号，幸好阿瑟·黑利没有忽视这个重要信号，他尝试把自己的构思写成小说，这就是他的处女作——《危险之旅》的来历，这使他发现了自己在惊险小说创作上的独特优势，开始专门从事惊险小说的创作，取得了巨大的成功。

赖斯与阿瑟·黑利的过人之处就在于没有忽视自己独特优势的重要信号，而是紧紧抓住不放，采取相应的果断行动。赖斯果断转学，否则赖斯就成不了布什总统的红颜知己和主要助手，大概只能成为一名默默无闻的钢琴演奏者或钢琴教师。阿瑟·黑利也果断地把自己的奇想构成惊险小说，否则，阿瑟·黑利大概也只能成为一名默默无闻的普通职员。而对绝大多数普通人来说，要么忽视了自己在独特优势上的重要信号；要么即使注意到了自己在独特优势上的重要信号，却不像赖斯与阿瑟·黑利那样果断采取行动，犹豫不决、瞻前顾后，眼睁睁地看着成功的机会与自己擦肩而过，一辈子只能做一个平凡甚至平庸的普通人。赖斯与阿瑟·黑利成功之道值得我们普通人借鉴。

凤凰卫视的主持人鲁豫原是做电视新闻节目的，后来她创办了一个访谈类节目——《鲁豫有约》，很受观众欢迎，为何要创办这个节目？鲁豫在接受记者采访时说，她在看一些电视访谈类节目时常有这样的想法，这些主持人为什么不能营造一个更为真诚、宽松的谈话氛围，让被访者讲出他内心的真实感受和故事；这些主持人为什么时常向被访者提出一些看似高明却不好回答的抽象话题，让被访者不好回答，让观众不好理解。为何不能把电视访谈类节目变成由一个个故事组成？让观众爱看；什么时候问，什么时候收，从什么角度去问，我更能把握好分寸和提问的方式、角度，我完全能做得更好。换言之，鲁豫的这些想法和感受是个重要的信号，即“我也想做这件事”，“我还可以把这件事做得更佳”，它诠释了鲁豫具有做电视访谈类节目的独特优势。如果换成其他人，要么忽视了这个重要的信号，要么虽感受到了这个重要的信号却不采取实际行动，幸好鲁豫高度重视这个重要的信号并及时采取实际行动，创办了《鲁豫有约》，她取得了成功。

无独有偶，原北京电视台《第七日》节目主持人元元说，我刚进电视台时做的是幕后工作，什么都干，作词、撰稿、策划、联络等，但我的眼睛一直盯着聚光灯下的主持人，看着他们我经常在想，如果他们那些话我去说，我就不那么说，我一定比他们说得更好。换言之，元元的这些想法和感受是个重要的信号，即“我也想做这件事”，“我还可以把这件事做得更佳”，它诠释了元元具有做电视节目主持人的独特优势。同时，元元回顾自己的成长经历，从小就有语言上的天赋，在大庭广众下讲话一点都不怯，小学时就主持过学校的演出。这些难忘、激动、兴奋的，与节目主持人职业相关的成功体验也是个重要的信号，它也诠释了元元具有做电视节目主持人的独特优势。这又坚定了她想成为一名主持人的信心。问题是那时流行美女主持，长相并不出众的元元暂时当不上主持人，但她不放过任何一次机会，有位主持人临时不在，同事让她临时顶替一下，一个同事对她不放心，教她怎么说，然后嘱咐她，记住了。开机后，元元充分发挥自己在语言表达上的优势，从头到尾说得非常出色，这令同事们大吃一惊，说：“行啊，姑娘！”这次成功让她成为一名出镜记者，然而她没有就此止步，继续发挥自己语言表达上的优势，成为一名具有主持人风格的记者型主持人，这使她在众多的记者中脱颖而出，最后如愿以偿，成为一名专职的节目主持人，找到了最适合自己的位置。

现在学绘画的孩子很多，绘画有漫画、油画、国画、版画等，如果你有绘画上的天赋还不足以保证你成功，若干个画种你不可能样样擅长，“十项全能”的画家是不存在的，你必须明确你在哪个画种上有独特优势，这样才能确定主攻方向，做出正确的选择。

流行一时的电视剧《粉红女郎》改编自台湾著名漫画家朱德庸的漫画《涩女郎》，那么朱德庸是如何发现自己在漫画上的独特优势呢？据朱德庸介绍，他仍依稀记得他的第一幅漫画，他说：“大约四五岁时，有一天我非常冲动，好像有一支笔一直叫着我的名字，说用我来画漫画吧。”这恰恰是个重要的信号，它诠释了朱德庸具有在漫画上的独特优势。幼年的朱德庸没有忽视这个信号，马上拿起笔画起，这一画就是几十年。

以《起来——挑战微软知识霸权》一书而出名的方兴东是目前中国IT界最有影响的独立评论员，以至于前段时间某著名门户网站把他称为“评论暴君”。当他以锐利评论为武器出击微软、英特尔这些国际巨头时，总能引起业界乃至全社会的广泛关注，做到人轻而言不微。

据方兴东介绍，他原来对计算机报纸都是不看的。他在大学的专业是高压电，是个很传统的专业，与IT无关，他觉得这个专业过于古板，缺乏兴奋与激情。1996年下半年，一个偶然的机会，他去给戴尔公司做写手，写一些宣传文章，以戴尔公司的名义发表。

方兴东说，虽只干了半年时间就离开了，不过在戴尔那段时间对我很重要，使我快速了解了中国和世界IT业的情况，我看到了很多值得兴奋的东西，它远远超过了为钱而写作。

方兴东所说“看到了很多值得兴奋的东西，它远远超过了为钱而写作”，实际上就是他的独特优势所发出的重要信号，表明他适合从事这项工作。方兴东没有忽视这个重要信号，马上转行，从1997年开始以自己的名义写IT评论，随即在IT界产生重大影响，成为中国IT界最有影响的独立评论员。

有人指责方兴东不懂技术，乱炒作。方兴东的解释是，评论只起评论的作用即可，你不能希望评论员无所不包，各方面都是专家。

换个角度理解这句话，只要能充分发挥你的独特优势，专业与技术不是大的障碍，你的独特优势还能弥补你在专业与技术上的不足。

林鹿是在成都大学任教的国内知名青年女画家，她的油画以色彩构思独特而独树一帜，2003年在天津美院举办的林鹿个人画展上，画家和教师们都对她的油画色彩处理赞不绝口，以为她受过这方面专业、系统的美术教育，其实林鹿是一位半路出家的女画家。1999年，已届不惑之年的林鹿前往菲律宾马尼拉中央大学攻读教育学硕士，一次她在校图书馆看到一幅色彩构思独特的油画，她一下被这幅油画吸引了，她看了好一阵，产生想学画的强烈冲动。她马上找到了该画作者尤吉老师，想向他学画。尤吉老师让林鹿先随便画一幅试一下，于是从来没有画过油画，对油画一窍不通的林鹿开始了自己第一次作画。据林鹿后来回忆，她完全是凭内心的感觉去画的，出乎她意料的是，尤吉老师对她第一幅油画的评价是“杰作”，她才发现自己具有绘画上的天赋，于是林鹿决定转行学油画，很快成为知名画家。从林鹿第一次看到尤吉那幅油画所产生想学画的强烈冲动和无师自通的第一幅油画“杰作”，实际上是发出了林鹿在油画上潜在独特优势的重要信号，按克里夫顿博士的话：你在第一次做某类事情或某项工作时几乎是自发地、无师自通就能将其拿下。林鹿第一次无师自通的绘画就是如此，幸好，林鹿没有忽视这个重要信号，在不惑之年果断转行而取得成功。从林鹿油画来看，以色彩处理和布局见长，正是由于她发挥了在这方面独特优势，使她的油画作品与众不同，大受欢迎。

在绘画史上，类似林鹿这种无师自通，半路出家的画家不乏先例，如19世纪法国著名画家亨利·卢梭在40岁以前是一名政府税务员，与绘画毫无关系，40岁以后在无师自通的情况下转行当画家取得了极大的成功。换句话说，只要你发现和发挥你的独特优势，在不惑之年、甚至天命之年转行仍很可能取得成功。后面将要提到的里根总统就是在天命之年由演员转行从政而取得成功。

我国第一个台球世界冠军丁俊晖成长经历耐人寻味，在丁俊晖8岁的某一天，那是暑假的一天，他的父亲丁文均和一位球友战致中局，形势开始对丁文均不利，他决定上一趟厕所来稳定一下情绪。围观者中有好事者便怂恿丁俊晖“替父从军”，8岁的丁俊晖拿着比自己还高的球杆上了场。谁也没有想到，丁俊晖表现出与自己年龄不相称的高超技能，他先将一个高难度球潇洒地送进底洞，然后又一口气扫清台面上所有的球。这让他的父亲丁文均大吃一惊，因为在此之前他并未教儿子如何打台球，这种无师自通的表现使他认定儿子具有打台球的天赋（也就是独特优势），从此丁俊晖便开始了半专业化训练，到2005年12月19日，丁俊晖在台球头号强国——英国人眼皮底下横扫群英，成为第一个非英国籍的英国锦标赛的冠军。

林鹿、亨利·卢梭、丁俊晖等名人成功经历表明，当你第一次干某件事或从事某项工作时，出现无师自通的情况，很可能是你潜在独特优势发出的重要信号，因为你没有相应的独特优势，就不可能无师自通。前面提到的元元在第一次临时替代主持人的出色表现、方兴东写IT评论、朱德庸画漫画也是无师自通。

孙逊曾经是北京理工大学的物理学博士，由于种种原因，他在科研事业上的发展并不顺利，这使他非常苦恼。1998年9月底的一天，时钟指向了夜里三点半，孙逊还是在床上辗转反侧，无法入眠。突然脑海中出现了一段旋律，开始孙逊只是想尽量平静下来，可这段旋律竟然在脑海中越来越响，越来越密，最后让孙逊不得不起身下床。于是孙逊坐在阳台上，弹着吉他，写下了他人生过程中的第一首歌《别再想》。一下子孙逊找到了可以释放自己压抑心情的一个出口，他感到了从未有过的快乐。孙逊的这段感受就如同前面克里夫顿博士所描述那样“我也想做这件事”、“当你完成某件事时，你心里是否会有一种愉快的欣慰感”、“你乐意去做某事，而且能做好”，所以孙逊的这段感受正是他在歌曲创作上独特优势的重要信号，幸好孙逊没有忽视这个重要信号，而是紧抓不放，马上采取行动。

第二天早晨，孙逊哼着这段旋律，孙逊做了一个新的决定——写歌。毕竟，这是一种不依赖于实验室和设备的创造性工作，自己是唯一主体，并且随时随地都可以进行和完成。“应该很有意思吧！”孙逊这样对自己说，然后就开干了。

至此，孙逊开始了人生的第二个梦想——音乐创作！幸运的是，在第一个梦想

（当科学家）破灭到第二个梦想产生之间，孙逊并没有迷失太久，生活也随着音乐这个梦想的出现很快又变得充满生机、希望和无穷的想象力，在年轻的生命旅途上孙逊又有阳光的感觉了。孙逊就这样开始了音乐的创作，此时孙逊对音乐的痴迷远远超过了对科研的痴迷，长久以来的压抑得到了释放，同时也让孙逊找到了自信。终于在2004年9月成功推出了自己的第一张个人专辑《给自己多点时间》。一石激起千层浪，由此，这个叫孙逊的物理学博士唱响了他的音乐人生。

中国农业银行浙江椒江市分行的管正东在工作之余最爱管的闲事就是“抓小偷”，1997年，他第一次抓到小偷，失主和围观群众的赞扬让他感到非常兴奋和激动，心里别提有多美了，老管觉得自己应该再接再厉，打这以后，老管就迷上了抓贼，这一抓就一直抓到现在，只要在街上走，老管总忍不住观察四周、顺手抓贼。如果发现了可疑的人而没有把他抓住，老管就宁可饭不吃，直到把他抓住为止。于是椒江市公安局就多了一位编外警察，三天两头老管都会带着两三个小偷来报道。一位民警说：“老管最多的一次一天抓了14个，隔一天又抓了7个，搞得我们手忙脚乱。”老管现已成为椒江市的名人。

老管第一次抓到小偷就让他非常兴奋和激动，以及宁可饭不吃也要先抓贼的强烈冲动，实际上就是老管在抓贼上独特优势的重要信号，因为只有一个人独特优势得到充分发挥时才能使他感到非常兴奋、激动乃至冲动。老管没有忽视自己独特优势的重要信号，即他天生适合抓贼。老管这段感受就如同前面克里夫顿博士所描述那样“我也想做这件事”、“当你完成某件事时，你心里会有一种愉快的欣慰感”、“你乐意去做某事，而且能做好”。这就是你独特优势的重要信号。

尽管老管抓贼是业余和编外的，无任何报酬，但抓贼能给老管带来快乐和满足，这就足够了。不少专职抓贼的民警比不过老管，因为他们没有这方面的独特优势，只能心有余而力不足。老管最适合的职业是警察，而不是银行员工，也可以说老管入错行、进错门的典型，在社会上类似的人应该为数不少。

发现独特优势的重要信号另一个有效的办法是进行回忆，回忆自己的学习、生活、娱乐、工作经历中给你留下深刻、难忘、激动、兴奋的成功体验。

好莱坞大导演斯皮尔伯格曾执导了《朱罗纪公园》、《大白鲨》、《夺宝奇兵》等一系列惊险恐怖影片，制作惊险恐怖影片可以说是斯皮尔伯格的独特优势，那么他是如何发现自己独特优势呢？据他回忆，他8岁时第一次看到了动画片《白雪公主》，一般来说，小朋友都喜欢美丽善良的白雪公主，可是斯皮尔伯格却发现自己对《白雪公主》中反面角色——丑陋恐怖的巫婆形象最感兴趣，看了动画片后，他的头脑中经常不断冒出诸如巫婆类的鬼怪恐怖想法，他还制作魔鬼面具去恐吓自己的妹妹，在妹妹尖叫声他感到快乐和高兴。他逐渐意识到自己看《白雪公主》后不同于一般小朋友的另类感受和想法（另类感受和想法实际上就是独特优势的重要信号），表明自己最擅长导演惊险恐怖类影片，由于他选择了最能发挥自己独特优势的惊险恐怖类影片，使他取得了极大的成功。

1956年，克林顿10岁时，他家终于买上了电视，与大部分孩子沉醉于动画片不同，当时最吸引小克林顿注意的，竟是当年共和党、民主党的全国代表大会！他回忆说："我坐在电视正前方的地板上，观看这个大会，完全被吸引住了，这听起来像是瞎扯，可在政治家的世界里，我的确有一种找到家的感受。"显然，克林顿儿时这种与众不同的另类感受实际上就是他在从政上独特优势的重要信号。幸好，长大后的克林顿没有忽视这个重要信号，而是紧紧抓住不放，他所做的一切重要人生选择都围绕从政目的进行。于是，他申请大学时，并没有考虑常春藤大学，而是径直选择了最容易接近政治的外交学院，最重要理由是它位于美国的政治中心——首都华盛顿。大二时候他回到家乡，为民主党一位候选人竞选州长做义工，尽管没有任何报酬，他却从中学到了竞选和从政经验，他的命运因此而改变。连他选择希拉里做妻子一个重要原因是"希拉里可以作为我终身享用的政治顾问"。的确，希拉里在为克林顿竞选总统时立下汗马功劳。

坦率地讲，克林顿和斯皮尔伯格应属两个特例，不具有普遍性。因为这两人在儿时都属敏感性孩子，他们都能对自己在儿时展现自己独特优势重要信号的另类感受牢记和抓住不放，并以此选择正确的人生道路，但大多数孩子做不到这点，这需要家长在家庭教育中，应注意观察、发现孩子独特优势的重要信号，并进行有针对性的培养，使孩子走上成功之路。

动画片《大头儿子与小头爸爸》的作者郑春华原是一所幼儿园的教师，她时常把幼儿园小朋友的故事绘声绘色地讲给她父亲听，而她父亲是位教师，又是位有心人，他发现女儿不仅想象力丰富，会编故事，而且很有童心，按独特优势论观点，这实际上女儿在儿童文学创作上的独特优势的重要信号，幸好，身为教师的父亲没有忽视这个重要信号，是建议女儿试着进行儿童文学创作，把自己在幼儿园所见所闻所想写出来。在父亲鼓励下，郑春华走上了儿童文学创作的道路，成为著名的儿童文学作家。郑春华父亲可贵之处在于根据女儿善讲儿童故事的重要信号，发现了女儿在儿童文学创作上的独特优势，并鼓励和指导女儿取得了成功。

与赖斯、阿瑟·黑利、克林顿、斯皮尔伯格、朱德庸、方兴东、林鹿、孙逊等人成功形成鲜明对比的是，忽视自己独特优势的重要信号，在专业、职业选择上有违自己独特优势而四处碰壁的人也大有人在。

一位女生在一所著名理工类大学本科毕业后，考取清华大学读硕士。她学的是当今最热门的专业，今年该毕业了。这位女同学的考试成绩一直非常好，可是跟随导师从事程序开发的时候，她感到了前所未有的压力。同学们两三个星期就可以完成的程序设计，她要花上一个学期。相反，她的动手操作能力却特别突出，拧螺丝又快又好，连班上的男同学也比不上。拧螺丝又快又好反映了她动手操作能力强，这可以说是她独特优势的重要信号，与数字或者枯燥的编程语言打交道却是她的弱项，按理她应该从事对动手操作能力要求强的工作。

可在择业的时候，她却不顾自己独特优势的重要信号，她认为从事动手操作的工作会使自己成为低人一等的蓝领，且拿不到高薪，于是把个人简历全部投给了外企，IBM、微软、英特尔……她觉得，应该到这些世界500强企业去当白领，从事高薪的编程工作，才能体现自己的价值。结果是，这些外企都对她进行了面试，可是所有的外企居然都没有给她回音！一时间好像失去了自信。后来她改变策略，选择了一个能发挥她动手能力的工作，马上取得成功。

无独有偶，一位男孩从5岁起就喜欢捏小泥人，大拇指大的小人，他连盔甲上的钉、扣都捏出来，很逼真。小学时参加学生手工比赛，他几分钟就捏出一个"牧童短笛"，得了个一等奖，这实际是他在手工上独特优势的重要信号，按理他应选择能发挥这一优势的专业、职业，可他的父母却对这一重要信号视而不见，强迫他去报考大学数学系，父母的心愿倒是满足了，他却学得非常痛苦和吃力。

## （四）名人是如何发挥自己的独特优势

翻开多如牛毛的励志类（成功学）书籍，大概是由于国内作者习惯于引进和照抄，给人的感受是书中尽是加西亚、卡耐基之类的外国名人的成功案例，很难找到中国名人成功的案例，读者只能向外国名人学习借鉴。其实，中国名人距离我们最近，大家最熟悉，因此，中国名人成功的案例大家最感兴趣，也更有借鉴价值。因此，这里笔者想从独特优势论的角度分析一下若干位中国名人的成功之道。

丁肇中教授曾自我评价"我的最大特点是非常专心"。他在实验室做实验，有时候接连四五天晚上不睡觉，但对实验中所有物理现象和数据、实验的每一步是怎么回事、那个数据应该怎样，都非常了解，记得非常清楚。他的专心致志使他的每个实验都获得成功。可见，专心致志正是丁肇中教授一大独特优势。

聂海胜之所以能从14位航天员大队中脱颖而出，成为"神舟六号"飞船航天员（另一位是费俊龙），用聂海胜的话说，"细心"是自己的长处。航天员个个都是百里挑一的学习训练尖子，不会有太大的差距。所以在训练中，聂海胜对每一项操作都抠得很细，光记住怎么操作还不行，还要挖其根源。在教练员眼中，细心的聂海胜最敢提问，他不会在意问题的高深或者浅显，只要有疑问就要弄明白。靠着自己的细心，聂海胜熟练地掌握了所有的操作细节。聂海胜在"神舟六号"飞船航天员梯队选拔考核中，聂海胜的单项考核成绩获得了整个考核中难得一见的满分。显然，聂海胜正是靠发挥自己在"细心"上的独特优势而取得成功。

歌手金海心在成名前曾面临两个选择，一个是向唱歌方向发展，一个是向乐器演奏方向发展，她自我感觉这两方面都不错，不知如何选择，曾有一段时间为此而举棋不定。后来，作曲家三宝听了她的演唱之后，认为唱歌是她的真正强项（即独特优势），建议金海心放弃乐器演奏，向唱歌方向发展，金海心听从建议，不久就在激烈的竞争中脱颖而出，迅速成名。换句话说，金海心是靠发现、发挥自己的独特优势而取得成功的。如果歌手金海心没有根据自己的真正强项即独特优势做出正确选择，而是错误地向乐器演奏方向发展，很可能现在仍是一名默默无名的普通乐手。

著名词作家乔羽先生在1955年以前，各类文学体裁的作品都创作过，但没有产生大的影响。1955年他受邀为电影《祖国的花朵》创作了歌词“让我们荡起双桨”，此歌使他一举成名，请他来写歌词的电影导演不断，这也使他意识到歌词创作是他的优势，他决定缩短战线，专攻歌词创作，他大概是国内唯一一位从事歌词创作的著名作家，半个世纪以来创作了《我的祖国》、《难忘今宵》等1000余首歌词，他创作的歌词数量之多、质量之高达到前无古人的地步，今后几十年也不大可能有新人超过他。显然，在歌词创作领域，乔羽先生凭借自己的独一无二的独特优势取得了独一无二成功。

童话大王郑渊洁是通过写诗走上文学创作道路，刚开始他曾发表了几十首诗，不过他发现诗歌比自己写得好的大有人在，他意识到如继续从事诗歌创作恐怕难有大的作为，于是他果断放弃诗歌创作，转而从事其他类型文学体裁的创作，如散文、小说、科幻小说、报告文学等，虽陆续发表过一些，但他都觉得不太满意，在读者中影响也不大，他有段时间也为此陷入迷茫之中。后来他想到自己小时候很喜欢看童话，决定试着写下童话，他写的第一篇童话——“黑黑的城市岛”投给《儿童文学》后，马上得到了编辑肯定和采用，发表后受到了读者的好评。从此他的童话创作的独特优势被展现出来。1985年，《童话大王》创刊，一直出版发行到现在，郑渊洁累计撰稿800余万字，如此高产记录，全世界找不出第二个。这是世界上唯一一本由一个人（郑渊洁）撰稿，并保持长久生命力的文学刊物，创了一个吉尼斯世界纪录。通过《童话大王》写作与发行，使郑渊洁童话创作的独特优势像火山一样喷发出来，一发而不可收拾，成为名副其实的童话大王。

就像那些大作曲家在创作上并不是十项全能、样样擅长，文学创作也是如此，郑渊洁高明之处在于他果断放弃不具有独特优势，或者说并不擅长的诗歌、散文、小说、科幻小说、报告文学等文学体裁的创作，而是充分发挥自己的独特优势，专攻自己的最强项即童话创作而取得巨大成功。

主持人给人的印象都是口若悬河、滔滔不绝，而央视《面对面》栏目主持人王志却坦陈，我在生活中话很少，有时候是强迫自己说话，你们可以看到在节目中，我提的问题是很短的，我的话是很少的。

但王志却很善于质疑，每每能击中要害。同行沈冰说，质疑是记者应有的素质，但大家一提到王志就觉得他是质疑典范。

王志说，质疑是我的一种追求，我不知道大家为什么这么说，大家都可以用。

的确，作为记者和主持人，谁都会质疑，按王志的话说“大家（记者和主持人）

都可以用”，但为何王志的质疑给人留下的印象最深，这是因为善于质疑是王志的独特优势，在这一点上他胜过央视所有的主持人。王志曾主持过央视《东方之子》等几个栏目，但由于这些栏目的性质所限，使王志善于质疑的独特优势不易发挥出来。像央视《东方之子》栏目，主要采访嘉宾的事业与成长经历，不需要多少质疑。而央视《面对面》栏目则带有质疑风格，这使王志善于质疑的独特优势充分发挥出来，成为央视的王牌主持人，并荣获2003年度“中国青年五四奖章”和央视“金话筒奖”。

上过中学的人都学过原新华社社长穆青写的《县委书记的好榜样焦裕禄》一文，但很多人所不知道的是，焦裕禄这个先进典型并不是上级发现的。据穆青同志在一篇文章回忆，他们那次并不是去采访焦裕禄，那次采访纯粹是个偶然。因为搭错了车，穆青到了兰考县，在县委办公室发现了一个被顶了个洞的破藤椅，记者特有的敏感使穆青层层挖掘题材，几天几夜深入地采访把穆青感动得哭了，使穆青写下了这篇千古文章，穆青的敏感成就了焦裕禄，也成就了他自己。对人、事、物的高度敏感性是优秀记者必备的独特优势，唯有此才能找到和发现有价值的新闻题材，穆青在这方面的独特优势无疑是非常出众的，若换成其他不敏感的记者，是不会对这个破藤椅感兴趣，眼皮底下的一个很有价值的新闻题材也会悄悄溜掉，焦裕禄也许到如今仍被埋没。

说了焦裕禄，不禁联想到公安战线的楷模——任长霞，她于2001年任河南登封市公安局长时，她是全国唯一的女公安局长，再加上她在工作中的出色表现，这本身就是条很有价值的新闻题材，然而缺乏敏感性的记者却没有几个人去宣传和报道她，其中也包括中央的几家大报记者。在她因车祸去世后，这几家中央大报记者才在中宣部组织下前去报道，给人以马后炮的感觉，不知道任长霞生前时，这些中央大报记者都干什么去了。与穆青相比，这些记者的新闻敏感性差远了。

至于任长霞本人，她在各方面的表现都是出类拔萃的，但任长霞也有她的独特优势即亲和力极强，任长霞无论是到单位，还是到农村调查案情，为民排忧解难，她能与任何素不相识的百姓在很短时间熟悉起来，打成一片，百姓往往不把她看成一个高高在上的领导，而是把她看成一位热心助人的大姐，因此登封市百姓都积极支持配合她的工作，她得到了登封市百姓的衷心拥戴，在她因车祸去世后，登封市十几万百姓倾城出动为她送行，如此壮观的景象只在1976年，几十万北京市民为周总理送行发生过，这就是任长霞独特优势的魅力。

很多人对专家既羡慕又崇拜，总觉得自己距专家太远，总觉得自己永远成不了专家。其实专家只不过是像小兔子学跑步那样入对行，能使自己独特优势（无意或有意）得到充分培养和发挥的普通人。从这个角度讲，只要入对行，几乎人人都有可能成为专家。

专业性越强的工作，对从业者的独特优势要求越高，你不具备相应的独特优势，就无法胜任工作。如你想当速记员，打字速度必须非常快；如你想当银行出纳员，点钞速度必须快而准确。

央视10频道每周日的《交流》节目，都会由中国楹联学会副会长常江老师，根据嘉宾的谈话内容和本期主题出一个很贴切、概括性的上联，然后由观众对下联。常江老师每期节目所出的精彩上联，常给人留下深刻的印象。出对联无疑是个专业性很强的工作，如果你没有这方面的独特优势，你就出不了精彩的对联。许多人所不知道的是，常江老师原是学地质的，与对联是风马牛不相及，然而正因为常江老师有这方面（潜在）的独特优势，使他迅速由外行成为内行，在地质领域默默无闻的他，却在《交流》节目功成名就，成为每期必到和最受欢迎的嘉宾。

四川泸州老窖公司有一位全国劳模杨招弟师傅，他是一位身怀绝技的调酒大师。他用右手的拇指和食指，轻轻一捻放在鼻下一闻，就可以闻出酒中起码500多种微量元素的含量（作为调酒的依据），这可以说是他的独特优势。行业协会曾给他做个评估，仅细细的两根手指，保险价值就达到700万元，这也可以说是独特优势的巨大价值。杨招弟师傅自然成为企业的宝贝，多年来，企业一直在为杨师傅物色徒弟，他虽带出了一批徒弟，但至今还没有一个能完全继承其衣钵，“最精华的东西传不出去，不是不想教，而是教不了”。杨师傅说，要达到他的境界，一靠天分，二靠勤奋。杨师傅把天分放在第一位是很有道理的，因为独特优势主要来自先天遗传，如果先天不是这块料，再勤奋也是白搭。

无独有偶，重庆市永荣发电厂的锅炉技师罗国洲是全国闻名的锅炉“找漏高手”，工友们都说罗国洲有一副善于听漏的“神耳”，只要他围着锅炉转上一圈，就能在炉内的风声、水声、燃烧声和其他声中，准确地听出锅炉受热面是哪个部位管子的泄漏声，并找出泄漏点。靠着这副神耳，他无数次地将运行中锅炉泄漏点逮个正着，避免了无数次因泄漏导致的停机。罗国洲善于听漏的“神耳”就是他的独特优势，靠着这一独特优势，他为企业创造的安全经济价值难以用数字统计，成为重庆市技术创新能手。

厦门的曾芝强大概是2004年全国最走运的保安，2004年初经公安部特批，他由一名打工性质的保安一跃成为厦门火车站派出所的正式民警，还分了房子，获得了厦门的城市户口，可谓名利双收。曾芝强被誉为“鹭岛神警”，凭着他一双“火眼金睛”，在火车站的茫茫人海中抓获了5000余名犯罪嫌疑人，其中有60多名公安部重点追捕的逃犯。可曾芝强原是一位来自农村打工仔，在厦门火车站当保安，并未受过专业警察训练，他为何能在南来北往的众多旅客中发现犯罪嫌疑人？据他讲，犯罪嫌疑人与正常旅客相比，在眼神、表情、言谈和举止上总有被人忽视或不易察觉的细微差距，我的过人之处就在于善于发现这种细微差距，并据此抓获犯罪嫌疑人。这正是曾芝强的独特优势，这是种善于察言观色，洞悉犯罪分子心理的独特优势。而众多受过专业训练的警察，由于缺乏相应的独特优势，无法超过曾芝强。因为独特优势就像小兔子善跑步一样是天生的，是训练不出来的。看来，即使没有受过专业学习和训练的人，只要充分发挥自己的独特优势，也可能成为某个领域的专家。

无独有偶，谢海宝是北京保安服务总公司的6万农民工之一，工作是协助民警在闻名中外的王府井大街上抓贼。去年1月，谢海宝带队，把一个有5名老贼的拎包团伙一网打尽，贼首说："服气!"

"他们服气的一是我们的眼力，二是擒拿的时机把握恰到好处。"谢海宝说，"拎包贼在下手之前与正常人没有区别，扒窃贼是见谁都看，而拎包贼是见物才看，而且看一眼就够了。可就凭这个眼神就被我看出来了。"（这就是谢海宝的独特优势）谢海宝的抓贼技能已炉火纯青，连老警察都佩服他。他生于山西偏僻农村，并未受过系统教育，10年前为谋生来京，可以说谢海宝的抓贼技能与曾芝强类似，是与生俱来的独特优势。2005年，全国有23名农民工首次入选全国劳模，这是全国上亿农民工获得的劳动者最高荣誉。当劳模难，当农民工劳模尤其难，而谢海宝正是靠自己在抓贼技能上的独特优势成为全国23名农民工劳模中的一员。

一位搞营销策划的赵先生，如让他与同事一起参加营销策划方案讨论会，在各自阐述营销策划方案的核心与要点时，他的阐述往往不得要领，即说不清自己方案的优点，也说不清别人方案的劣势与不足，回答问题时抓不住核心，常常答非所问，在不相干的主题上喋喋不休，同事都不愿听他发言。赵先生眼见着与他几乎同时进公司的同事一个个加薪晋升，唯独他却原地踏步，他也感到不满和焦虑。面对这种情况，上司并没有一味地指责批评他，而是注意观察他的优点和长处。上司发现，如让他草拟、制定书面的营销方案，他能顺利完成，如让他以书面形式回答部门经理和他人的提问，他往往能直奔主题，"写"答如流。于是上司认为他虽不是一个好的倾听者，却是一个好的文案工作者，这是他的一个独特优势。为发挥他的这一独特优势，上司不再让他参加营销策划讨论会，只负责会议材料的归纳、分析、总结，并向上司提出书面的总结与建议，结果他干得非常出色，得到了上司和同事的一致好评。

"富生国际职业指导丛书"是中国宇航出版社从美国引进的一套大型国际职业指导丛书，丛书受到了国家劳动与社会保障部培训就业司的高度评价和郑重推荐。这套丛书从职业历史、职业要求到就业范围等12个方面介绍了美国400多个主流职业，这恰与人类共有400多种独特优势（或特长）的数量相符。

400多个主流职业中的每个主流职业对从业者独特优势（或特长）的要求各不相同，如果你在学习或工作中很不顺利，甚至屡受挫折，千万不要灰心丧气，丧失自信心，认为自己这也不行，那也不行，其实并不是你不行，而是你像"让小兔子学游泳"那样入错行。按成功心理学观点，人类目前共有400多种独特优势（或特长），任何人至少有其中一项独特优势（或特长），只要你找出自己的独特优势（或特长），据此在400多种主流职业中选择最适合的专业、职业，敢于果断地跳槽改行，由入错行变为入对行，就像小兔子去跑步那样，去充分地开发、培养和发挥自己的某项独特优势（或特长），你就一定能反败为胜，取得最大限度的成功。以上几个名人发挥自己独特优势事例充分证明此点。

当然，你要从人类400多种独特优势（或特长）找出属于自己的独特优势（或特长），决非易事，笔者建议可采取由大类到小类，再到小项，逐步缩小范围，最终找出属于自己的独特优势（或特长）。比如你通过体验或通过人才测评发现自己有音乐才能，但音乐才能是一个大类，可分为唱歌、作曲、演奏三小类，自己究竟是从事唱歌、作曲，还是演奏呢？所以要进一步明确自己音乐才能属于三小类中那一类，或者说最擅长三小类中那一类。如果你最擅长三小类中演奏一类，而乐器有吹、拉、弹三类，你要进一步明确自己擅长演奏三类乐器中哪一类。如你擅长演奏靠手拉的一类乐器，那么这类乐器有大、中、小提琴，有二胡，有马头琴等，你要进一步找到自己最擅长演奏的乐器，这样才能找到自己的真正优势，演奏自己最擅长的乐器，在音乐领域取得最大限度的成功。

## （五）客观缺点是不可克服的

许多成功学（励志类）书籍都大肆鼓吹如何克服缺点，在这些作者看来，凡是缺点就必须不遗余力地完全克服，使自己成为一个完美的人，这已成为一个思维惯性。这些成功学书籍向读者介绍了一大堆克服缺点的技巧和方法，可这些作者却忽视了对缺点也必须具体情况具体分析，如果是由于主观原因，如不努力、不认真所造成的主观缺点通常是可以克服的。如果是由于客观原因即先天差异或先天遗传所造成的缺点，我们可以称之为客观缺点，客观缺点是与生俱来的，是每个人固有的先天弱项，是遗传基因决定的，而遗传基因是不可变更的，所以客观缺点是难以克服的。而这一点恰恰被许多成功学书籍所忽视，这不能不使人对这些成功学书籍所鼓吹观点和方法产生怀疑，假如一本书立论的基点或基本思路有问题，恐怕只能误人子弟。

当成功心理学在欧美大行其道之时，中国人仍然以传统的思维方式关注教育、关注管理、关注成功。中国有句古话：只要功夫深，铁杵磨成针。讲的是只要坚持不懈，就一定能成功。然而，盖洛普（中国）咨询有限公司副董事长方晓光则持有不同的看法。他说，铁杵有铁杵的优势，为什么一定要把铁杵磨成针？这正是中国人正面临的需要突破的一种思维定势。要一改“只要功夫深，铁杵磨成针”的常规思路，小兔子先天就不是学游泳的料，小兔子即使再刻苦它也不会成为游泳能手；相反，只要训练得法，发挥它的先天优势，它很可能会成为跑步冠军。所以一定要有自己的“一招鲜”（独特优势），才能“吃遍天”。

盖洛普曾做过上万个成功企业家的研究，通过个案分析发现，尽管其路径各异，但成功者有一个共同点，就是扬长避短。而“传统智慧”则鼓励人们不遗余力去纠错补缺（相当于笔者所说的克服客观缺点），追求完美，并以此来定义“进步与成功”。而事实上，当人们把精力和时间都用于克服（客观）缺点和弥补（先天）短处时，就无暇顾及增强和发挥自己的独特优势了。更何况任何人的缺点与短处都比优点与长处多得多，且大部分的（客观）缺点或短处是与生俱来，是无法弥补与克服的，小兔子不善游泳就是一个无法克服客观缺点。但"让小兔子学游泳"，实际上就是逼迫小兔子扬短避长入错行，这种现象在中国却普遍发生。

不仅许多成功学书籍大肆鼓吹如何克服缺点，我们许多人从小就受到师长这样的教诲：要千方百计地克服自己的缺点，弥补自己的短处。我们从小也习惯于帮助别人克服缺点，或在别人帮助下使自己更完美。工作之后更是如此，上司为了使我们工作做得完美，总是善意地提醒我们注意克服自身的缺点，甚至动员其他同事组成帮扶小组，帮助我们克服缺点，可效果却不能令人满意。这也是种思维惯性，由于受这种思维惯性的影响，我们也时常为自己不能更完美而困惑沮丧。尽管如此，不少人还是相信，任何人只要下功夫就能克服自身所有的缺点，就能弥补自己所有的短处，就能使自己成为一个没有任何缺点的完美的人，就能想干什么就能干什么，而且一定能干好，然而实事并非如此。

老清华的招生原则只有 8 个字："要求很高，不拘一格。" 1929 年，著名教育家、清华大学校长罗家伦先生就曾将作文试卷优秀、英文成绩满分、数学考试只有 15 分的考生钱钟书，予以破格录取。数学成绩不好，这是他的一大（客观）缺点，但这并没有妨碍他成为大作家。

1913 年，青年毛泽东考入湖南第一师范学习，毛泽东的国文、历史成绩出类拔萃，每次考试必夺全班、全校魁首，无人能及。但他的数学、英文、绘画成绩均不好，时常不及格，但这并没有妨碍他成为伟人。

物理学家黄昆院士回忆说，他的语文课一直没有好学，到高三时，他的语文已接近不及格边缘。老师出作文题，要么只写几句，要么就是觉得无话可说。黄昆于 1944 年参加了当时留英和留美两项考试，留美考试未被录取，后来通过别人查分数才知道他的语文考试只得了 24 分。在留英考试中，他的作文只写了 3 行就再也写不下去了，只好就此交卷。而他居然被录取了，这结果使他大吃一惊，以后有机会看到所有考生的评分，这才知道碰到了一个打分很讲究分寸的考官。一些考生的中文成绩都是 40 分，再没有更低的分数，黄昆当然是其中之一。黄昆可以说侥幸过关。

以后虽然没有再考语文，但是语文这道坎还是一直没有迈过去。拿近年来说，不少场合有人要他讲点话或让他题词，他很有自知之明，极力推辞，而主持人则很难谅解。每逢这种场合，总使他想起中学语文老师出题，他却觉得无话可说的窘况。黄昆院士获 2001 年度国家最高科学技术奖后，要求他在江泽民同志亲自参加的授奖大会上作个简短发言，然而即使这个简短的发言稿，也使他大伤脑筋。看来语文确实是黄昆院士的一大短处，尽管他曾努力过，但也无法使自己的短处变成长处。

北京电视台《第七日》节目主持人元元与黄昆院士恰恰相反，从小文科很强，理科很弱。她在 2004 年 8 期《中国妇女》杂志撰文介绍了自己的成长经历，她文中写道：小时候我数数都数不利落，数1、2、3……都丢三落四，为这个我还挨过打。后来上小学，又背不下九九乘法表，我天生就对数理化迟钝（按笔者的说法这是一个不可克服的客观缺点）。我的聪明是从小对语言特敏感，字还认不全，就能用汉语拼音写作。我从小就喜欢写作文，在这方面记忆力惊人，所以当主持人很顺手，一点也不难。我的体会是，人的成功是需要天赋的。有个人特爱写小说，几十万字的写，编辑被感动得不好意思给他退稿，可写得实在差啊！人如果缺乏某方面的天赋，还特别地执着，就会向反方向使劲。人一定要找到你最擅长最能发挥您聪明的事去做（这与笔者找到和发挥自己特殊才能是成功关键的观点如出一辙）。

不仅是元元，像韩寒这样的文学少年，普遍是文科强、理科弱，这可以说是一个普遍规律，如硬要他们在理科上也取得好成绩是勉为其难的，甚至是徒劳的。

克服不了的客观缺点，那就不必去克服，可以容忍和避开客观缺点。前面所举天才入错行的例子，实际上就是没有避开自己的客观缺点，发扬了自己的短处和缺点，结果天才也成为庸才。

入对行实际上就是避开自己的客观缺点，发扬了自己的长处和优点，根据自己的长处和优点（重新）正确选择专业、职业。成语“扬长避短”强调的是“避短”，而不是“克短”，这正是古人的高明之处。前面介绍的这么多杰出人物，个个都是“避短”高手，而不是“克短”高手，他们不是徒劳地把大量精力用在“克短”上，而是在“扬长”的同时，千方百计地“避短”，结果都取得巨大成功。所以孩子成功的关键在于“扬长”，即找到和发挥他的特殊才能，设法避开一些克服不了的客观缺点，只要扬长避短，客观缺点并不会阻碍孩子的成长与成才，对成人来说也是如此。

俗话说：“人比人，气死人。”盲目攀比往往是把自己的劣势和短处去比别人的优势与长处，这样越比越自卑，越比越气馁。所以没有必要把自己的缺点、短处与别人的优点、长处相比，这种以己之短比他之长，既是不科学的，也是没有必要的。就像世界没有两片完全相同的树叶，每个人的优势与长处都是各不相同，关键要学会自我发现和欣赏。正像俗话所说：“你走你的阳关道，我走我的独木桥。”这样你才能与他人、同事殊途同归，相会在庆功的酒宴上。所以每个人要千方百计找自己的优点，发挥自己的潜能。

所以，企图克服自己的客观缺点而使自己臻于完美，不仅要浪费大量的时间、精力，而且收效不理想。所以应把自己的眼光更多地集中在自己优势上。你可能自认为自己有这样或那样的缺点与不足，但在你拥有这些非强项的同时，上帝一定能赋予你一个强项即某项独特优势（或者称天然优势、特殊才能），只要你充分发挥这项独特优势就足够了。

在现代社会，无论是成人还是学生，在学习和工作中都面临巨大的竞争压力，为了在竞争中取胜和不被淘汰，每个人都在学习和工作中总是竭尽全力地去克服自己所有的缺点。对能够克服的主观缺点，每个人都克服得差不多了，甚至完全克服了，剩下的大都是难以克服的客观缺点。这如同让李奎放下他所擅长的板斧去绣花，他无论如何是绣不好的。反之，让林妹妹去论板斧，她无论如何也论不起来。既然客观缺点无法克服，那你就必须打破（客观）缺点必须克服思维惯性，对难以克服的客观缺点不必强求自己去克服，可以避开即“避短”。“避短”就是避开客观缺点，不必过于在乎它的存在。

前面所列举的不少杰出人物，不照样都有难以克服的这样或那样客观缺点，但并没有妨碍他们的成功，对凡人来说更是如此。所以普通人没有必要为自己难以克服的客观缺点而苦恼万分，没有必要抱怨自己“不完美”，更没有必要因此而丧失自信心。所以与其过度关注克服客观缺点，倒不如把主要精力用在扬长上，要时刻注意观察、体会、发现自己的独特优势（或者称天然优势、特殊才能）。只要你扬长避短，客观缺点或者说短处就不会对你的学习和工作产生大的影响和阻碍作用，你就能通过扬长避短达到成功的彼岸，这也是很多杰出人物的成功之道。

作为管理者，你可以不知道下属的短处，但一定要知道下属的优势或特长。你的下属工作做得不好，先不要急于批评指责，而要分析他工作做不好的原因是主观缺点造成的，还是客观缺点造成的。如果是由于主观缺点如不认真、不努力造成的，可批评督促他改正，并进一步完善奖励报酬机制。如果是由于客观缺点造成的，则不要徒劳地要求下属去克服客观缺点，而以通过调换岗位来“避短”，即避开他的客观缺点。例如，一个员工在与数字打交道较多的岗位（如统计）老算错，的确由于本人不擅长数学造成的，管理者就应把他调到与数字打交道少或不打交道的岗位以“避短”。如果管理者还知道下属的优势或特长，则最好给下属选择一个既能扬长，又能避短的岗位。

对在工作中表现不佳的员工，一些管理者爱用批评和打击方式来教育这些员工，使这些员工缺乏自信心与上进心，更难以体验到成功的快乐，他们怎么能够健康自信地工作？他们总是认为“我不行”“我不能”“我比不过别人”“我做不好”等等，而说“我行，我一定会的”是少之又少。久而久之就产生了自我否定的心理，易产生自卑感，丧失自信心，这些员工的业绩和表现有可能每况愈下。所以管理者要善待这些在工作中表现不佳的员工，应在员工心头播撒激励、嫁接信心、呵护自豪。要以一颗欣赏的心去看待这些员工，即使员工犯了错误，存在一些缺点，也应马上想到“理解”和“帮助”这两个词，而不是一味地挑剔、指责、埋怨。要更多地去发现、去欣赏、去发现他们的任何一点进步和优点，不断地让这些员工取得“我能行”的成功体验。这样才能激发起他们的自信心与积极性，不断向好的方向转化。

2004年4月1日《工人日报》列举了这样一个案例（张小明《用赞扬的方式批评员工》）：王刚是某工厂的一名班组长，最近他的班组调来一个名叫李杰的人，别人对李杰的评语是：时常迟到，工作不努力，以自我为中心，喜欢早退。过去的班长对李杰都束手无策。

第一天上班，李杰就迟到了5分钟，中午又早5分钟离开班组去吃饭，下班铃声前的10分钟，他已准备好下班，次日也一样。

王刚观察了一段时间，发现李杰缺乏时间观念，但工作效率却较高，而且产品质量好，在质管部门都能顺利通过。于是，王刚对李杰的迟到早退未置一词，只是微笑着打招呼，时间久了，李杰反而觉得过意不去了，心想：过去的班长可能早就对我大发雷霆了，至少会斥责几句，但现在的班长毫无动静。

感到不安的李杰，终于决定在第三周星期一准时上班，站在门口的王刚看到他，便以更愉快的语气和他打招呼，然后对换上工作服的李杰说："谢谢你今天能准时上班，我一直期待这一天，这段日子以来你的成绩很好，算是班组的冠军呢！真是一流的技术人才，如果你发挥潜力，一定会得优秀奖。也许我的话有些不中听，但是我还要说，为了你的前途应遵守规则，认真努力。"

虽然李杰没有立刻改掉所有的缺点，但在遵守上下班时间和工作情绪方面，几乎判若两人。

此例表明，如果采用表扬的方法改正一个人的错误与不足，就不会毁坏一个人的尊严和自尊心，比一味批评的效果要好得多。作为管理者应坚信，有些员工尽管存在这样或那样的缺点与不足，但一定有他尚未被管理者发现的特长和优点。管理者应善于观察，及时发现他们的闪光点即特长和优点。要知道，每个员工都是不一样的，每个员工之间的个体差异很大，每个员工都有自己的特长和优点。做管理者的要为员工创造条件，尽量发现、发扬员工的特长和优点，使员工获得大大小小的成功，使员工时刻体验成功的快乐。而属于员工特长和优点方面的领域，最容易使他获得成功。成功会使他树立信心，从而调动其积极性，使其先天潜质得以展示，不断地进步和提高。

所以管理者切忌不要一味批评指责员工的客观缺点，如只盯着员工的客观缺点不放，他们的优势或特长就很可能会被忽视甚至被埋没而成为不称职的员工。其实员工的成长如同树苗的生长，最能促使员工发展的，不是批评，而是鼓励，鼓励才是浇水施肥。不停地指责批评必然造成员工的反感而产生逆反心理，有了逆反心理，客观缺点不但不会改正，反而会强化。所以一味批评指责的结果往往是：员工的（客观）缺点没改掉，优点也没得到发展。

既然连伟人都难以克服自身的客观缺点，管理者何必强求员工克服自身的客观缺点呢？克服不了，那就不必去克服，可以容忍和保留吗！其实调动员工积极性的关键在于找到和发挥他的优势或特长，保留一些克服不了客观缺点，只要扬长避短，既不会给工作带来大的影响，也不会阻碍员工的成长与成才。

## （六）李开复博士评说独特优势论

微软全球副总裁李开复博士非常推崇独特优势论。李开复博士本人就是一位善于发挥自己独特优势和扬长避短的高手。李开复博士说，我发现我最欠缺的是演讲和沟通能力。我以前是一个和人交谈都会脸红，上台演讲就会恐惧的学生。我做助教时表现特别差，学生甚至给我取了个“开复剧场”的绰号。在我反复练习演讲技巧的同时，我又注意发现自己的优势，发现自己的第一个优势是不用讲稿，通过讲故事的方式来表达时，我会表现得更好。于是，我尽量用讲故事的方式来演讲。我虽然仍准备讲稿，但只在排练时使用；发现自己的第二个优势是我回答问题的能力总是超过了我的演讲能力，于是，我一般要求多留时间回答问题，这可在一定程度上回避自己演讲能力不足的劣势。同时，我又发现自己不感兴趣的东西就无法讲好，这是我的劣势。于是，我在演讲时就尽可能回避讲那些我没有兴趣的题目或内容。几年后，我周围的人都夸我演讲得好，甚至有人认为我是个天生的好演说家。

从李开复博士本人的自述可以看出，他决不是一位天生的好演说家，他是靠充分发挥自己独特优势和扬长避短而成为一位出色的演说家。

李开复博士对如何发现自己独特优势的重要信号有段精彩的解释，他说，相对来说，做自己没有优势和兴趣的事情只会事倍功半，有可能一事无成。即便你勉强把它做好，你也绝对没有释放出所有的潜力。因此，我不赞同每个学生都追逐最热门的专业，我认为，每个人都应了解自己的优势和兴趣所在，并在自己热爱的领域里充分发挥自己的优势和潜力。

为了成为最好的你自己，最重要的是要发挥自己所有的优势和潜力，追逐最感兴趣和最有激情的事情。当你对某个领域感兴趣时，你会在走路、上课或洗澡时都对它念念不忘，这是个重要信号，预示着你在该领域内就更容易取得成功。更进一步，如果你对该领域有激情，你就可能为它废寝忘食，连睡觉时想起一个主意，都会跳起来。这时候，你已经不是为了成功而工作，而是为了“享受”而工作了。这种激情更是种重要信号。

李开复博士说，我刚进入大学时，想从事法律或政治工作。一年多后我才发现自己对它没有兴趣，更没有激情，学习成绩也只在中游。但我爱上了计算机，每天疯狂地编程，我对此是充满着激情。我认识到，这正是我的优势所在。终于，大二的一天，我做了一个重大的决定：放弃此前一年多在全美前三名的哥伦比亚大学法律系已经修成的学分，转入哥伦比亚大学默默无名的计算机系。我告诉自己，人生只有一次，不应浪费在没有优势、没有激情、没有快乐、没有成就感的领域。那一天，我心花怒放、精神振奋，我对自己承诺，大学后三年每一门功课都要拿 A。若不是那天的决定，今天我就不会拥有在计算机领域所取得的成就，而我很可能只是在美国某个小镇上做一个既不成功又不快乐的律师。

要知道，律师在美国是个高薪职业，李开复转系是要付出巨大代价，但为了发挥自己的优势，这个代价的付出是值得的，它终究给李开复带来丰厚的人生回报。

无独有偶，比尔·盖茨的好朋友，世界第二富人华伦·巴菲特也同样认可激情的重要性。当学生请他指示方向时，他总这么回答："我和你没有什么差别。如果你一定要找一个差别，那可能就是我每天有机会做我最爱的工作。如果你要我给你忠告，这是我能给你的最好忠告了。"

比尔·盖茨曾说："每天清晨当你醒来的时候，都会为技术进步给人类生活带来的发展和改进而激动不已。"1977 年，因为对软件的热爱与激情，比尔·盖茨放弃了数学专业。如果他留在哈佛继续读数学，并成为数学教授，你能想象他的潜力将被压抑到什么程度吗？

2002 年，比尔·盖茨在领导微软 25 年后，却又毅然把首席执行官的工作交给了鲍尔默，因为只有这样他才能投身于他最喜爱的工作——担任首席软件架构师。虽然比尔·盖茨曾是一个出色的首席执行官，但当他改任首席软件构架师后，能使他的优势得到充分发挥，他对公司的技术方向作出了重大贡献。更重要的是，他更有激情、更快乐了，这也鼓舞了所有员工的士气。

李开复博士和比尔·盖茨、华伦·巴菲特给我们的一个重要启示是，他们的成就不是靠单一地追求名利，是他们的优势和激情带来的。你具有某个方面的独特优势，必然会产生相应的激情，可以说激情是发现自己独特优势的重要信号。

那么，如何寻找自己优势和激情呢？李开复博士建议：首先，你要把优势和结果分开。做某事不要因为自己做得好就轻易认为那是你的优势所在。为了找到自己真正的优势和激情，你可以问自己：对于某件事，你是否十分渴望重复它，是否能愉快地、成功地完成它？你过去是不是一直向往它？是否总能很快地学会它？它是否总能让你满足？你是否由衷地从心里喜爱它？你的人生中最快乐的事情是不是和它有关？当你这样问自己时，注意到不要把你父母的期望、社会的价值观和朋友的影响融入你的答案。这个答案往往就是表明你独特优势的重要信号。

## （七）教师如何发现和培养学生的独特优势

山东省济南市甸柳新村第一小学将计算机考核细分为多样的形式：计算机基础知识测试、计算机绘画、打字竞速、表格制作、简单动画、幻灯制作、上网查找信息、网页制作等，除计算机基础知识外，学生可以根据自己的特长自行选择其中的两项参加考核，由教师和学生共同组成的考核小组根据学生的表现进行等级审定。这种考试细分意义在于，如果你有计算机上的特长，并不一定保证你能在此领域取得成功，因为计算机学习与应用可分为绘画、打字、表格制作、动画制作、幻灯制作、上网查找信息、网页制作等多项，你不可能样样都擅长。人类400多种独特优势中，你只能具有其中一两种，你在计算机领域不大可能成为样样出色的十项全能冠军，你一定要找出自己最擅长的一两项，这样才能在计算机学习与应用中有的放矢、突出重点，培养和发挥自己的强项即独特优势，才能确保你在计算机领域取得最大限度的成功。这种考核细分的做法很符合独特优势论理念。与之形成鲜明对比的是，很多学校都开设了计算机课，培养学生的计算机特长，但计算机特长是个大而笼统的概念，只有像柳新村第一小学进行考核细分才更有针对性和目的性，从而取得更好的教学效果。

学校要培养学有所长的学生，前提是教师必需教有所长，也就是说教师在教学中除了要有专业知识外，还要有自己的独特优势，这样才能培养出具有独特优势的学生。教师发展不应趋同或相同，而应错位发展，就是同一学科的老师也要有不同发展方向，或者说形成各自的独特优势。某校音乐教研室有4位中青年教师，一位擅长声乐，一位擅长管乐，一位擅长弦乐，一位擅长舞蹈音乐，4位中青年教师同道而不同艺，各有自己的独特优势，错位发展形成了一种优势互补结构。

按通常做法，一个班或一个年级音乐教学通常只有一位音乐教师负责。如果学校有两位或两位以上的音乐教师，则在教师的错位发展的基础上，在教学上也应错位安排。如擅长管乐的音乐教师，可教全校各班级的管乐；擅长声乐的音乐教师，可教全校各班级的声乐；擅长弦乐的音乐教师，可教全校各班级的弦乐……这种错位发展、错位教学、各展其长的结果是培养出一批在声乐、管乐、弦乐等方面各具独特优势的学生。假如这几位音乐老师都只擅长声乐，就只能培养出具有声乐优势的学生，而具有管乐、弦乐等潜在优势的学生就难以被发现和培养出来。或者这几位音乐老师尽管做到错位发展，但在教学上却不错位安排，如声乐好的老师，只固定教他所负责的几个班或年级，那么在他所教的班或年级中，尽管具有声乐优势的学生能被发现和培养出来，而其他在管乐、弦乐等方面各具独特优势的学生，则不易被发现和培养出来。所以既要错位发展，又要错位教学，两者缺一不可。

学校好比一个“大家庭”，各种角色都是不可缺少的。尤其是对教师这个学校最大的人才资源库而言，琳琅满目总比单一品种要好得多。错位发展、错位教学实际是让同学科的教师在教学上不“齐步走”、不“一刀切”，不重叠在相同的发展轨道上，而是在教学上形成各自的独特优势，形成“百花争妍”的氛围。对校长来说，错位发展、错位教学就是教育资源的优化组合，从而达到互补、互惠和互利，是学校整体办学与教师个人发展的和谐统一，这对培养学生的独特优势是非常有益的。

如语文教师也可错位发展，语文作为一门主课，其数量比音乐教师多得多，这更有利于错位发展与错位教学。有的语文教师口才好，具有出口成章的演说家风范，这类老师能培养出具有口才潜在优势的学生；可让这类老师去教全年级乃至全校各班级的演讲课或口才课，培养学生的演说表达能力；有的语文教师写作能力强，能妙笔生花，这类老师能培养出具有写作潜在优势的学生。即使在写作中，若干位老师也可以形成在诗歌、散文、小说、议论文等不同领域的独特优势，进而培养出在诗歌、散文、小说、议论文等不同领域各具独特优势的学生。笔者对此是深有体会，尽管笔者发表了不少文章，但不要以为笔者语文成绩肯定很好，其实笔者的语文成绩一直是中等，而且在发展上是不均衡的。只有议论文一直是笔者语文中的强项，也可以说是笔者的独特优势，笔者正是靠充分发挥这一独特优势，才在社会科学研究中取得了一些成绩。因为社会科学学术论文与议论文在性质上是很接近的。而诗歌一直是笔者语文中的弱项。记得上小学时，五一节前老师让我们作诗，笔者只写了“五一到五一到，全国人民齐欢笑”两句就写不下去了。国庆节前老师又让我们作诗，笔者又犯愁了，笔者只好把五一节前写的诗改成“国庆到国庆到，全国人民齐欢笑”交上去，老师还为此批评说，不动脑筋，照搬照抄。其实并不是笔者不动脑筋，而是确实没有诗才，先天如此，后天再努力也不行，这可以说是一个不可克服的客观缺点，那就只能照搬照抄。

所以，即使在语文这样一个单一科目，也完全可以通过教师的错位发展与错位教学，做到教师与教学多样化的，进而培养多样化的，或者说各具独特优势的学生。

同时，作为一名教师也要善于根据学生的独特优势确定培养方向。这方面，著名太阳物理学家、中科院院士方成教授的做法值得借鉴。谈到自己 30 多年来的育人体会时，感慨地说，最难带的是博士生。因为博士生是我们国家的高层次人才，不能降低标准。一个人的成长，一是靠自己努力，二是靠培养教育，实际上就是内因和外因的问题。

方成教授讲，带学生讲到底就是两句话，也就是学问和人品。在教做学问方面，首先要因材施教，要能根据学生的特点，发挥他的优势。方教授曾招到一个学实验物理的学生，对天文几乎一无所知，尤其是太阳物理方面的东西，他知之甚少。方教授就给他开小灶，补天文方面的基础知识，同时又发挥他在物理方面的优势，专门开辟了一个数字计算方向，很快进到了前沿。因为当时，国内太阳物理方面还没有人从事这方面的工作。有趣的是，对物理与数字计算，方院士也不太懂，但这并不妨碍学生去搞这个课题。方成院士的观点是，学生搞的方向，不一定是导师懂的方向，关键是看选题是否发挥了学生的优势和长处，课题是否是学术前沿。经过几年努力之后，方院士的这个学生非常优秀，许多成果受到国内外学术界的关注。

连方成这位院士都坦率地承认自己在天文学领域并非门门精通、样样擅长，院士尚且如此，更何况一般的教师和学生呢！中科院杨家福院士曾举了这样一个例子，复旦物理系有一位学生读书很一般，他对自己也缺乏信心。但他的老师发现他有一个易被人忽视的优势，即玻璃磨得很好，老师就注意发挥他的这项独特优势，予以鼓励。他毕业后到紫金山天文台，当时中国最好的天文望远镜玻璃就是他参与磨制的。

金无足赤，人无完人，十全十美的人是不存在的，连大师级人物也是如此。对每个教师和学生来说，总有自己的短处和劣势，但只要扬长避短，充分发挥自己的优势就行。

据电视剧《大宅门》导演郭宝昌回忆，我小时候非常调皮，成绩欠佳，让现在许多老师来看，像我当年那样就不可能培养，这样的孩子也能培养成才吗？早就应该淘汰，但我从小就有表演上的天赋与兴趣爱好，这是娘胎里带出来的，这种天赋就是孩子应当走的一条路。师长就应该引导孩子走这条路，我觉得这就是最最好的一种教育。而我恰在小学时遇到了一位叫侯远帆的老师，他有意识地培养我的表演天赋，激发我在这方面的兴趣爱好。我第一次上台演节目，第一次演话剧，都是因为侯老师，他影响了我一生的道路，我觉得他就是教师队伍中的精英。问题是这样的教师太少了。

郭宝昌导演认为现在教育最缺乏的就是个性，无论是学校教育还是家庭教育都一个标准，都抹杀学生的个性，对孩子的发展非常不利。而我小时候经历表明，老师尽量培养、发扬学生的个性，让我们最本质的东西（也就是独特优势）张扬出来，这个老师太了不起了，像这样的教育是不是应该大力提倡，当然这不是一个老师能做到的。

据著名作家王蒙回忆，至今，他非常清楚地记得小学二年级时老师华霞菱，因为在小学二年级时，王蒙和其他同学第一次学造句，句题是“因为”。他造了一个长句：“放学以后，看到妹妹正在浇花呢，我很高兴，因为她从小就不懒惰。”

华老师看了很高兴，当做“范句”在全班宣读，由此，华老师发现了他在写作上的优势与天赋，经常有意识地对他进行培养。不仅如此，为奖励他，华老师还请他下馆子，请他去一个糕点铺吃了一碗油茶、一块点心，这是他平生第一次下馆子。这给王蒙以很大鼓舞，激发了他的自信心，使王蒙最终走上了文学创作之路。

其实语文教师从作文中发现学生的写作优势与天赋是常见的，把学生的优秀作文当做范文来读也是很平常的。但在王蒙上小学的那个时代，小学二年级时还不写作文，但华老师却从王蒙的造句中发现他的写作优势与天赋，这正是她的过人之处。因为作为小学二年级的王蒙第一次就造出这样好的句子，可谓小荷才露尖尖角，就被慧眼识才的华老师发现，确实难能可贵。因为如换成其他粗心的老师，尽管也可能认为此句造得不错，但仅此而已，不会有进一步的关注和行动。所以，作为教师就要善于在点滴之中，在稍纵即逝中发现学生的优势与天赋。这是教师必备的基本素质。

更可贵的是华老师还把它当作“范句”来念，念范文那个老师都会，念“范句”却从来没有听说过，这大概是华老师的独创。可不要小看念“范句”，学生的成长与成才往往取决于老师几句话的鼓励。对不会写作文的小学生来说，念“范句”的激励作用往往不亚于念范文。

在教师重视发现和培养学生独特优势的情况下，每个学生虽然在不同科目上学习的水平不同，但却是各得其所，同时在自己擅长和优势的领域内还学有所长、学有所优（势），有了自信和参与就业市场竞争的本钱。每个人生来就各有所长、各有优势，教育当然也不应该千篇一律，而应开发和培养每个学生的独特优势。

当然，学校、教师忽视乃至压制学生独特优势的反面例子也不少。不少学校、教师认为学生的首要任务是学习，对学生的评价只能看分数，对此可以说是“天经地义”的执着。评三好、评奖学金、保送上大学，都主要看分数，其他方面一概不考虑，成绩不好，别的再好也没有用。于是学生的独特优势与兴趣爱好往往得不到教师的支持和鼓励，比如一些教师对具有发明创造天赋却成绩不佳的学生，极力劝阻其不参加发明创造活动，要求他们把主要精力用在学习上，这些学生只好暂且收拢心思，苦读书本，陷于痛苦之中。这显然是极不利于学生独特优势的开发与培养，因而是不可取的。

再以台湾著名漫画家朱德庸为例，他 25 岁时靠漫画《双响炮》一举成名，然而朱德庸说，在 25 岁之前，我（在台湾）的求学过程非常悲惨，学习困难，自闭、自卑，只有漫画使我快乐。朱德庸天生对图形很敏感，他在这方面的优势非常突出，但对文字、数字接受起来困难。他一直认为自己非常笨。读中学时，朱德庸完全没有办法接受刻板的“填鸭式”教育，尽管他的漫画很好，却没有得到任何一个学校、教师的欣赏，有的教师斥之为不务正业，他的父母动不动就被老师叫到学校去，听老师训话。最使他痛苦的是他像皮球一样被许多学校踢来踢去，他的父母只好带着小德庸到各个学校去看人家的脸色，求人家收留这个学生，但是就连最差的学校也不愿接收他。他的父母也为此伤透了脑筋，吃了不少苦头。

幸运的是朱德庸的父母非常开明，从不给小德庸施加压力，一直听任他自由发展，对他的漫画爱好一直予以支持和关心。他的父亲会经常裁好白纸，整整齐齐订起来，给他做画本，使他在这方面的独特优势得到充分发挥，成为台湾著名漫画家。

朱德庸说，如果父母也像学校老师一样教我学习，那我肯定要“死掉了”。

19 世纪俄国化学家布特列洛夫在中学读书时非常喜欢化学，除了上课在实验室做实验，还经常在宿舍里做。一次实验发生爆炸，他被关进了禁闭室，一连三天，他都被罚在吃饭时站在食堂的角落里示众，脖子上还挂着一块写着“大化学家”的黑板。当他 33 岁推出富有创造性的有机化合物的结构论而被人们赞誉为“伟大的化学家”时，他别有一番滋味地回答道：“这个称号在 20 年前是对我的惩罚，现在却实现了。”希望我们的学校、教师千万不要再制造类似的悲剧。

社会是多样化的，社会对人才的需求也是多样化的，教育不应只是大批量地培养“标准件”，而重视应培养各具优势的学生，这也是高科技产业的发展和信息化社会所要求的。因为高科技产业与信息化社会所需求的，已不是普通的能力，而是发现新事物的创造能力，以及与以往不同的差异化能力。像美国硅谷高科技产业就是这样一个典型。也就是说，社会需求的不是平均分数高或“十项全能”的优等生，而是具有独特优势人才。从这个意义上讲，美国式的个性化教育成了美国在高科技产业与信息化上遥遥领先的一个非常重要原因。

## (八) 专业化分工的发展与专才的培养

### 1. 分序装配的启示

就业乃民生之本，现在各级政府高度重视就业问题，努力为社会创造更多的就业机会。中国就业的最大难题是高素质员工太少，远不能满足市场需求，而低素质人员如农民工却数量太多，大大超出市场需求，就业艰难。如何解决这一难题呢？沈阳机床集团一个看似简单的工艺变革能给我们以有益的启示和借鉴。

国内外机床工业在机床组装上都实行集中装配，即以若干个技术工人为一组对某台机床的组装“一包到底”，但其弊端在于，这种“一包到底”的机床集中装配要经过十多道工序，对工人素质要求高，只有精通各个工序的全才型熟练技术工人才能胜任，但在一个车间几十名工人中，这样的精通整套机床装配流程技术的全才型、高端型熟练技术工人也就几个，根本不能满足需要，而要培养这样一个高端技术工人，即使技校生，没有三五年时间根本不行。但时间不等人，沈阳机床集团决定借鉴汽车生产流水线方式，把过去“一包到底”的集中装配的各个工序进行重构分解，改为汽车生产流水线式的分序装配。

顾名思义，分序装配中“分序”一词是指将机床装配这一大工序分解为十多道小工序，使每个工人由过去“一包到底”模式下负责所有的工序，改为只负责其中一道小工序。这样一来，有经验的高端技术工人只负责十多道小工序中技术难度最大、最复杂的总装工序，充分发挥他们的作用，而技术要求不高的其他工序可以交给普通工人完成。分序装配优点有三：

第一，可“以高带低”。沈阳机床集团下属各机床厂装配车间，技术熟练的高端技术工人总是少数，过去只看到少数技术熟练工人加班加点地忙，唱独角戏，而多数普通工人因缺技术，有劲使不上，结果是少数人干，多数人看，仅靠少数技术熟练工人，一个月累死累活仅装配 30 台机床。而现在实行分序装配，使过去只能由少数技术熟练工人承担的多数工序也可由技术低一些的普通工人来承担，多数普通工人也像技术熟练工人那样忙起来，从过去只有少数技术熟练工人忙到全车间所有的人都忙，结果，分序装配的效率是以前的 20 倍以上，现在一个月装配 1000 台机床根本不费事。工人们形象地说，过去是活等人，现在人等活。

过去是谁技术越高，谁最忙最累，总怕完不成任务，现在的分序装配则把少数技术熟练工人从多数技术不复杂的工序中解放出来，让普通工人来承担，使少数技术熟练工人发挥特长，主要负责技术最复杂的关键工序，这样一来，现在一名技术熟练工人相当于过去五六名技术熟练工人的作用，这在很大程度上缓解了高端技术工人严重不足的矛盾，使有限的高端技术工人发挥更大的作用，能带动更多的低端员工就业。这种做法可概括为“以高带低”。

第二，易于招工和培训。分序装配实际上是通过专业化分工方式，将复杂的机床装配简单化，让普通工人也能胜任一些技术要求不高的工序，解决过去普通工人“会而不精”的通病。过去，由于机床装配复杂，对工人技术素质要求高，企业通常只进技工学校毕业生，而现在社会到处都闹“技工慌”，很多用人单位都去抢技工学校毕业生，招收技校毕业生难度越来越大，且技校生要价越来越高，这让企业头疼不已。然而分序装配使素质偏低的普通工人能在相当程度上取代较高素质的技校生，工人的招工与培训也变得相对容易。2005 年初，沈阳机床集团下属摇臂钻床厂数控车间第一次招收了一批非技校毕业，但有高中文化水平的 110 名新工人，其中也包括几位有高中文化水平民工。由于这些新工人只针对某一道工序的技术进行培训，故培训时间大大缩短，只经过三个月的培训，他们都胜任相应的某一道工序工作，成为某一道工序的行家里手，干得并不比技校生差，这就为更多的普通工人或低端员工提供了就业机会。

第三，有利于用人所长，人尽其才。其实素质偏低的普通工人或者说低端员工也是各有特长，各有其独特优势，如有的体力好，有的有耐心，有的手巧，人生来就是各有所长。在分序装配情况下，由于工人只负责分序装配中某一道工序，这就为用人所长、人尽其才，充分发挥其独特优势创造了条件。现在社会上 35 岁以上的下岗女工很难再找到工作，沈阳机床集团下属中捷机床厂 47 岁的高女士饱尝了就业难的滋味，像她这样“高龄”的女士，找到工作的可能性本是微乎其微，她本人也丧失了信心。而镗床车间分序装配后，她负责一道名为弯油管工序，此工序技术不复杂，她经过短期培训后，47 岁“高龄”的她不仅很快胜任，而且发挥自己手巧的特长，把油管弯的竖直美观耐用，受到了领导的肯定与好评，她每月收入提高到 2000 元，对自己充满了自信。另一位工人姚先生，由于技术水平有限，以前每逢机床总装校精度时，他就“请病假”不敢上班。而分序装配后，他选择了最适合自己的尾装工序，因为此工序要求把几个大件组装在一起，得有力气，而对技术要求不高。力大过人的他自然干得得心应手，还当上了管理该工序的“序长”。他对采访他的记者说：“分序装配增加了我的收入，这还不是最重要的，重要的是我对企业有贡献，实现了自我价值。”

企业扩大生产能力，通常的办法是大量增人增设备，但沈阳机床集团没有走这条外延扩张的老路，而是在 2004 年底开始推行分序装配，分序装配成效出乎所有人的意料，极大地挖掘企业内部潜力，在人员和设备增加不多情况下，企业生产能力却大幅度增加。2005 年销售收入达到 60 亿元，预计 2007 年销售收入将达到 100 亿元，两年实现 40 亿元跨越，从而跻身世界五强。

劳动和社会保障部最新公布的信息显示，需求大于缺口最大的前 10 个职业，技术工人占了半数。于是有人惊乎“中国制造”谁来制造？一方面是高技能、高素质人才供不应求，企业招聘困难，跳槽严重。另一方面是大量低技能、低素质人员求职无门，这种人才结构矛盾已成为经济发展的瓶颈。沈阳机床集团分序装配为解决这一难题提供有益的思路，甚至连民工经短期培训后，也能从事机床装配这一复杂的技术工作，这在以前是不可想象的。

无独有偶，几年前，国内一家民营企业想从日本引进一条充电电池自动生产线，日本人狮子大开口，开价一亿美元，这家民企根本拿不出这么多钱，即使拿得出，在生产成本上也会缺乏竞争力，在自动生产线维修和配件供应上还得受制于日本人，受日本人的摆布。但这位民营企业老总在日本考察时发现，这条自动生产线大部分环节是可以人工操作，而日本劳动力昂贵，故以机器取代人工。而中国劳动力过剩，连大学生都难找工作，为何不用人工取代机器。他提出的高招是在自动生产线分解的基础上组建机器与人工操作相混合的生产线，对生产线所必需的少数高端设备从国外引进，对多数中低端设备以采用廉价国产设备为主，凡适合手工作业的环节一律不用机器。在操作人员配备上实行高、中、低搭配，即招聘少数大学生主要操作为数不多的高端引进设备，招聘一批技术工人主要操作国产中低端设备，再招聘大量农民工经培训从事手工作业，结果只花了不到500万美元就建起了一条充电电池自动、半自动与人工操作相混合的生产线，这条具有中国特色的生产线让自傲的日本人自叹不如。这条混合的生产线操作人员结构为高端大学生10%、中端技术工人为20%、低端农民工为70%，在节省大量（中高端）人工费用的同时，还形成高、中、低三类操作人员有序搭配，这也是种“以高带低”的就业模式，与沈阳机床集团分序装配模式有异曲用工之妙，真是英雄所见略同。这条低成本混合生产线投产后不久，就把日本同类产品挤出了国内市场，一年后那家日本企业全自动生产线全部停产，退出了市场。

沈阳机床集团把机床由集中装配一道大工序分解为十多道小工序的工序装配，实际上是进行专业化分工的细化。其实各行业、各企业都在实行不同程度的专业化分工，问题是专业化分工的细化程度不同，如果分工的细化程度不高，就很可能导致高端人才也干大量低端工作，这既加剧了高端人才的紧缺，又加剧了低端人员（如普通工人、农民工）的就业难。沈阳机床集团可贵之处是对专业化分工进行最大限度的细化，机床工序装配被细化成十多道工序，细化程度很高，效果自然很好。对普通工人来说，难以成为精通十多道工序的技术全才，但经过培训完全能成为精通其中某个工序技术的行家里手。希望更多的国内各行业、各企业像沈阳机床集团那样，在专业化分工的细化上大做文章。

### 2. 专业化分工的发展与对专才的需求

沈阳机床集团的分序装配说穿了也就是一种类似汽车生产流水线的专业化分工生

产方式。“以高带低”模式就是一种以专业化分工为特色的就业模式。人类社会专业化分工发展迅速，分工越来越细的原因。说到底，专业化分工有利于提高效率、用人所长、人尽其才。沈阳机床集团分序装配的成功充分证明了这点。

美国之所以发达，一个重要原因是专业化分工程度高。据微软原中国有限公司总裁唐骏介绍：刚开始我是作为一个软件开发工程师加入微软的。要知道中国企业的软件开发人员什么都做，软件设计、软件开发、软件测试等，可微软不一样，微软让我体会到做事一定要分工，微软对软件框架设计、软件编码、软件测试、软件包装等都做了专业化分工，每个人做不同的事，即使一个人很能干也不让你什么都干，你只能选择一个最擅长的工作来做。（笔者注：这实际上是软件开发中的“分序装配”。）

反观中国，软件开发没有明确的专业化分工，做软件框架设计、软件编码、软件测试、软件包装等通常由软件开发人员一包到底，这样的软件开发人员只能是高素质、高学历的全才（笔者注：这与“一包到底”的机床集中装配也需要高素质的全才是一回事），而高素质、高学历的全才又相对短缺，这造成了软件企业人才的高流动率，带来的是企业运行的高成本、高流动率与低效率。其实软件开发的大部分环节如软件编码、软件测试并不一定需要顶尖的人才，高中生、中专生经过培训完全可以做，这些低学历的、经过培训软件开发人员就是所谓“软件蓝领”，印度软件业发展快，在相当程度上是靠发挥“软件蓝领”量多价廉的优势。当然要充分发挥“软件蓝领”优势，专业化分工是前提，让复杂的软件开发环节由高学历的人才承担，相对简单的软件开发环节由低学历的“软件蓝领”承担。

前面提到沈阳机床集团，招 100 多名普通工人，只针对一道工序的技术进行专业化培训，这些只从事技术相对简单某个工序的工人，类似于印度的“软件蓝领”。

中餐之所以好吃，在很大程度上取决于“大厨”手艺高，如某“大厨”炒的鱼香肉丝特别好吃，成为某餐馆的招牌菜，顾客只愿吃他炒的鱼香肉丝，由于“大厨”是手艺高的“全才”，离了“大厨”就玩不转，自然十分稀缺，招聘难，留住也不易，为留住“大厨”，防止其跳槽，就必须支付高薪，不仅大大增加了成本，而且无法开分店，因为“大厨”就一个，这就是中餐虽好吃，却不能像肯德基那样做大做强的原因。我们可以设想一下，假如一个美国人来当中餐馆老板会怎么做？美国老板十有八九会设法进行专业化分工，再以鱼香肉丝为例，美国老板会把鱼香肉丝制作分解为 10 道工序，比如第一个人切葱花，第二个人切肉丝……第七个人倒酱油、第九个人把火烧到 600 度，第十人炒三下，然后就可以了。有人会说，这样炒出来不如“大厨”做得好吃，如肉丝太硬了、太咸了，于是美国老板可让第二个人把肉丝切细点，可让第七个倒酱油的人少倒点酱油……这样经反复实验累积，总有一天会炒得与“大厨”一样好吃，这时美国老板要做的第一件事是解聘高薪“大厨”，或大幅度压低其薪水。美国老板要做的第二件事是招聘一批廉价普通员工，这些员工不像“大厨”那样“一包到底”负责 10 道工序，由于美国老板已把鱼香肉丝制作分解为 10 道专业化标准工序，每道工序操作相对简单，每位员工只负责其中一道工序，每道工序操作相对简单，经短期培训就会熟练掌握，于是离开了“大厨”，鱼香肉丝也可像肯德基那样做大做强，过去一位“大厨”独占的岗位可分解为由10个普通员工来承担的岗位（工序），这又创造了大量就业机会，这正是美国老板的高明之处。

不仅是微软，不少美国企业的出众之处，在于把复杂的工作或生产尽可能分成若干细节或环节，每个人只是把自己这一环节工作做好。如美国企业可以把1亿美元的科研项目分解给1000人去做，而其中某个环节可能是刚毕业的大学生来做，而中国可能找若干个全才把这个1亿美元的大科研项目“一包到底”。再如，汽车研发可以说是很复杂的工作，要说简单，汽车研发可以分解成很多很具体、很细小的工作，美国企业就是这样做的。在美国，有的专家一辈子就专攻某个汽车零件。

所以美国企业不提倡一专多能，只要做好某个细节工作就行，每个员工都十分专注自己的事情，可以集中精力把某一门行当学精钻透，成为行家里手，成为出色的专才，不大会产生“大事做不来，小事不会做”的人物，更不会产生“样样通、门门瘟”（四川谚语，意为门门都懂一点却不精通）的人物。有人戏称美国是由10%的精英管理着90%的“笨蛋”，然而这90%的“笨蛋”正是靠高度的专业化分工，能熟练掌握某一技能而胜任本职工作，极大提高工作效率。

沈阳机床集团分序装配模式从某种意义上说是美国10%的精英管理90%的“笨蛋”模式在中国的翻板，10%的精英相当于沈阳机床集团高端的熟练技术工人，90%的“笨蛋”相当于普通工人，10%的“精英”可带动90%的“笨蛋”的就业。这种10%比90%就业带动比例令人羡慕不已。

独特优势论诞生于美国是有其深刻的经济背景，高度的专业化分工需要各类专才，而你要成为某个有限领域的专才，就必须充分发挥你的独特优势。

据2002年8月2日《文汇报》报道（张立行《两岸动漫画界最缺什么》）：“为什么我们的少年儿童要通过外国动漫画来了解中国历史民间故事?”前来参加“2002上海国际卡通漫画展览”的台湾著名漫画家黄耀杰、麦仁杰日前在接受记者采访时尖锐地提出了这一疑虑。

据黄耀杰、麦仁杰介绍，现在在两岸的动漫画读物市场上，许多中国历史故事题材的动漫画都是由日本漫画家创作的。尽管这些日本漫画家的技术都不错，但是，因为文化背景不同，他们创作中国历史故事题材的作品总是比较“隔”，缺少纯正的中国味，有许多曲解中国文化的地方。走的更远的甚至作品中的姓名是中国历史人物，但其故事完全日本化了，如果中国读者从这样的动漫画中学习中国历史文化知识，其效果可想而知。当然，现在已经有不少华人动漫画家意识到这一点，在中国历史题材的漫画创作方面作了不少探索，比如蔡志忠用漫画画中国历史经典，黄耀杰用漫画画郑和，都是比较成功的。但是，从整体上看还是不行。因为动漫画不是讲究个体创作的行业，它是一个庞大的工业产业，讲究的是整体的创意、包装、生产和市场开发营销，强调的是团队合作机制。每个环节都密不可分，缺一不可，都是整个产业链上有机的一环。而这恰恰是目前两岸动漫画界所最缺乏的。

黄耀杰、麦仁杰说，从这一点出发，我们就可以看出，在台湾和内地尤其是内地，为什么一方面市场巨大，一方面却缺少本土的动漫画作品。大量的市场被海外动漫画家的作品所“侵占”。据记者从本次展览组委会了解到，目前大陆专业从事漫画创作的漫画家仅有100人左右，成绩突出的不超过20人。更关键的是这区区20多位一线动漫画家大多是单打独斗，各自为战。而提供这些漫画家驰骋的“舞台”即优秀的动漫画杂志也不多。反观日本，现在有漫画周刊、半月刊78种，月刊2246种，每月出版漫画单行本300种左右，全年漫画书刊销量达35亿册，占日本全部书刊总销量的45%。每年动漫画行业及其相关产业创造的资产达到6000亿日元。原因在于日本的动漫画行业已经形成了良好的“专业化分工”。即便是专门搞创作的，除了少数全才集画画与编故事于一身外，一般画画的和编剧本的各有其人，因此生产效率十分高。不像我们这里，漫画作者既要考虑故事，又要画画。加上许多作者原本是画画出身，对故事的完整性、连续性难以把握。因此其结果是：在单幅作品上我们的水平并不比日本人差多少，但是整部作品搁在一起，在故事创意上差距立现。至于后期的市场开发、营销，就更不能比了。总而言之，我们的动漫画目前还大多处于作坊式的个体生产阶段，得是个“一包到底”的全才，从画画、编剧本到市场开发、营销样样都得自己干，但全才是很少的。而在日本通过“专业化分工”，使各个环节的专才各司其责、各展其长，使日本的动漫画成为“现代化”的“产业”。中国的“样样懂、门门瘟”的全才自然竞争不过日本的各具优势、各有特长的专才，这既是日本动漫画业发展迅速的原因，也正是中国的动漫画竞争不过日本的原因。

人类社会有别于动物的最大特点是专业化分工协作，在人类社会每个领域都是少数优秀的专业人士或称职者为全社会多数人服务。我们有科学家、政治家、企业家、法学家、银行家、艺术家、翻译、医生，还有工人、农民、导游、保安、清洁工……人类社会各类专业性的问题，都有专门的人来解决，这是人类社会的一个伟大创举，也是人类社会有别于动物的一大特点。其重要意义正如古典经济学家亚当·斯密所说的：“分工是提高劳动效率的重要手段。因为分工解决了变换工种的麻烦，由于专业化，提高了工作的熟练程度，而且还为发明新工具提供了契机，从而大大提高了各行各业的工作效率。”沈阳机床集团分序装配模式充分证明这一点。

再如，律师是专业化分工的产物，但过去的律师大都是全才型律师，一个人包打天下，什么官司都打，这很类似机床“一包到底”的集中装配模式。全才型律师对人的素质要求相对较高，一般而言，研究生学历的律师才能胜任，然而，这类高端人才偏少，无法满足社会需要。同时由于与房地产、金融、涉外、知识产权、高科技开发等相关的法律业务激增，原来那种包打天下的综合型律师事务所和全才型律师已不再适应市场的需求，于是律师这个职业的内部也开始了专业分工的进一步细化，各类专业化律师事务所和专才型律师正成为发展方向。以地处市场经济前沿的深圳为例，目前，深圳（综合型）律师事务所正在出现分化，一些（综合型）律师事务所开始转化为刑事、行政、婚姻、房产、涉外、金融、知识产权等方向的专业化律师事务所。这类专业化律师事务所由于集中精力只从事某一方面法律业务，从业者可以在较短时间内学精钻透，对从业者素质要求也有所降低，过去只能由研究生学历的律师承担的法律业务，现在本科生就能承担；过去只能由本科生承担的法律业务，现在大专生就能承担，这类专业化律师事务所能为层次稍低但数量多得多的法律专业本科生、大专生创造更多的就业机会，这与机床分序装配模式有异曲同工之妙，这也是种“以高带低”的就业模式。

在专业化分工协作情况下，如你擅长英语，那你就去当翻译，为社会提供翻译服务；如你擅长医学，那你就去当医生，为社会提供医疗服务；如你擅长法律，那你就去当律师，为社会提供法律服务；如你擅长于家电维修，那你就去当家电维修工，可以为社会提供家电维修服务……反过来，你不懂外语，可找翻译为你服务；你不懂医术，可找医生为你看病；你不懂法律，可找律师咨询法律事务……没有必要要求人人都精通英语、医术、法律、修理家电等。假如人类社会没有专业化分工协作，生了病得靠自己医；在法庭上得自己给自己辩护；家电坏了得自己修……你要生存下去就必须是个全才，然而全才是很少的，如要强迫自己成为一个全才，就会像一句四川谚语所说：“样样通、门门瘟（意为门门不精通）。”这样的全才恐怕什么也干不好，这也正是中国软件业竞争不过美国、印度的原因。

人类社会实行专业化分工协作后，过去只有全才才能承担的工作就可由各具特长的专才（专家）承担，为众多的专才们创造大显身手的条件。全才必须“样样通”，但一般人很难做到这点，即使勉强成为全才也只能“门门瘟”。只有专才才能把一门行当学精钻透，成为行家里手，若干个各具特长的专才肯定胜过一个全才。这既是微软、印度软件业、日本漫画业发展迅速的原因，也是人类专业化分工发展迅速，分工越来越细的原因。说到底，专业化分工就是为了造就各类专才，为用人所长、发挥每个人的独特优势创造条件。

高度的专业化分工必然需要大量各类专才，所谓专才就是具有某方面独特优势或突出特长的专门人才。所谓专家就是由专才发展过来的，专家就是众多专才中的杰出代表。专才也可称之为偏才，因为偏才这一叫法能形象描述出这类人才的特征，即这类人才的才能集中偏向某个方面，且特别突出，但其他方面的才能平平，甚至很平庸，实事表明，重大的科学发现、重大的技术创新，多是由专（偏）才完成的，那些得诺贝尔奖的科学家大多是专（偏）才。正是由于他们专长于某一领域，而且在这一领域的才能相当突出，他们才能取得成功。如要全面发展，势必要影响他们有专长的领域，至少要耽误时间。

过去，“万金油”或通用性人才在我国颇为吃香，但随着我国经济迅速发展，专业化分工程度也在不断提高。常言道：三百六十行行行出状元。而现在常见的职业由于专业化分工的迅速发展，已由几百种扩展到近两千种，国家劳动与社会保障部于2004年6月公布的社会职业种类多达1838种。职业种类的增多意味着社会对精通某一专门领域专才的需求量越来越大，“万金油”式人才风光不再。

### 3. 有限合格＋特长教育模式有助于培养专才型大学生及研究生

总的来说，我国高等教育还不适应专业化分工迅速发展和社会对专才需求量迅速增大的要求。我国普通高校大都按“宽口径、厚基础”模式培养人才，本科生在校所学科目多达几十门，且必须门门及格，就算学生门门及格，精通几门的学生并不多，培养出的主要是通才。通才型大学生存在的主要弊端是“样样通、门门瘟”。当然绝不是说所有的大学生都“样样通、门门瘟”，但确有一部分大学生存在这一问题。据2004年12月5日《中国青年报》报道：北京工业大学一名大四男生告诉记者：“现在高校宽口径培养学生，学计算机的学生既学软件，又学硬件，还学通信方面的知识，样样都学，每样都是蜻蜓点水，与用人单位所要求的水平相距甚远。”

社会虽需要通才，但更需要精通某一专门领域或掌握某项技能的专门人才。然而通才培养得太多，超过了社会需求，必然导致通才型大学生就业困难，还有不少毕业生被迫放弃所学专业而转行。对比之下倒是一些中等职业技术学校在教学安排上比较灵活，课程设置注重理论和实践相结合，注重培养精通某项技能的专才。例如浙江省永康市职业技术学校并不强求学生全面发展、门门优秀，注重培养学生的优势和特长，在教学改革推行过程学分和替代学分。比如，学生找到一台机器的故障，就可以拿（过程）学分，不需要考试。学生如对一些基础课不感兴趣，可不学或少学，可以申请用自己擅长的其他课程代替，只要总学分够了就可毕业。这样的是毕业生从知识结构来看是不全面的，更不是通才，只是精通某项技能的专才，但却很受社会欢迎，往往是没毕业就被用人单位预订一空。

据2002年1月5日《中国青年报》报道（戴袁支、成银生《探索怪才个性化培养》）：南京大学研究生院重视对研究生中特殊人才进行个性化培养。“以往对有个性的青年学者，人们常常拿统一或同一标准要求他们，迫使他们不得不去异求同，最终缺乏个性，沦为常人。”南京大学研究生院博士生李义松尖锐地提出，“缺乏个性意味着缺乏创造性。而创新是一个民族进步的源泉，是国家兴旺发达的不竭动力。”

这是2002年1月3日，李义松博士在南京大学研究生培养工作会议上发出的感慨。南京大学研究生院副院长童星教授向记者透露，以这次会议为突破口，南京高教界正在探索对特殊人才个性化培养的道路。

对那些被称为“怪才”的特殊人才，有的在某一学科领域才能出众，而在其他学科方面却暴露缺陷，成绩欠佳，甚至不及格。是拿同一标准要求他们，还是对其实行个性化培养？

面对这一问题，南京大学及其研究生院一直在苦苦解答。他们把“个性突出，在某一方面有专长、有特殊才能的研究生”界定为“特殊人才”，加以“个性化的培养”。因冒尖人才总是少数，所以试验一种“管住大片、放开小口”的办法。这次会议出台的比较醒目的措施之一，就是“各院系可按硕士生总数的5%、博士生总数的10%的比例选拔特殊人才，其培养不受本专业培养方案和学校有关培养管理规定的限制”。

对那些俗话所说的确实冒尖的“怪才”，研究生院副院长童星说，不必强求他们一定要在核心期刊上发表多少篇论文，有的在SCI或国内核心学术刊物上发表了较多的论文，在另外方面就不必强求他一定要如何如何。甚至允许其少学一两门课目，或在两门上不及格，如五门课程可只学四门，就允许其毕业；能通过本院结合应用的英语口语测试，就可以不必参加学位英语统一考试。

南京大学研究生院还介绍说，根据学科发展和人才成长的一般规律，对于研究生的课程学习、科研、学位论文撰写提出统一的要求，是完全必要的。但是，社会对人才的需求是多方面的，加上人才层次越高，其个性必然也越强。所以，“在倡导全面发展的同时，为研究生个性发展留下必要的空间；在制定出统一的培养规格和要求的同时，也允许冒尖人才不拘一格地脱颖而出”。

据了解，对于列为特殊人才加以个性化培养的研究生，南京大学将为他们“因人而异地制定”经导师签字、院系学位评定委员会批准的“富有特色和个性的个人培养计划”，作为实施培养的依据和毕业时检查、评价学习效果的依据。

据2005年12月10日《光明日报》报道：南京财经大学校长徐从才在接受记者采访时说：“目前许多高校都面临这样一种尴尬：学生在刚进校时充满着个性，但经过四年大学生活，走出校园时却成千人一面（按笔者的话说，培养出来的都是通才）。与此同时，日益吃香的‘偏才’、‘专才’却无法受到学校评价体系的认可。”基于此，南京财经大学提出“发展个性就是素质教育”的教学理念。

在教学模式上，该校一改“进校定专业”的模式，而是改成“2+2”教学模式。南京财经大学在入学后前两年按学科大类打通培养，全部上公共课；后两年，学生可以根据自己的兴趣特长自由地选择自己感兴趣的专业，学校对他们进行分流培养。

改综合测评为素质测评也是学校改革的重要一步，学校把综合奖学金改为单项奖学金，包括学习优秀奖、素质拓展奖、科技创新奖等，对于某方面特别突出的学生还可授予校长奖学金。

过去综合奖学金要求学生全面发展、门门优秀，评出来的是“全才”，而单项奖学金评出来的是具有某方面突出特长的“偏才”、“专才”，一位学生认为这种评奖方式可以让他们自由地发挥特长。

据2005年11月25日《科技日报》报道：内蒙古科技大学正在制定修改《2005

版本科专业培养方案的原则意见和规定》。据教务处介绍，新规定充分体现了以人为本，承认学生的能力差异，只要学分够了，少量课程达不到要求，不会影响学生毕业。

内蒙古科技大学认为，学生是教学活动的主体，培养计划的制定要体现因材施教的原则，避免共性制约过强，抑制学生个性特长发展的倾向，尽可能为学生创造一个能充分展示和发挥其特长的环境和条件。过去，有的学生各方面都不错，就是个别课程学不好，影响了毕业。教务处副处长王军说，有个学生英语不管怎么学，考试都不合格（按笔者的话说这是一个不可克服的客观缺点），其实大学毕业后，有的岗位不一定都必须会外语，学生拿不上毕业证，对学生走向社会就会带来影响。

据 2001 年 1 月 14 日《扬子晚报》报道：成绩不合格的学生在华东理工大学一样可以申请创新教育基金，做自己感兴趣的课题。日前华东理工大学在校内设立了 30 万元创新教育基金，申请的对象除了成绩优良的学生外，学校还为有特长但某些课目成绩不佳的学生开了“绿灯”。

该校化学药物学院胡军老师的“CAI 教学在化学实验中的运用”课题有三个学生在做，其中有两个学生都有一门功课不及格。胡军老师说，在创新教育中，功课及格与否不能作为选拔的标准，只要学生有特长就可以培养。该校可贵之处在于，不用单一的分数标准衡量学生，而是把特长作为申请创新基金与课题的标准，因为某一两门不及格的学生只能说这一两门不及格课程是他的缺处，并不等于说他在各门功课和各个领域都不行，他同样可能有自己突出的优势和特长，同样值得学校开发和培养。

中国科技大学校长朱清时院士说，中国教育追求知识的系统性与完整性，这就导致学生要上的课越来越多，学习压力越来越大，学生根本不能做自己感兴趣的事情，更谈不上培养学生的创新能力。培养学生的创新能力，靠灌输式、填鸭式教育是不行的，必须充分发挥学生的主观能动性。很多世界一流大学采用学生选课制。学生进入某个系，只有几门基础必修课，除此之外，其他课程自己选，自己设计一个个性化的知识结构。例如美国大学生在上了几年大学后，一旦发现任何专业都不适合自己兴趣特长，可以自己设计一个喜欢的专业，这在中国来说更是难以想象的。现在越来越多的美国大学允许学生在教师指导下，自己设计一个专业，其专业课的构成由学生自己安排，有些学校干脆称这种专业为“多学科专业”。看来美国的大学生总能找到符合自己兴趣，发挥自己优势的专业，实在不行可自己设计一个专业。这样带来的问题是大学生知识结构不全面、不完整、不连贯，甚至是跳跃式的。优点是学生有兴趣，能培养其创新思维和特长，做研究很厉害。

从独特优势论的角度看，这样的学生“做研究很厉害”，就在于允许学生自己设计一个个性化的知识结构或多学科专业，他们必然根据自己的优势来设计，自己哪些科目学得好、学得容易、学得有感觉，就重点学那些科目，建立起相应的，能反映自己独特优势的个性化的知识结构。他们虽不是全面发展的通才，却是有限目标，突出重点，有所为有所不为，在某一专门领域内充分发挥自己的独特优势，学精钻透，自然能胜人一筹。

以防治非典而闻名全国的我国呼吸病学的带头人、中华医学会会长、中国工程院钟南山院士对医学人才培养有自己独特见解。据他讲，全国各地找他预约看病的病人非常之多。可自己的科研、教学工作非常繁重，实在抽不出太多的时间看病，如果还想预约看病，就得等到2007年，可对很多重病人来说，时间不等人，这让钟院士非常焦急。他认为，当代学科分类越来越细，而我国在很多方面落后太远，而病人的需求很迫切，容不得花太多时间慢慢来，所以本科阶段算是打基础，到了研究生阶段就应集中力量，在某个哪怕很细的领域脱颖而出，这样就个人来讲也许太专了，但合起来成为一个集体，力量就会大增，我就是顺着这一思路来培养研究生。显然，钟院士注重培养的是专才型研究生。

一些中学推行合格加特长教育模式取得了很好的效果，即在各门功课都合格的基础上培养自己某方面的优势或特长，合格加特长教育模式很适合中学生，但却不适合所有的大学生。因为中学生所学科目最多不过七八门，而且学的是比较浅显的初级知识，绝大多数中学生可以做到门门合格，如在此基础上还有优势和特长那就更好。但对大学生来说，所学科目多达几十种，且比较难学，理工科更是艰深难学，要让大学生门门合格，对少数大学生来说是困难的，甚至做不到的。因为大学生分两大类，一类是通才型大学生，其人数在大学生中占多数，其特点是各方面发展比较均衡，没有突出的强项和弱项。这些大学生虽可以做到门门合格，全面发展，但却由于没有什么突出的优势和特长，只是通用型人才，毕业后往往主要从事日常性、重复性、程序性的工作，难有重大的创新和建树。

另一类是专才型大学生，其人数在大学生中占少数，其特点是发展不均衡，有突出的强项和弱项，偏科现象严重，常常是少数科目学得好，优势突出，多数科目成绩一般甚至较差，故也称偏才型大学生。少数学得好的课目往往是其独特优势突出的反映，这就是我们所说的偏才、奇才、怪才。如达尔文的数学就不行，但这并不妨碍他创立物种起源理论。如果达尔文凭他不佳的数学成绩来考今天大学的生物系，很难考上，即使勉强考上也会因数学拖后腿而难以毕业。这类专（偏）才型大学生，往往富于创新精神，适合从事复杂性、创新性和挑战性工作，在工作岗位上往往有重大的创新和建树。

所以对专（偏）才型大学生不能强求其全面发展、门门及格，迫使他们在其不擅长的科目上花费大量时间、精力。否则，虽门门勉强及格，却影响自己优势科目的学习和发挥，丢掉了自己的优势和长处，成为一无所长、一无所优的平庸之辈。

笔者建议对专（偏）才型大学生的培养，借鉴国外大学、南京大学研究生院、南京财经大学、内蒙古科技大学、华东理工大学、钟南山院士及浙江省永康市职业技术学校的经验做法，采用有限合格加特长的教育模式，把他们按专才方向培养。所谓有限合格是指允许他们对自己不擅长的科目少学或不学，或降低这些科目的及格分数与考核要求，甚至允许他们对自己不擅长的科目免考或不及格。让他们把主要精力集中在自己优势科目的学习上，做到有所为，有所不为，集中精力，有限目标，突出重点，同时，学校与导师应为这类专才型大学生在其强项或擅长的课目上“加餐”，进行有针对性的重点培养，让其在自己的优势领域“吃得多、跑得快、长得高”，在学业上呈“山”字形不均衡发展。通过学校、教师与学生本人三方共同努力，最终使这些专才型大学生靠自己在某方面的强项和优势，成为学有所长、学有所优、学有所强的专才，即某一领域的专门人才。这既有利于专才型大学生向某方面独特优势突出的专才方向发展，又能在一定程度上满足社会对专才的巨大需求。

笔者认为研究生培养不能完全照搬本科生培养模式，因为本科生培养模式本身就存在一定弊端。普通高校培养本科生大都按“宽口径、厚基础”模式进行培养，如果研究生培养完全照搬本科生“宽口径、厚基础”培养模式，培养的尽是通才型研究生，不仅会与通才型本科生在就业上发生冲突，而且社会对通才型研究生的需求也是有限度的，随着研究生大幅扩招，社会需求总有一天会饱和，现在已出现文科专业研究生就业难的情况。

通才型研究生培养存在的主要弊端也是“样样通、门门瘟”，当然绝不是说所有的研究生都“样样通、门门瘟”，但确有一部分研究生存在这一问题。“博”与“专”本来就是一对矛盾，对理工科研究生来说，三年时间学习负担一直很重，如在“博”上下功夫多了，在“专”必然就不够突出，能做到“博”与“专”兼顾的学生是个别的。那么研究生教育如何吸取本科生培养中的经验教训？是培养通才，还是培养专才；是注重“博”，还是注重“专”？这是值得我们认真思考的问题。笔者觉得研究生教育也要注重培养专才型研究生。

笔者建议对各个科目成绩不均衡，强项和弱项都十分突出的专才型研究生的培养，不能完全照搬本科生“宽口径、厚基础”培养模式，而应因人而异、因材施教，借鉴钟南山院士、南京大学研究生院的经验做法，采用有限合格＋特长的教育模式，把他们按专才方向培养。

### 4.“宽口径、厚基础”与“窄口径、薄基础”模式的区别

如把“宽口径、厚基础”培养模式中的“宽口径”理解为学习多门专业课，把“厚基础”理解为学习多门基础课，那么与“宽口径、厚基础”培养模式相对应的是，有限合格＋特长的专才类大学生培养模式也可以理解为一种“窄口径、薄基础”的培养模式。所谓“窄口径”是让这些专才型大学生重点学习自己所擅长的专业课科目。所谓“薄基础”，是指不强求他们基础课科目门门必学、门门合格，只重点学习与自己擅长专业课科目紧密相关的一些基础课科目。以达尔文为例，达尔文的数学就不

行，但这并不妨碍他创立物种起源理论。他的《物种起源》一书没有涉及到任何高等数学内容，连初等数学的内容也很少，他大概也没有钻研过高等数学。作为一位著名科学家，不懂高等数学，那有什么“厚基础”，顶多是“薄基础”，但这并不妨碍达尔文的创新与成才。

如果达尔文凭他不佳的数学成绩来考今天大学的生物系，很难考上，即使勉强考上也会因高等数学拖后腿而难以毕业，所谓“宽口径、厚基础”培养模式并不适合像达尔文这样的超级专（偏）才，“窄口径、薄基础”的培养模式倒很适合达尔文。

社会对人才的需求是多样化的，高等教育就不能只按“宽口径、厚基础”一种模式培养通用性人才。难道“宽口径、厚基础”一种模式就适合所有的学生？就能满足社会对各种类型人才的需求？现在大学生就业困难的原因之一，就在于一个模子出来的“标准件”太多了，各具特色的“专用件”（专才）几乎没有，使用人单位根本没有选择余地。想招专才根本招不到，您大学能怪用人单位吗？常言道，一花独放不是春，百花齐放才是春。为何不能有与之相反的“窄口径、薄基础”及其他类型的人才培养培养模式？多培养一些社会急需的专才！

## 5. 特色工科专业有利于培养专才

2006 年 6 月 28 日，新华社授权播发了《国务院关于加快振兴装备制造业的若干意见》，《意见》（九）明确提出“以专业人才培养为重点，加强技术创新队伍建设”。笔者认为特色工科专业在专业人才培养中有着十分重要的作用，《意见》中所列举的 16 个重点发展的装备专项大都与特色工科专业关系密切，本文结合 16 个重点发展的装备专项中的新型纺织机械、新型大马力农业机械、百万吨级乙烯成套设备、大型薄板冷热连轧成套设备这四个专项来探讨特色工科专业人才培养问题。

## 1. 特色工科专业不能丢

过去，在计划经济体制下，我国有一些国务院各部委所属高等院校，这些高校有不少面向行业，为行业服务，具有细分特色的工科专业。如机械类特色工科专业有冶金机械、化工机械、纺织机械等，与宽口径工科专业如机械工程相对应，这些专业自然是窄口径的工科专业。然而随着这些部委在体制改革中被撤销或合并，原来这些部委所属高等院校被划归教育部或地方，逐步转变为综合型大学，加之宽口径教育模式推行，各类特色工科专业正不断减少和消失，如机械类特色工科专业纷纷被合并为机械工程、机械设计与制造之类综合型、宽口径的工科专业。再如冶金类中的铸造、锻压、焊接、热处理本来是四个特色工科专业，而现在大都被合并为宽口径的金属热加工专业。

目前，普通高校培养本科生大都按宽口径教育模式进行培养，且不说这一模式是否完全适用文科、理科，单就工科而言，宽口径教育模式带来的两大弊端不容忽视：第一，对高校来说，原有的以细分为特色的众多工科专业不断被合并为一些为数不多的宽口径工科专业，导致原有的特色工科专业在不断地消失。第二，对工科学生来说，宽口径教育模式拓宽了学生的知识面，但博与专本身就存在一定矛盾，不易两者兼有。宽口径工科毕业生到企业后，其宽口径专业对工作岗位的针对性不如特色工科专业毕业生那么明显，表面看来，可供宽口径工科生选择的工作岗位较多，适应面较宽，但无论从事哪个岗位，由于宽口径专业学得宽而不专、不精、不深、不细，有不少知识得到了岗位上边干边学，宽口径工科生在工作中成长和成熟的时间明显延长，企业要花更多的精力进行培养，因此相当部分企业似乎不太欢迎这类宽口径工科生。

在宽口径口号下，特色工科专业正不断被压缩、削减乃至取消，然而社会需求却居高不下，毕业生供需缺口越来越大，用人单位对此是怨声载道。很多企业强烈要求高校扩大特色工科专业招生培养规模。

天津工业大学的前身是天津纺织学院，现在天津工业大学已转变为一所工、理、文、管、经、法兼有的综合型大学，纺织院校的特色正一点点退去。原来学校纺织类专业划分很细，有不少各具特色的小专业，如棉纺、毛纺、针织专业等，而如今，学校按大类划分专业，许多专业整合在一起，专业的细分程度远不如从前。该校学工处处长霍佳利坦言：专业调整合并后，一些专业变得更宽泛，涉及面也广了，专业适应性是提高了，但专业性却降低了，有的专业原来都有非常强的针对性，毕业的人才进入企业就能用，现在就达不到这个效果，如针织专业，则只能毕业后再学，因为学生是毛纺也学一点，针织也学点，但都不专、不深，原来培养的是专才，现在培养的是通才，学生的专业水平受到一定影响，用人单位也有抱怨。

20 世纪 90 年代纺织业严重不景气时，天津工业大学纺织机械专业差点被撤销、合并，后有幸保留下来，成为该校特色工科专业。全国高校保留此专业不超过 5 家，招生规模很有限。我国虽不是纺织机械生产强国，却是纺织机械生产大国，全国大大小小纺织机械企业多达几百家，这几年纺织业带动纺织机械产业大发展，很多用人单位到该校纺织机械专业招人，可用“争抢”一词来形容，一个毕业生往往有几家、十几家企业来抢，纺织机械专业供求比例这两年高达 1∶10 以上，然而很多企业要么招不到人，要么招得人太少，可以说是乘兴而来、失望而归，纷纷强烈要求该校扩大纺织机械专业招生与培养规模，以满足企业用人急需。

过去在农机类专业中，拖拉机、收割机都曾是特色工科专业，前几年农机行业不景气，加之推行宽口径教育，拖拉机、收割机这两个特色工科专业要么与汽车专业合并，要么干脆撤销。而这两年，农机市场突然转旺，各家农机企业都开足马力，加班加点地生产，2005 年全国农机行业销售额首次超过千亿元，利润总额增长 76%，出口 20 多亿美元，同比增长近 50%。农机行业对农机专业技术人才的需求正急剧上升，然而各家农机企业发现由于拖拉机、收割机这两个特色工科专业被撤销与合并，企业根本招聘不到这两个特色工科专业的毕业生，只好到相近的汽车专业去招人。然而汽车与拖拉机、收割机有着本质的不同，拖拉机人人都见过，其功能与汽车有着本质的不同，两者从外形到结构都有着很大的差异。一般认为农机的技术含量低，其实不然，比如说收割机吧，比汽车要复杂得多，因为汽车就是一个行走功能，追求舒适性和高速性，但对收割机来说得边行走边收割，其行走功能、转向功能、割送功能，动力输出缺一不可，如果一个汽车专业本科毕业生去从事收割机的研发，实际上是进入一个全新的领域，很多东西得从头学起，在实践中边干边学，从毕业到熟悉胜任工作至少得三四年，要成为一名独当一面的技术骨干或研发项目的带头人，从毕业算起大体要 10 年左右的时间，人才培养周期也太长了，毕业生本人感到苦恼，企业感到头疼。如从收割机这个特色工科专业毕业生中去培养一名技术骨干，由于在校期间已系统学习相关理论知识，成才期大体可缩短一半，约 5 年时间就可能将毕业生培养成一名技术骨干，企业自然欢迎这种特色工科专业的毕业生。

截至目前，我国至少花了 200 多亿美元引进冶金机械设备，引进的主要是高端设备，一般为每吨 3 万至 5 万美元，而国内制造的主要是中低端设备，一般为每吨 3 万至 4 万人民币。所以，就出现了这样一个局面：国外企业干了 20%高端产品的活，就得 80%的钱，这自然养肥了国外设备制造商和相关技术人员。而国内企业干了 80%中低端产品的活，仅得 20%的钱，企业利润率不超过 5%。国产冶金机械制造业所面临的这种困境，是与冶金机械这一特色工科专业被大量撤销、合并密切相关，在 20 世纪 80 年代，全国有十多所高校开设有冶金机械这一特色工科专业，但进入 20 世纪 90 年代后，随着钢铁工业不景气，冶金机械这一特色工科专业纷纷被撤销、合并，现在保留冶金机械专业仅有北京科技大学（原北京钢铁学院）、鞍山钢铁学院等四所高校，且招生规模并不大，如北京科技大学冶金机械专业每年仅招两个班，还经常招不满，所培养人才的数量和质量均不能满足企业需要。

可以说与特色工科专业相对应的装备制造行业，多数进出口贸易逆差很大，陷入“低端混战（生产过剩）、高端失守（依赖进口）”的困境，《国务院关于加快振兴装备制造业的若干意见》中所列举的 16 个重点发展的装备专项都是属于“低端混战、高端失守”的行业。正因为“低端混战、高端失守”，更需要补充相关人才，随着《意见》的实施，企业对相关的特色工科专业毕业生需求量会越来越大。所以大力培养冶金机械、纺织机械、农业机械等专门人才非常必要，不能随便把冶金机械、纺织机械等特色工科专业一撤了之，或者与其他工科专业合并为某个宽口径专业。

机械工程、机械设计与制造之类综合型、宽口径的专业无法取代冶金机械、纺织机械等特色工科专业，因为宽口径的专业培养的是通才，特色工科专业培养的是较窄领域的专门人才即专才，人才市场上既需要通才，也需要专才，通才不可能完全取代专才。

制冷与空调是一个特色工科专业，我国空调产业发展迅速，是与制冷与空调专业培养出大批专门技术人才密切相关。而西方国家高校没有类似工科专业，制冷与空调在西方国家工科专业只是一门依附于某些工科专业的一门课目（专业课）。国外空调企业在开拓中国市场时，发现中国竟还有门制冷与空调专业，这令他们大喜过望。想想看，中国学生花了四年时间把制冷与空调当成一门专业来学，学得非常系统和全面，理论功底自然是非常扎实。而西方高校学生只用几十个学时，把制冷与空调当成一门课目来学，中国学生在研发上自然更有优势，国外空调企业自然乐于招聘中国学生搞研发，即使不在中国投资办厂也都设立了研发机构，有的国外空调企业甚至把研发机构一窝端式搬到中国来，同时国内空调产业发展迅速，中外双方展开了一场人才争夺战，这导致制冷与空调专业毕业生严重供不应求，整个行业闹起了人才慌。

特色工科专业的最大特色是细分，学生入校主要在一个较窄的专门领域内学习，学生自然能学精钻透，具有扎实的理论基础和很强的工程实践能力，在专业对口的岗位上能很快适应工作，成为行家里手。企业都希望工科毕业生进入企业专业对口岗位后很快就能用，能在较短时间内成为技术骨干，特色工科专业培养的专才能满足企业这方面的要求，因而受到用人单位的欢迎。所以特色工科专业不仅不应被合并乃至取消，而应适当地保留、恢复和发展。

## 2. 要重视培养倒T字型知识结构研究生

就某一大类工科专业研究生知识结构而言（不包括跨学科考研、读研），可分为三种类型：第一类是博一博型，即从本科到研究生阶段都学的是相同的宽口径工科专业如机械工程，其知识结构特点是广博，或者说上（研究生）下（本科）都博，其知识结构缺点是博而不专。第二类是专一专型，即从本科到研究生阶段都学的是相同的窄口径的特色工科专业如冶金机械专业，其知识结构特点是专而深、专而精、专而细，或者说上（研究生）下（本科）都专，其知识结构缺点是专而不博。第三类是博一专型，即本科阶段学的是宽口径工科专业如机械工程，研究生阶段学的是窄口径的特色工科专业如冶金机械专业，博一专型在知识结构上做到了博与专的有机结合，把博一博型、专一专型工科研究生知识结构的优点结合起来，又在一定程度避免了前两种工科专业研究生知识结构的不足，形成了一个相对合理的知识结构。

博一专型工科研究生知识结构可很形象地概括为倒T字型，本科阶段按宽口径模式进行培养，培养出是本科通才，这相当于倒T字型最下面一横，而研究生阶段是从事某个较窄的细分领域的学习研究，这相当于倒T字型上面的一竖，这样可以尽快培养出某个领域博与专相结合的专家。

倒T字型模式是否适用于培养文科、理科研究生本文暂且不论，但很适合工科，保留和适当特色工科专业，发展有利于培养倒T字型。如本科学的是宽口径的机械工程或机械设计与制造专业，如在研究生阶段攻读细分的特色机械专业，如冶金机械、矿山机械、化工机械、纺织机械等，就容易培养出精通某个领域倒T字型知识结构的高级专门人才。如把特色工科专业都撤销或合并了，那就无法培养出倒T字型工科研究生。

《国务院关于加快振兴装备制造业的若干意见》中所列举的16个重点发展的装备专项中的一项是百万吨级乙烯成套设备的国产化。在国内外，石油化工生产装备都出现大型化、超大型化发展趋势，炼油厂向年产千万吨发展，乙烯生产装备向年产百万吨发展。由于化工生产装备大都在高温、高压、易燃、易爆、易腐蚀和长周期运转条件，大型化、超大型化对设备的性能、质量、安全、经济、节能提出了更高的要求，大型化不是简单的技术相加和等比例扩大，而是一个多元技术的有机整合与创新的过程，整个生产流程复杂程度大大增加，要突破许多新的技术禁区。过去攻关过的设备要重新攻关，无论在设计技术、焊接工艺、热处理工艺、无损伤工艺等方面都要更上一层楼，其技术难度的增加不是算术级数而是几何级数，国内所有的化工生产装备制造企业对此感到很不适应，一方面是缺少这方面的高级技术人才，另一方面，现有高级技术人才知识结构不适应大型化技术攻关和创新的要求。

据业内专家反映，石油化工生产装备的大型化、超大型化，要求从事石化生产装备研制高级技术人才知识结构具备博与专相结合的特征，所谓“博”是指机械方面的知识广博，通晓机械领域各类相关知识，同时又必须在某个细分领域有很深的造诣，学精钻透。而倒T字型工科研究生知识结构符合这种要求，他们大型石化装备的研制中表现出更强的适应能力和更强的创新能力。《意见》（九）明确提出“特别要培养重大装备研制和系统设计的带头人才”。笔者以为带头人才非倒T字型工科研究生莫属。我国在石化装置、冶金机械、纺织机械等领域的落后，是与缺少这方面的倒T字型的带头人才密切相关，而高校培养的倒T字型研究生数量太少，远不能满足企业需求，建议今后应把倒T字型工科研究生作为培养重点。

## （九）高考如何发挥偏才型考生的优势与特长

据2004年6月29日新华社电（丁锡红《求得“满堂红”丢了个性特长》）：山东师范大学教授赵承福认为，现行的高考制度迫使学生追求门门功课“满堂红”，极大加重了学生的学习负担。高考“指挥棒”是减负的源头，要把学生从沉重的学习负担中解脱出来，培养有特长、有创造性的人才，就必须调整高考“指挥棒”，既考察学生综合素质，又注重考察学生的专业发展潜质。

近年来，全国高考录取分数线不断攀高，学生稍有偏科，就会被淘汰。由此一来，一些在某一方面有专长甚至有较高天赋的学生就会被挡在大学校门之外，失去继续深造的机会。山东省实验中学有位考生，中学期间就出过一本诗集、一部小说，在文学方面具有一定天赋，却因两分之差而与自己向往的大学校园失之交臂。

赵承福是从事教育科学研究的学者。他认为，教育的效应是滞后的，一个人是否成才，需要放在他工作几年、十几年甚至几十年之后才能考量出来，但现在只用一项高考分数作为评判标准，使教育的评价体系出现了偏差，势必导致教育的急功近利，扼杀学生个性特长。现行高考制度一个很大的弊端，是不考虑学生的兴趣特长，用同一标准要求所有学生，不利于发现和培养有个性特长、有创造性的人才。他说："教育不是看今天怎么样，要看将来对社会的贡献。教育只是为了考试，实际上是杀鸡取卵，不符合教育的本质，也违背了教育的规律。"

赵承福提出，高考改革应当从淡化分数入手，通过修改高考的内容和形式，引导和鼓励学生发展兴趣、发挥特长，防止学生为片面追求"满堂红"而加重学习负担。

笔者非常赞成赵承福教授的观点。专才通常是指具有方面独特优势或突出特长的专门人才。而对学生来说专才就是我们通常所说偏科生或偏才型学生，即他们的成绩偏向某一两门科目，在这一两门科目上成绩突出，在多数科目上成绩一般甚至较差。

现行的按高考总分录取的方式对偏才型考生不利，他们常因总分偏低而被淘汰。笔者提出改进高考的第一项建议是，即除涉外专业外，外语不再作为必考科目，改为选考科目；对理科，政治不再作为必考科目。

笔者提出改进高考的第二项建议是取消3＋X高考方式，理科考试还是应像过去一样分为数、理、化、生四门单科考试为好。

笔者一向不赞成培养所谓全面发展的学生，我更倾向于多培养出一些专长于某一领域的偏才，这对我国科技、经济发展至关重要。但现在的高考录取方式总的来说对偏才不利，3＋X高考方式把语文、外语列为3门必考科目之一（另一门必考科目是数学），这对理科偏才不利，因为对多数理科偏才来说，语文、外语相对较弱，理科偏才的数学（分数）优势难以弥补语文、外语两科的（分数）劣势，在高考总分上会吃亏，不利于偏才脱颖而出。

多数省在高考中实行了3＋文科综合或理科综合，由于文科中史、地、政三门课的性质、特点较接近，从知识结构来看相互交叉，从思维方式来看也是比较接近的，因此文科综合还说得过去。但对理科生考理科综合则不妥，因为理科综合是把物理、化学、生物合并为一门课来考。较之以前这三门课单独考试，意味着理科综合的分数在高考总分中比重的下降。本来3＋X的3门必考科目中，语文、外语所占比重就较大，就对物理、化学、生物三个科目中某个科目的偏才（总分）不利，再加上理科综合，对物理、化学、生物三个科目中某个科目的偏才（总分）更不利，可谓双重打击。

更重要的是把物理、化学、生物合并为一门课来考，使高校无法从分数上来看出考生在三门课上成绩的优劣，难以发现和录取在物理、化学、生物三个科目中某个科目成绩突出的偏才。

从高考理工科专业录取情况来看，数学是所有理工科专业共同的基础，是必不可少的。但不同的理工科专业对物理、化学、生物这三门课的分数要求是不同的，对建筑、机械、电子等专业来说，对物理分数要求高，而化学、生物这两门课的知识基本用不上，对这两门课的分数要求较低。对化工、医学、生物工程专业来说，对化学、生物的分数要求高，物理的分数则可低一些。但把物理、化学、生物合并为一门理科综合课目来考，高校就只能根据理科综合课目的考分来录取，而无法参照考生在物理、化学、生物三个科目中的单科成绩来录取，很有可能使录取学生的特长与专业不符。比如某高校建筑专业录取一个理科综合分数较高的考生，有可能仅是他理科综合得分中化学、生物两部分得分高而物理部分得分并不高，也就是说这位学生特长是在化学、生物方面，而不是物理。但建筑专业基本上用不到化学、生物知识，而对物理知识用得较多，如物理学不好，则可能给建筑专业的学习带来一定的困难。一名由某中学保送来的女生，进入某重点大学时选择了土木专业，可是她的物理却是所有学科中最差的，而该专业偏偏要求有很扎实的物理知识根底。随后她在工程力学、结构力学、材料力学等一系列与物理关系紧密的学科中门门补考，不得不暂时退学。

理科综合中物理、化学、生物三门课与文科综合中的历史、地理、政治三门课相比，明显不同之处在于，物理、化学、生物这三门课无论是在知识结构、性质，还是在思维方式上都截然不同，文科生常出现历史、地理、政治三门课学习与考试均好的学生，但在物理、化学、生物这三门课中，则很难找到三门课成绩都好的学生，你物理学得好，并不一定化学、生物也学得好，反之亦然。在奥林匹克学科竞赛中这一点特别显著，再优秀的学生通常只能在数学、物理、化学、生物这四个课目中的某个单项获奖，获两个或两个以上单项奖的极少。硬把物理、化学、生物这三个截然不同的课目拼凑在一起，试卷编排就成为一个大拼盘，从这个大拼盘的总分上难以发现考生在三门课上各自的特长与优劣，发都发现不了，高校如何根据考生在三门课上的特长来录取和培养新生？

有的省实施 3＋X＋“综合科”的高考方案，“综合科”为不分文理的物理、化学、生物、历史、地理、政治 6 科的综合。又被称为大综合，“综合科”列为考本科的学生的必考科目。问题是“综合科”分数中物理、化学、生物这三部分分数所占比重更小，更不利于物理、化学、生物的偏才脱颖而出，按照“综合科”分数录取的考生更多的是文理兼通的通才或全才，这类没有特长的通才或全才是缺乏竞争力的，也不会被用人单位所欢迎。

本来进行“3＋X”改革是想减轻学生的负担，但却使得考生和家长反过来花大量时间和精力去研究超范围的东西，即所谓的综合科目，理科生也要花大量时间去复习对他没有多大用的历史、地理、政治三科的内容，这使得考生的负担更加沉重。

无奈之下，某高三地理老师自开学以来，就把小学、初中、高中阶段的地理课本都找来，带着学生们一本本的复习。于是，“填鸭式”的教学方法又回到让学生死记硬背的老路上，让学生陷入另一个应试的“怪圈”。

不少学生对所谓“综合科”的意见极其强烈。有学生认为，现在已经试行了高中毕业会考制度，对学生的学科素质已有了明确要求，没有必要在高考中加上一个“综合科”。

在教学上，我们的教材是分学科编写的，我们的老师绝大多数仅仅精通自己的学科领域，所谓的综合科目，老师不知如何教，学生不知道如何学和考。笔者还没有听说过世界上还有一门叫综合的学科，学生综合运用知识的能力可以靠“综合科”的教育培养出来和考出来。

据一些教育界人士称，3＋理科综合或文科综合或文理大综合，主要是为了对学生进行综合能力测试，防止部分学生偏科，鼓励学生全面发展。

其实学生偏科并不一定是坏事，与其要求学生门门优秀，不如顺其自然，允许偏科，这些偏科生有可能成为杰出的偏才或专才，如果也按现在这种大拼盘式的综合科目考试，进行所谓综合能力测试，像毛泽东、钱锺书、黄昆等杰出的偏才十有八九要被淘汰，像数学、英文成绩时常不及格的毛泽东，是难以通过3＋X考试的，很难被当今的师范院校录取，更不可能被北大等名牌大学录取。黄昆院士凭当年语文考试的24分，决不可能被当今北大物理系录取。更不可能通过综合科目考试，因为偏才们某一两项领先科目的成绩无法弥补在所谓综合科目考试中其他弱项科目分数的偏低。如果按照我们反对偏科、鼓励全面发展的做法，这些杰出的偏才可能连高中都考不上，初中毕业就会被淘汰。难怪新中国成立以来，尽管累计培养了上千万大学本科毕业生，可大师级的偏才迟迟出不来，论自然科学比不上李政道、杨振宁、丁肇中；论工程科学比不过詹天佑、钱学森、茅以升；论文学比不过鲁迅、茅盾、钱锺书；论音乐比不过聂耳、冼星海；论教育比不过蔡元培、陶行知。大师级的偏才均是旧中国或国外培养出来的。时至今日，解放军所需的最先进飞机、军舰、潜艇，新中国自己培养的科技人员研制不出来，只得花巨额外汇从俄罗斯引进，为此从20世纪90年代初至现在，我国已为此支付了200亿美元的外汇，这就是缺乏大师级的偏才造成的。而3＋X（文或理综合科目）考试只能埋没而不是造就偏才，所以这种考试录取方式必须进行彻底的改进。

无论是过去高考中数、理、化单项考试，还是现在3＋X考试，最大弊端在于不比单项，只比总分，以总分来决定一个考生的前途和命运，使偏才受害犹重，假如像毛泽东、钱锺书、黄昆等杰出的偏才参加当今的高考，十有八九会因为总分偏低，上不了分数线而落榜。所以笔者主张对中文、数学、物理、化学等单科偏才，可不管其总分多少，可不管其总分是否上线，哪怕总分再低，也可凭单科优异成绩被相关专业破格录取呢？以使总分低，而单科成绩特别优秀的偏才生能够脱颖而出。

随着我国高等教育的不断扩招，完全有条件从每年的新生录取名额中拿出不大的比例用于网开一面，允许各高校可不计总分多少，只按单科优异成绩破格录取一批偏才生。

几年前像伏明霞这样的体育、艺术偏才可不参加高考，更不要高考总分，只凭自己的体育、艺术偏才，就可直升清华深造。难道像伏明霞这样的体育偏才是人才，其他单科偏才就不是人才，为何要厚此薄彼呢？即使其他单科偏才不能享受体育、艺术偏才免试入学的优待，但总得给其他单科偏才创造一个不唯总分，只凭单科优异成绩就能被破格录取的机会和条件，这个要求是合情合理的，一点也不过分。

笔者对 3＋X 中理科综合考试一直持怀疑态度，笔者主张与其把物理、化学、生物合三为一，倒不如一分为三，像过去那样，三门科目单独考试，这就能为大学录取三门课中单科成绩优异的偏才创造条件。如四川这样的人口大省，对全省高考中物理单科成绩最好的前 100 位考生，允许高校不计总分，只凭物理单科成绩从中择优录取，直接进入大学相关专业深造。

如在高校对偏才型大学生采取有限合格＋特长的教育模式，那么相应的，高考在录取理科生时也应采用有限统考科目＋关联科目成绩计分的做法，为更多的偏才型理科考生创造脱颖而出的机会和条件。如果大部分偏才型理科考生被现行的高考录取制度淘汰，培养对象都没几个，大学又如何培养偏才型大学生？所谓有限统考科目是指能不统考的统考科目尽量不考，这里主要是指外语、政治不再列入统考科目。

关联科目即是前面提到的理科生与所报考理工科专业关联度高的数、理、化、生四门单科中的一两门考试成绩，其实不仅考生选择专业要考虑关联科目问题，高校录取理科生也应考虑关联科目问题，因为关联科目成绩能在相当程度上反映理科生的优势和特长。例如你要选择化工、制药、药学等与化学关联度高的专业，前提是你的中学化学单科学习成绩要好，这不仅表明你的化学基础牢，也表明你的智能特长与优势适合于学习与化学关联度高的化工、制药、药学类专业。反之，如你连中学低难度的初等化学都玩不转，成绩不佳，你就不可能学懂弄通大学里与高等化学相关的课程，如你硬要选择化工、制药、药学等与化学关联度高的专业，那就只能在专业的苦海中煎熬。对高校来说也只能培养出不合格的学生。

就高校数理化三门基础学科招生而言，可采用作文＋（数理化）关联单项科目成绩计分的做法，作文满分为 50 分。如数学系招生计分办法是作文分数＋数学高考分数；物理系招生计分办法是作文分数＋物理高考分数；化学系招生计分办法是作文分数＋化学高考分数，这种计分方法才有利于数理化单科成绩突出偏才脱颖而出。除这三门基础学科外，数学是其他所有的理工科专业的共同基础，应作为统考科目。

对机械、电子、信息、通信、建筑、自动化、土本工程等工科专业来说，与物理关联度高，与化学关联度低，因为这些专业用不了多少化学知识，故化学单科成绩按 50％比例计入总分。这些专业招生计分办法是高考作文（作文满分为 50 分）、数学、物理及化学四门分数之和，这种计分方法才有利于物理单科成绩突出的偏才脱颖而出。

对化工、医药、医学、农业、林业、畜牧这些专业来说，与化学关联度高，与物理关联度低，故物理单科成绩按50%比例计入总分。这些专业招生计分办法是高考作文（作文满分为50分）、数学、化学及物理四门分数之和，这种计分方法才有利于化学单科成绩突出偏才脱颖而出。

生物学、生物工程、生命科学这三个专业其实与考生在高中的生物课成绩关联度不太大，因为高中的生物课仅是对生命现象的简单和初步的描述，高中的生物课与高中数理化三课有质的不同，高中的生物课有些类似生物学科普教育。所以并不是你在高中的生物课成绩好；爱养小动物，爱养花种草就适合报考生物工程、生物科学、生命科学这三个专业。在大学，这三个专业是研究和探讨复杂生命现象，难学得多。同时，复杂生命现象实际上是化学现象，所做实验也与化学试验相同或类似，生物工程专业研究的就是生物化学反应，因此生物学、生物工程、生命科学这三个专业与考生高中化学成绩关联度高，只有化学成绩好的考生才适合报考这两个专业。其高考计分方法与化工、医药类专业相同。当然，考生在高中的生物课成绩好也有助于学好这两个专业，如果生物单科高考成绩计入总分，最多只能按30%比例计入总分。

以上这种新的录取办法，一方面能够避免学生追求“满堂红”，减轻其学习负担；另一方面，可以使学生腾出时间和精力主攻自己感兴趣的东西，有利于学生个性特长的发展。

高考录取制度是中小学教育的指挥棒，要在中小学推行合格＋特长的教育模式，那么相应的，高考录取制度必须进行大刀阔斧的改革。现行的高考录取制度实际上是不允许学生偏科，迫使学生去追求所有科目学习与考试成绩的“满堂红”，学校也按所谓全面发展的模式和要求去培养适应高考的全才或通才。然而专业化分工的迅速发展和职业种类的增多，使社会主要需要的是专（偏）才，我们为何不放弃全面发展提法，倡导学生非均衡发展；倡导学生重点发展；倡导（在中学推行）“合格＋特长”与（在大学推行）“有限合格＋特长”教育模式；倡导在高考理科生录取中采用有限统考科目＋关联科目成绩计分的做法；倡导鼓励学生有所为，有所不为。

澳大利亚工商技术部科技战略研究专家赖默对“聪明”的见解独具一格，他认为，一个国家聪明与否，不在于其诺贝尔奖获得者多少。诺贝尔奖确能提高一个国家的声誉，但它并非意味着这个国家拥有能带来经济繁荣的聪明人民。一个聪明的国家必须认识到，在生产率、质量和生产方面往往倒是许许多多“小”的改进和增值更为重要。换言之，要成为聪明的国家，固然需要诺贝尔奖获得者，但最需要的是各行各业的行家里手，各种层次的聪明人。一个聪明的国家是一个能聪明地利用各种聪明人的国家，只有群体聪明，国家才能富强。

赖默的话值得我们深思，要使每个国民成为赖默所说的“各行各业的行家里手，各种层次的聪明人”，一方面要靠教育，另一方面要靠充分开发利用每个国民的独特优势，这样就能使每个国民都聪明起来，我国才能变成一个聪明的国家，国家才能富强。有一个例子很能说明问题，有个农村妇女，申请赴美陪女儿读书。她是一位文盲，更不懂英语，却很快就拿到“通行证”。原来，美国大使馆签证官问她凭什么在美国生存，她拿出一把剪刀一张纸，以令人吃惊的速度剪出一幅美丽的剪纸图案——这位农家女擅长中国剪纸，靠着这一独特优势，赴美申请立刻获准。这位农村妇女就相当于赖默所说“各行各业的行家里手，各种层次的聪明人”，连一个文盲农村妇女都靠其独特优势成为剪纸上的行家里手，更不用说其他人呢！有句老话：三百六十行行行出状元。每个人要成为“各行各业的行家里手”乃至状元，充分开发利用每个国民的独特优势是关键，所以我们是否应提出这样一个口号——“开发全民独特优势”？

# 第七章 从"你真棒"到"你哪棒"

市面上曾流行过一本畅销书，书名为《告诉孩子，你真棒》，如仅从激励自信心角度看，此书名无可厚非，但从指导孩子成长与成才角度讲，此书名又稍显不足，因为任何一个孩子都不可能十项全能、样样都棒。笔者在前面介绍的这么多的偏才，都不是"十项全能"，都是在某方面特别棒，都是在某方面表现出特别的天赋。所以，作为教师与家长，不仅要告诉孩子：你真棒！更要发现和告诉孩子"你哪棒"！即你在哪个方面或哪个领域最棒、最强、最出色、最出众，使孩子能明确自己的发展方向，向自己最擅长的领域发展。

无独有偶，按多元智能观点，每个孩子都是一个潜在天才，只是表现为不同的方式，我们不应该用单一的分数标准而应用多元化标准来衡量学生。对绝大多数学生而言，只要教育得当，每个人的潜能都能达到相当高的发展水平。教师不应当问自己"这个学生聪明吗?"而应该问"这个学生在哪方面聪明?"不应该问"哪个学生聪明?"而应当问："哪个学生在哪些方面聪明?"

那年的美国盐湖城冬奥会期间，中国代表团到当地一所小学参观，代表团团长送给学校一对玩具小熊猫，分别系着蓝领带和红领带，团长对校长和小学生们说："一只送给最优秀的男孩，一只送给最优秀的女孩。"这给校长出了个难题，校长不知道用什么标准来判断谁是最优秀的男孩，谁是最优秀的女孩。因为他们中有数学最好的，有棒球最好的，有最爱讲笑话的，有义工服务最好的……换言之，在美国校长眼中，每个都有与众不同的优势和特长，都在某个方面、某个领域是最优秀的，学生与学生之间根本无法比，也分不出优劣。最后，校长把这一对玩具小熊猫放在学校展览室，在小熊猫系的蓝领带、红领带上分别写着送给最优秀的男孩们；送给最优秀的女孩们。显然，这位美国校长的做法、观点与多元智能论的观点是一致。

众所周知，学校的传统观念是用智商或考试测试的分数来确定学生智能的高低，或评价学生聪明与否。然而，近20年来的研究表明，人的智能类型是多元的。20世纪80年代，美国哈佛大学教授加德纳（Gardner）提出了多元智能理论，认为人类的智能结构是多元的，至少具有语言、逻辑数学、空间、音乐、身体运动、知己和知彼、自然观察八种不同类型的智能，其形成既有先天基础，又有赖于后天的开发。开发和培养学生八种不同类型的智能不仅是必要的，而且是可能的。

怎样使每个学生都得到发展？答案是正确对待学生的智能差异问题。学生的智能差异本来是客观存在的，但以中考、高考为代表教育选拔制度在一定程度上掩盖了学生的智能差异。多元智能理论依据现代科学的研究成果明确提出，世界上没有两个人具有完全相同的智能组合。这就像在世界上找不到两片完全一样的树叶一样，因此，正视智能差异、善待智能差异，正是推进素质教育的关键所在。

开发和培养学生的多元智能应当从改变教师的观念入手，要将测试学生单一智能，片面地给学生下定论的观念，转变为每个教师应了解每个学生属多元智能中那种类型的新观念，用以指导对每个学生的培养及学习的总体评价。家长进行家庭教育也应如此。

## （一）多元智能的类型及培养方式

多元智能理论源自美国哈佛大学“零点项目”研究所，它是历时20多年，上百名科学家参与研究，是投入上亿美元而构建的理论。多元智能理论创始者，美国哈佛大学加德纳教授认为，世界上没有人全能，也没有人无能，因此世界上没有真正的笨孩子。这个理论为每个人才能的施展开辟了广阔的道路，让每个孩子强项智能都可以尽情发展，使学习成为儿童的乐趣。

加德纳教授一直对IQ（智商）至上主义持有异议。他指出，如果没有某种一律的智能，人生就不成功的观点是错误的。他认为人生有用的智能是广泛的，多种多样的，大致可分成八类。加德纳教授所提倡的智能是“多元性”的。小学、初中、高中、大学那没完没了的令学生苦不堪言的考试，按加德纳教授的观点来说，都只能证明一些在人生中并非真正重要的才能。如果从多元智能角度来理解智能，就会比仅以IQ和分数来判断时能发现孩子更多的才能和潜能。

加德纳教授认为人的智能可分八个基本类型——语言型、数学逻辑型、音乐型、空间型、身体运动型、知己型、知彼型、自然观察型，绝大多数孩子可以发展其中一个类型的智能，如果加以正确引导，是教育孩子成才的捷径。无论是智商测验，还是传统的教学、考试方式，只显示出人的前两种类型能力，后六种则得不到反映，至于日后工作中表现的优劣，更不易从智商检测和考试分数中显示出来。各行各业获重大成就的人，智商和考试分数其实并不高，导致一个人取得成就最重要因素是他的某项智能得到充分的培养和发挥。现将他提出的每种类型智能的衡量标准，适合发展的专业、职业领域及教育方法介绍如下，可供学校、教师、家长及学生参考。

### 1. 语言型

定义：对语言敏感，有良好的理解和运用语言的能力。特征：善于表达、驾驭文字的能力。相关训练活动：读、写、讲故事或者是办一份杂志、期刊。

有语言天赋的孩子通常很小就会讲话，说起话来滔滔不绝，他们喜欢对人讲故事，而且讲得有声有色。喜欢写诗，能出色地记忆诗歌。认字较早，而且常常不用人教。他们有时一边玩一边自言自语，有时又像说话一样把词说得颠三倒四。善于记忆，并能背诵诗句和文章，很容易学会一些外来词语，或电视上、书中的妙言警句。能记得从电视上或书本里看到的长串生词，如果你在孩子非常熟悉的某事中更换一个词，他会立即发现改正过来。他们还可能喜欢写诗或讲故事，并讲得有声有色，年纪小小已开始学习阅读，常常是自学，具有此种才能的孩子擅长于学习语言文字，易在写作方面有所成就。

如何鼓励和引导有语言天赋的孩子？加德纳认为：在孩子获得阅读能力前，可每晚在床上给他念一段书，一旦他能自己阅读就为他提供大量书籍，还可以教他玩字谜游戏，给他买一本好字典。对他写的或背的东西都应给予评论。

### 2. 数学逻辑型

定义：处理连锁事件的推理能力和识别图表的数学能力。特征：能有效地运用数字、计算、推理和假设的能力。相关训练活动：计算、游戏、解惑。

有此种智能的孩子常常提出诸如“什么时候开始”的一类问题，对闪电、下雨是如何发生的这类问题很感兴趣，爱提些怪问题，如问天为什么会下雨？人为什么不会飞？公鸡为什么不下蛋？各种图形对他都有吸引力，喜欢对玩具按大小和颜色进行分类后放在一起。他在玩积木时，会提出这些积木怎么相同？互相之间有什么区别？他善于下跳棋、象棋，喜欢抽象思维，很快认识事物的对等关系（如两天等于 48 小时）。他还会精心构思出一个秩序井然、有法可依的幻想世界，此种智能是从事科学研究的重要天赋，易在科研和理工科领域取得成功，大放异彩。

用什么方法来鼓励有数学逻辑潜能的孩子呢？加德纳教授说，可经常与他玩纸牌、跳棋、象棋及数学游戏。

### 3. 音乐型

定义：对音调、旋律、节奏和音色非常敏感的能力。相关训练活动：练耳、唱歌、表演、谱曲。

有音乐潜能的孩子很小酷爱音乐，从小就对声音特别敏感。他们对各种声音非常着迷，甚至连洗衣机的隆隆声他们都乐于欣赏，善于描述所听到的各种声响。蹒跚学步之时，他们可能会按钢琴键盘，站在那里木然静听，喜欢听各种乐器演奏，能分辨出不同乐器演奏的声音，凭响声便能准确判断出是哪一种乐器，能分辨出他所熟悉的歌是否唱走了调。对他熟悉的歌曲，删去歌词或重新编曲后演奏，他也能认出。他们还乐于学新歌，听人演奏，有较强的辨音能力，爱伴随音乐弹奏唱歌，随音乐便能把歌曲唱出来。音乐智能几乎百分之百的来自天赋，后天训练增益有限，真正成功的音乐家都必须具有此种天才，缺乏它，要在音乐领域取得成功，可能性极低。

如何使孩子的音乐天赋得到发展呢？加德纳教授建议，让他经常听歌，有可能的话给他找一所有课余音乐课程的学校，让他参加音乐夏令营。

4. 空间型

定义：善于利用三维空间方式进行思维和表现的能力，并能把感觉到的表现传递出来。特征：能够准确地感觉视觉空间，并能表现出来。相关训练活动：绘画作图、雕刻、设计时装和家具。

空间能力强的孩子观察力特别强，一个叫吉蒂的女孩子 4 岁就用透视法画装牛奶的纸箱。这类儿童在乘车旅行时常常记路标、站名，不仅记得很清楚，而且会向你提出什么时候曾经来到这个地方。善于识路和辨别方向，极少迷路。喜欢绘制地图和描绘物体，物体勾勒得形象逼真。善用黏土等材料制作模型，爱看画报及美术作品，能凭想象画图，或按照美术作品临摹一些人物和动物，形象比较逼真。画家、雕刻家及建筑师，多有此种智能。

引导这类孩子很容易，初期，只要给他提供一些颜料，一个作画的地方即可，可再给他找点黏土，作模型用的塑料和剪刀等。让他制作模型。有时间的话，还可以带他到他不熟悉的地方作长时间散步，鼓励他把到过的地方用地图描绘出来。学校应开设手工或图画课，让这类孩子的空间能力得到发挥。

5. 身体运动型

定义：良好地调节身体运动及运用巧妙的双手熟练地掌握、控制及改变物体的能力。特征：有着良好的身体技巧和控制平衡的能力。相关训练活动：运动、舞蹈、体操、制作小模型。

这是一种控制身体运动的能力，它包括两个方面：如何使身体的动作优美；如何把物体处理得巧妙。技艺精湛的运动员和舞蹈家都是身体动觉极佳的，某些工程师也是如此。有此种智能的孩子从小善于控制身体动作，举止优美协调，落落大方，爱跑爱动，反应灵敏，如果你的孩子翻跟斗、游泳，离把骑车易如反掌，胆大勇敢，玩追捕，什么活动都想试一试，善于模仿大人的动作和表演，他很可能是身体动觉极强的。这类孩子干那些需要运动技巧的工作会十分出色，喜欢自己动手，什么东西一学就会。如用各种工具干活，穿针线，装拆钟表、收音机，甚至计算机。

对这类孩子该怎么引导才好呢？加德纳教授建议给他买些电子元件，让他学学简单装配，带他到附近科学馆参观，鼓励他参加各种手工制作和体能训练，如舞蹈、体操、田径。在学校，体育课对身体动觉好的学生大有益处，他们可以通过运动和实际操作，使其潜能得到发挥。但如果他们的语言及数学逻辑能力欠佳，他们的学业成绩会较差。不过在需要运动技能的领域如各种手艺、运动技巧上，他们会大显身手。

6．知己型

定义：认识自我和善于自我反省的能力。特征：能很好地控制自己的情绪、意向、动机、欲望，对生活有规划，并善于自我分析，能正确认识、理解自己，有自知之明，能自尊自律，吸取他人的长处，喜欢独立工作，有自我选择的空间。相关训练活动：独立思考、自我反省。

通常，知己型是一种能把握自身情感，了解自己优点和短处，从而控制好自身行为的能力，又被称为自省能力。知己型孩子有主见，有创造力，较少依赖性，有认识自我的能力，懂得如何发挥自己的才能，计划做每一件事。善于判断能做什么，不能做什么。善于把行为和感情联系起来，如说“我气疯了才这样干”。

7．知彼型

定义：有效地理解他人和善于与他人交往的能力。特征：能够察觉他人的情绪、意向，并且能够辨别不同的人际关系。相关训练活动：领导团队、解决朋友之间的问题。

与知己型相反，知彼型是一种能准确判断他人的情感和动机，并进行适当反应的能力。知彼型孩子具有善于了解别人的能力，善于察言观色，他们十分注意别人的变化，发现别人的特征，善于观察父母的心情，领悟父母的忧与乐，如提出：“妈妈今天为什么会伤心?”之类的问话。当看见生人时，会说“他好像某某人”之类的话。喜欢模仿戏剧或电影中人物的动作或道白，如果他看一个神秘故事或一部警匪电视剧，他会很快把歹徒认出。这种善于揣摩别人内心的能力，将来适合当推销员、政治家、管理者、外交家等主要与人打交道的职业。

加德纳教授认为，对这些知己型和知彼型的孩子，我们要区别对待。如果你的孩子是知己型，你不妨夸奖他有眼光。如果他是知彼型，你可鼓励他参加或其他有机会使他成为领导人物的儿童团体。

无论是知己型还是知彼型的孩子，演话剧或幽默短剧都可以使他们才华尽显，你应当支持他演短剧和小品。你可带他参加戏剧学习班，每演完一场戏或看完一部电视剧，都要跟他一起分析一下剧中人物。还可以叫他把你家的成员的概况逐个简述一遍，或要求以家中每个人为题写篇生动的作文，其结果也许会令人吃惊。

对成年人，加德纳教授把知彼型又称为“对人智能”（或称“人际交往智能”）。所谓“对人智能”，是指理解他人的能力，用通俗的话说是善解人意。即理解他人的动机是什么，那个人将有什么举动，怎样做才能与大家协调。推销员、政治家、管理者、外交家、教师、宗教家等获得成功的人士，一般都是“对人智能”优秀的人士。加德纳教授认为“对人智能”的本质是“能识别他人的心情、气质、动机、欲望，并能恰当应对的能力”。

对成年人，加德纳教授把知己型又称为“内省智能”（或称“自省智能”），这是与“对人智能”相对的智能，是面对自己内心世界的智能。“内省智能”是了解自己的关键，其中也包括“把握、辨别自己的内心感情，并以此作为行动指南的能力”。“内省智能”是根据现实情况形成正确的自我模式，并利用这种模式使自己生活得更好的能力。

加德纳教授还把“对人智能”与“内省智能”合称为“人格智能”。

### 8. 自然观察型

定义：是指人表现出的对自然现象、科学和动物世界等特别的兴趣和爱好倾向，是种洞察自然的才能。特征：具有此种智能的孩子喜欢观察自然界，能对物体进行辨认和分类，喜欢了解动物世界，喜欢看电视节目、影碟、录像、书本中介绍的各种自然奇观。

生物学家、地质学家、天文学家、生态学家、庭院设计师及兽医等都对自然现象有特别的兴趣和敏锐的观察辨认能力，达尔文是这一领域的杰出代表。

加德纳教授强调：现在应该从更广泛的范围来理解智能。通常的考试只能测验人的两项智能，即语言和数学逻辑，而人的基本智能有八项，另外六项智能不易通过考试反映出来，但每个人至少在某一项上拥有优势。这是与生俱来的，可称之为强项智能。就是说，每个人的智能发展存在着强项与弱项的差异，各有所长，也各有所短。成才者与未成才者的区别，就在于前者充分地发挥个人的强项智能优势，而后者的强项智能优势不幸被埋没，没有被发现和发挥。据统计，差不多所有的成功者都是靠发展、发挥个人的强项智能而取得成功的。如果不发展与发挥个人的强项智能优势，在激烈的竞争中是不可能胜人一筹并取得成功。

加德纳教授指出：这八项智能是彼此独立的，某一方面较弱的人可能在不为人注意的另一方面具有惊人的潜力。也就是说单从学习成绩来判断智能的高低是不全面的，此消彼长，在学习成绩上的劣势，也许就意味着另一方面具有尚未被发现的强项智能优势。谁也不能在所有八项智能上都拥有优势，关键是正确认识自己的强项智能优势，避开自己的短处。教育对孩子的发展所能做的唯一最大贡献，是帮助每个孩子朝最适合自己智能类型的方向发展，并把这种强项智能优势充分发挥出来，生活得满足、充实。但我们现在看不到这种理想的教育状态，传统教育方式最糟糕的是过分强调语言和数学逻辑智能，因为这类智能类型的学生更易取得好成绩，学生身上其他重要智能却得不到确认和开发，而且仅以狭窄的分数标准来评价所有的学生。造成相当数量的学生虽然考试成绩很好，走向社会后却不能独立解决问题；成绩差的学生则会觉得自己很愚蠢，丧失自信心。这两种情况都会造成人才的极大浪费。学校应该停止这种仅凭分数对孩子进行评价和分等的做法，应该发现孩子们各自具有的天生的强项智能类型，并努力使它们得以发展，因为通往成功之路有成千上万条，而且能使自己获得成功的强项智能类型也是多种多样的。

加德纳教授认为：传统教育方式通常只能满足语言和数学逻辑两类智能类型学生的需要，大多数学生其他智能类型的开发与培养往往受到忽视，从而造成对大多数学生的歧视。如果采用正确的教育方式，即教师针对每个学生不同的智能类型采取不同的教育方式，使每个孩子都受到应有的教育和鼓励，则绝大部分孩子都至少可能发展其中的一项强项智能。孩子在学习、生活中是靠能做什么而不是靠不能做什么来取得成功的，发挥自己某种类型的强项智能优势才可获得真正幸福，不管这些强项智能是什么。不仅是基础教育，即使高等教育和继续教育也应采用多元智能论，这样才能最大限度发掘和培养每个人不同的强项智能。

显然，加德纳教授的多元智能论与笔者提出的特殊才能观点是一致，有异曲同工之妙，虽称谓不同，但内涵是一致的，八种不同类型的强项智能实际上就是八种不同类型的特殊才能。

细心的读者可能会问，加德纳教授的多元智能论，把人的特殊才能分为八种类型，而前面介绍的成功心理学创始人，美国的唐纳德·克里夫顿博士却认为人类有400多种独特优势，这两个结论为何不相符，是否存在矛盾？其实两个结论并不存在矛盾，加德纳教授多元智能论所分的八种类型是大类，如再一层层细分下去，完全可以分成很多种小类。加德纳教授自己也承认把智能分成八类并不是绝对的，人类的智能种类非常多，不可能把它们完全都分成合适的种类。加德纳教授曾和他的同事们一起试着对智能再进一步加以细分。结果八类智能竟可以分成20种。例如，“知彼型智能”又可以分成统率力、交友能力、解决纷争能力、社会性知觉能力这4种。

从前面介绍的乔羽、郑渊洁、李开复、常江情况来看，他们的语言智能都非常突出，但他们语言智能却是非均衡发展，各有所长、也各有所短，并不是全面发展，假如这四位都是学生，就不能按一种模式或一个模子培养，而应在语文教学上对他们实行错位发展与错位教学，那么独特优势论在这方面就大有用武之地。

无论是多元智能论，还是独特优势论，其共同之处都认为人的智能发展是不均衡的，是多元的，是多种类型的。两者不同之处在于对智能类型划分标准有所差异。与多元智能论相比，独特优势论认为人类共有400多项独特优势（即特长），这比多元智能论八种智能类型的划分要细得多。总的来说，多元智能论对人的智能类型划分是粗线条式，独特优势论对人的智能类型划分的是细线条式。当然多元智能论与独特优势论，各有各的特点，不能说谁劣谁优。

国内目前已出版的有关独特优势论的书籍很少，其中有代表性的是已在国内翻译出版的《现在，发现你的优势》和《首先，打破一切常规》。但这两本书均是论述独特优势论在人力资源管理与成功学领域的应用，独特优势论在教育中研究和应用还处于空白状况，而前面的论述表明，独特优势论在教育中也是可以大有作用的。

我国中小学、幼儿园的学生、幼儿总数多达3亿，比美国总人口还多，这决定了我国中小学、幼儿园只能采取大班教学方式，一个老师要教四五十个乃至更多的学生，教师常感精力不济，难以推行个性化教育和因材施教，粗线条式多元智能论可能更适合我国教育。但只要我们努力创造条件，实行教师的错位发展与错位教学，仍有可能按独特优势论的观点对学生进行细线条式的教育，开发每个学生的独特优势。前面所论述的语文与音乐教师的错位发展与错位教学，就是独特优势论在教育中的应用设想。

## （二）多元智能论对教育与成才的启示

清朝顾嗣协《杂诗》云：“骏马能历险/犁田不如牛；坚车能载重/渡河不如舟；舍长以就短/智者难为谋；生材贵适用/慎忽多苛求。”此诗从另一角度印证了人才是相对的、多元的。如果你发现、发展和发挥了一个人的长处（智能或优势类型），他就是人才，你这叫爱才；如果你挑拣、使用或攻击他的短处，他就成了庸才，你这叫整人。

我们以往的教育，常用应试这个模具去框，用高分这把尺子去量。按加德纳教授的观点，过分地甚至是只重视语言和数理逻辑性两类智能，绝大多数的考试测验和智能开发都集中在这两类智能上，却忽视了人的其他六类智能和相应的学习潜力，而且使许多学生冤枉地背上了“差生”、“弱智”的标签，被排斥在成功之外。事实上，许多考试分数低的学生出校后发展还不错，他们也是人才，因为他们都各有所长，都具有某种智能类型的优势。

加德纳教授主张，不必过于看重学生的学习成绩，任何学生只要开发、培养他的一或两项先天具有的强项智能就能够取得成功。像少年作家韩寒的理科成绩不理想，只能说明他在数理逻辑智能上不尽如人意，但他在文学上的突出表现说明他有非凡的语言智能。这种智能的优势完全可以使他在作家、编辑等与语言相关的职业中取得骄人的成绩。

正确地判断每一个学生智能的不同类型（或者说优势）、发展的基本概况以及发展的潜力，并进行针对性培养，是孩子成功的关键。这也是教师教育智慧极为重要的部分，做不到这一点就是不称职甚至是失职的教师。只要教师针对学生各种不同类型的智能即特殊才能，因材施教，除白痴外，完全可以做到学生个个成才，即使成不了大才，也完全可以成为自食其力的小才。

有人认为素质教育就是要全面提高学生素质，在素质教育大旗下，一种不和谐的现象出现了，学生什么课都要学，什么课都要考，什么课外活动都要参加。学生一天的学习和活动内容纷乱庞杂，不分轻重，从教师到家长，都想把孩子培养成“十项”全能冠军。而多元智能理论创始者加德纳教授认为，世界上没有人全能，也没有人无能。

任何一个人根本不可能全面发展，这不仅是个体先天差异所决定，也是专业、职业的多样性所决定的。世界上几千种专业、职业，何必大家都一样全面地发展？有长必有短、有得必有失、有所为必有所不为。一心想把孩子培养成全能冠军的结果是使孩子强项潜能难以得到发现和培养。

笔者主张与其全面提高学生素质，不如有所为，有所不为，重点提高孩子强项智能素质，可简称为重点素质或特长素质。让每个学生有时间多学他们爱上课目，多干他们爱干的事，多参加他们喜爱的课外活动。对有科技、数理化、音体美等特长的学生，学校应通过举办兴趣小组、特长班、运动队等形式进行有针对性的单独施教和重点培养，使每个学生的兴趣特长都能得到充分开发培养。

过去有句老话，即孩子都是自己的好，可如今却有一些家长总羡慕人家的孩子好，希望自己的孩子和人家一样。但按加德纳教授、克里夫顿博士和张贵良的观点，每个孩子都是不一样的，都是与众不同的，都是独一无二的，因为每个孩子都有属于自己的智能类型，都有自己的天然优势或独特优势，孩子之间没有可比性。家长与其羡慕人家的孩子好，倒不如努力发现自己孩子的智能类型或天然优势，并根据孩子不同类型的智能类型或天然优势来培养、引导孩子，使孩子向自己最擅长的领域发展，孩子定能取得最大限度的成功。

总之，要尊重每个学生的个性、爱好和特长，不拘一格，让不同智能类型的学生各领风骚，都能得到充分发展。社会不要求我们把每个学生都培养成科学家、政治家、企业家、艺术家之类的杰出人物，但要求我们培养出的学生必须各有所长、各有优势、人人成才。

所以加德纳教授的多元智能论，以及克里夫顿博士独特优势论、张贵良的天然优势论，不仅从另一角度印证了笔者有关特殊才能观点的正确性，而且对我们的教育是很有启示的，它为我们在教育观念上提供了一种全新的理念，使我们能从全新的角度审视对学生发展的评价，改变过去只用单一的分数标准和尺度评价学生的习惯。

面对各种不同类型的智能即特殊才能，教师应有全新的学生观，家长应有全新的孩子观，社会应有全新的人才观。这是种令每个学生（而不是少数尖子）都可以看到希望的教育理论，它让每一个孩子都拥有了一片希望的蓝天；让每个孩子都有积极、健康、快乐的人生。希望我们的教师、家长及学生认真学习、借鉴这些教育理论，并运用于教育实践中，使其在开发、培养学生特殊才能的过程中发挥应有的作用。

# 第八章　素质教育的核心与基本模式

## （一）素质教育的基本模式是合格＋特长

素质教育的核心或关键是什么？素质教育的基本模式是什么？教育界一直存在争议，然而国内已有上海建平中学在这方面进行了大胆地探索，他们的成功经验将给我们以有益的借鉴与启示，使我们能找出解开素质教育两大问题的正确答案。

特殊才能（或者称独特优势、强项智能、天然优势）尽管对每个人的成才非常重要，而我国学校教育却对此重视不够，我国教育大多数是对人的共性强调比较多，却忽略了个性教育，不注意培养学生特长即特殊才能，甚至还摧残、压抑学生特长。例如我们要求学生每门课都优秀，都在八九十分以上，而根本无视每个学生特长发展的要求，学生偏科，历来被视为一大缺点，这很错误的，我们不应要求学生对各门功课都有同样的兴趣而平均使用力量，应让学生把自己有限的学习精力，用到自己特长即特殊才能上，充分开发和培养学生的特殊才能，在这方面，原上海建平中学校长冯恩洪提出了“合格＋特长”的教育模式，在开发和培养学生特殊才能上闯出了一条新路。

1987年暑期，建平中学发生了一件事，高三年级的16名同学，自发组成足球联队，代表建平中学参加了“新民晚报杯足球赛”。没有老师带队，没有营养补助，这些同学硬是在457支球队中，拿了个第5名，这个很容易被忽略的自发举动，冯恩洪得知后兴奋不已，这为他推行酝酿已久的“好学生”标准提供了机会。

开学伊始，建平中学召开全校表彰授奖大会。参赛的16名同学中5名当场被命名为三好学生，11人为三好积极分子。每人奖励一本《英汉词典》、一架半导体收音机。

全校震动。这就是“三好”？冯恩洪在大会上讲话：“因为他们坚持全面发展；因为他们具有现代人主动参与，勇于竞争的精神，因为他们各方面都合格，却又有突出的体育特长，我们建平三好学生的标准，就是合格＋特长！”

他动情地对学生说：“假若每个建平学生都有社会参与和竞争意识，德智体美劳全面达标并有突出的特长，将会出现多少有用之才啊！建平的三好学生应该是‘特长三好学生’，随时冒出来随时评。建平学生将来服务于社会的，就是他的特长。”学生们一听可来劲了，连家长也纷纷主动询问教师：“你看我的孩子有什么特长?”这一学年，建平中学表彰了五批、108 名合格＋特长的“三好”学生。耐人寻味的是，这“108 将”绝大多数不是班级里总分最高的。

此后，建平中学被评为三好学生的均是符合“合格＋特长”标准：如在市“动手做”竞赛中获得一等奖的，在市中学生运动会独拿两块金牌的……

“什么是人才？我们现在的标准最简单了，符合大学最低录取分数线的就是人才”，冯恩洪详细讲解他的思路，“为什么现在有那么多的学生学习积极性不高？因为我们现在的教育是‘补短教育’，要求学生每门功课都在 85 分以上，而根本无视每个学生发展特长的要求，这是极不合理的。”

“譬如说，一个学生将来不当医生，不搞生物工程，为什么一定要他的生物课考 85 分以上？我看 75 分可以，甚至 65 分也合格。一个学生有限的学习精力，应该让他用到他特长的方面，在这方面，他超过大纲规定的范围越远越好!”

“我们建平所做的，就是改‘补短教育’为‘扬长教育’，扬长就能激发每个学生的学习热情。建平的一切制度、政策、环节、系统都在努力为‘合格＋特长’服务!”在这方面，他所做的最大胆的改革大概莫过于推行分级教学法，其最大特点是“按程度分教”。

长期以来，冯恩洪就苦恼，“因材施教”这个符合现代教育观的做法，为什么常常是一句空话？现在学校按总分分班，既不能显示每个同学的特长，又以牺牲多数学生的自尊心为代价。怎样在 45 分钟里使每个学生“扬长”，而不“有的吃不了，有的吃不饱”?

苦思冥想之后，一个“按程度分教”的 ABC 分级教学改革方案，终于在他心中酝酿成熟。经全校教师讨论修改后，于 1987 年 9 月 1 日起，首先在初一年级的数学、外语两科实行了。这个方案是把一个年级的数学、外语两科分为 A、B、C 三个级别班，这三个班分别采用不同的教学进度和加入不等量的国外教材，按程度不同分级教学。即一种教材分为 A、B、C 三种级别：A 级是针对少数尖子，拓宽加深超前，能学多少就教多少；B 级是针对中等水平的大多数学生；C 级是针对学习有困难的学生，以后在各科目中都推行这种分级教学法。

根据每一个学生的学习兴趣和接受能力，经过学生申请、老师建议、家长认可的程序，在上这两门课时，原来的分班界限被打破，学生分别按自己的选择进入不同级别的 A、B、C 三个班学习。这也不是“一槌定音”，经过一段时间后，学生还可根据自己的兴趣水平与适应状况来“沉浮”，选择适合自己的级别班。头几周，可试听、流动。这样一个学生可在不同科目中选择适合自己的不同的级别班。如一个学生既可在 A 班学数学、B 班学物理，又可在 C 班学外语，也就是说，一个学生在数学上可以发展特长，物理可以保持良好，外语可以保证合格。

冯恩洪认为："传统的快慢班是按总分分班，而我们这里是按特长与能力分班；传统快慢班是教育者选择的结果，而我们这里是受教育者选择的结果；传统的快慢班是'大一统'，而我们这里是快中有慢，慢中有快，灵活可变，有利于培养学生特长！"

无独有偶，据2001年2月27日《成都晚报》报道（胡健：推开分级教学法）：从2001年起，成都市实验（三原）外国语学校开始推行分级教学法，将每一科的教学分为不同层次供学生选择，同一个"行政班"的同学可以到不同的"教学班"学习。

据该校朱征峰副校长介绍，改革试点将从高中一年级两个班60多个学生开始。第一步只在数、理、化三科教学中实施。每科分为A（Advanced提高）和B（Basic基础）两个层次供学生选择。A层，较多地采用在教师的指导下，以学生自学为主的学习方法，如讨论式、质疑式等。B层，教师则重在有计划地化解难点，螺旋式上升，注意知识的积累，注意"滚雪球"式的学习。教师更多地进行个别教学，加强辅导，如当面批改作业等。学生在自主报名，经家长签字同意的情况下，数、理、化三科分别选择，原则上一学期选一次，第一次选择后可在学习两周后进行个别调整。由A层向B层流动由学生申请即可，由B层向A层流动，需要通过考试检测决定。

这一改革对教学有什么样的影响？朱副校长解释说，我校一直采取小班制授课，但小班制也还属于现在中小学实行的班级授课这种教学组织形式，这一形式对不同水平的学生使用同一的教学进度、难度和方法授课，进行统一的、无选择性的教学，难以真正将因材施教落到实处，既不容易出尖子，又使需要特别帮助的学生无法满足需要。而分级教学法彻底打破了传统的"行政班"教学组织形式，学生可以在数学科选择A层，在物理科选择B层，不同学科可选择不同层次；一个年级的学生中，数学选择A层的集中在一起上课，选择B层的又集中在另一处上课。教学班与行政班的分离，使因材施教，差异教学落在实处。据悉，该校今后还打算将此做法扩展到其他年级和学科，并提供提高、中级、基础3个层次供学生选择。

一些中学（特别是初中）为了提高升学率，将学生按考试分数的高低，分成快班和慢班（教育部早就明令禁止分快慢班），对快慢班的教育、教学管理侧重点不同，对快班是抓学习成绩，培养优等生；对慢班是抓纪律，保证学生在校不出事，成绩好坏无所谓。学校安排任课教师优先考虑快班，担任快班的任课教师教学水平和整体素质相对较高，而慢班的任课教师则相反，甚至有"拼凑"现象。同时，学校在其他教育资源的分配上也是快班优先。快班的学生因为自己进了快班而自感高人一等，学习信心大，劲头足；慢班的学生多数自惭形秽，学习信心一落千丈，加之慢班教师十分"知趣"，不愿在提高学生学习成绩上多下功夫，结果慢班中相当一部分学生荒废了学业。

分级教学是否涉嫌教育主管部门禁止的分快慢班的做法呢？其实分级教学与传统

的快慢班有本质的区别。首先，按考试成绩分快慢班是以老师的判断为标准，由老师选择适合教学的学生，而分级教学是教师创造出适用学生的教学。由学生自主选择。其次，分快慢班是面向少数学生，以升学考试为中心，而分级教学让学生在不同学科根据自身情况选择不同层次，学生永远有机会进入自己最适合的层次，因此是以学生学习上的需要为中心。

从小学到大学的每个年级，由于学生特殊才能或天赋的差异，门门优秀、十项全能的学生很少，偏科现象很常见，一名学生在一二个科目上表现突出，很可能在其他课目表现一般甚至较差。因此每个科目的学生成绩和水平都是参差不齐，相差很大，每个科目的学生至少可按成绩分为优、中、差三大类。假如把三大类学生混编在一个班学相同的课程，就会出现少数优生（学习尖子）觉得学习进度慢，吃不饱，不能发挥自己（在某个科目上）的特长。中等水平的学生会觉得自己只能勉强跟上，学习压力沉重，学习效果不好。而差生会觉得学习进度太快，学习难度太高，远远超过自己的接受能力，根本跟不上，学习负担太重。而且差生在与优生的反差对比中产生强烈的自卑感，逐步丧失了学习自信心，这会使差生越学越吃力，越学越没劲，甚至破罐子破摔，使学校、老师和家长深感头疼。

在各科目分级教学情况下，每个学生虽然在不同科目上学习的水平不同，但却是各得其所，同时在自己擅长的领域内还学有所长，有了自信的本钱，这样的教学才是真正面向全体的。每个人生来就各有所长，教育当然也不应该千篇一律，应做到学有所长，即开发和培养每个学生的特长。大工业时期批量生产的思维方式不应该继续统治 21 世纪的学校，学有所长应是现代教育的标志。按程度分级教学，既保证了人人都合格，又使得人人学有特长，人人都有信心。这种分级教育与一些地方盛行的快慢班教育有本质的不同。所谓快慢班，不是面向全体学生的分层教育，而是只对一小部分优生负责的应试教育。不论在重点中学还是普通中学，快慢班都只能让慢班的学生丧失自信，造就一批失败者。而自信对于学生的学习是最大的激励，这正是分级教育法的可贵之处。

建平中学、成都外国语学校等学校的分级教学法正是针对各个科目优、中、差三大类学生混编教学的弊端，将各年级所有科目教学分成 A、B、C 三个层次（或 A、B 两个层次）的水平班上课。某个科目的 A 班是指某年级某个科目教学水平最高的班，在上课时打破该年级各班界限，将该年级各班该科目的尖子集中在 A 班上课。A 班配备最好的老师，学习进度最快、学习难度最高、学习内容最多。让该科目这些全年级最好的特长生吃得好、吃得饱，开足马力往前冲，尽情发挥他们在该科目上的天赋。

B 班是指某年级某个科目教学水平中等的班，由该年级某个科目水平中等的学生集中在一起上课。B 班配备水平中等的老师，学习进度和难度也是中等。总之，B 班走的是中间路线，满足大多数中等程度的学生学习的需要。

C班是指某年级某个科目教学水平最低的班，把全年级该科目的差生集中在C班上课。C班学习进度最慢、学习难度最低、学习内容最少。对差生来说，由于彼此“差得”水平相近、成绩相近，这可克服强烈的自卑感，重塑自信心，不仅可逐步提高自己的学习成绩，还可减轻其不擅长科目的学习负担。

A、B、C三个层次的分班并不是一成不变的，以每学期期末成绩为依据进行动态调整，对C班的尖子可安排其进B班，B班的尖子可安排其进A班。同样，A班的差生可安排其进B班，B班的差生可安排其进C班。这样可鼓励学生争优创先、不断进步。

如果学校没有条件在每个年级的某个或几个科目上分成A、B、C三个层次的水平班上课，至少应分成A、B两个层次的水平班上课。A班由某个科目的尖子和中等偏上的学生组成，B班由中等偏下的学生和差生组成。

根据学生的实际水平和需要，本着自愿的原则，在同一年级分成三个水平班进行教学，能很好挖掘每个学生的潜力，发挥学生的特长，充分调动了学生学习的主动性和积极性。可减轻多数成绩一般或较差学生的学习负担。

笔者以为，建平中学及其他学校的ABC分级教学，其目的不是为了淘汰谁，而是从小训练孩子根据自己的特长与能力找到适合自己的层次、位置，告诉他们高、中、低层并不重要，重要的是在适合自己的层次、位置上最大限度发挥自己的潜力。要像建平中学那样允许学生自由选择学习的层次，让学生结合自己实际选择层次，只要觉得适合、不吃力就行。ABC三层应像建平中学那样可以“沉浮”、“流动”。上不封顶、下不保底，一个学期或半学期下来，感觉自己进步了，可到上一层试听一两周，感觉不错就可跳层。层次在一个学期中应调整一至两次，保证学生始终在一个自己适合的层次学习。优生觉得自己发展迅速，差生说“听得懂了，有收获”，这就表明分级教学成功了，这就可以激励学有余力、学有专长的学生超前发展，也可以促进学习基础差、学习上暂时有困难的学生获得一定成功，得到相应发展，最终达到全体学生都获得提高的目标。它的积极效果是显而易见，能很好激发好、中、差三类学生的潜能与特长，使每个学生都能不同程度地获得成功 。

建国五十余年，我国教育工作的成绩是很大的，培养了大量优秀人才。但在众多的人才中，却没有涌现出世界级大师，没有涌出特别出类拔萃的顶尖人才，在国内没有一个得诺贝尔奖的。这与我们长期对教育工作的认识和观念有关。其中之一是宣传实行所谓的教育平等，以及取消重点、画地为牢的招生办法，学生不许择校，学校不许择生。教育平等应指机会平等，而非教育内容、方法和目标的相同。不是人为地拉平、削平，更不是取消竞争。但现在的情况是不分层次、“同步化”的大班教学以表面的平等掩盖着实质上的不平等：有人吃不饱，有人吃不了。这是“均贫富”思想在教育领域的隐隐体现。由此扼杀了大批特长型尖子人才，特别是大师级偏才，造成了人力资源巨大浪费，其教训是深刻的。

分级教学也引出了一个与之相关的话题：学校、社会应该为特长突出的孩子创造怎样的环境，以利于他们的发展？在照顾大部分学生利益的同时，我们也要关注于天才儿童或者说特长突出学生的培养问题。在处理学生天赋差异时，我们是采取压抑强者，然后推动弱者去弥合差距（实际上这个差距根本不可能弥合），还是解放强者，对强者进行优先重点培养？运动员的培养都是从很小就开始了，对这一点我们很容易接受，那么有其他特长的孩子是否也应如此，也可以也得到优先重点的培养？答案是肯定的，分级教学一大优势是能为特长突出的孩子创造一个有利的成长环境，分级教育中的A级就是面向少数尖子，对他们进行英才教育，以造就出我们最急需的各类特长型尖子人才，特别是大师级偏才。

继推行分级教学后，冯恩洪又对传动的考试方法动大手术。冯恩洪认为："原来期中考试的目的是什么？是拼总分、'补短'嘛！"于是全校取消了期中考试，改为学科竞赛。学生有把握参加哪一门可以任选，鼓励扬长。

期末大考能不能改？能！从1988年起，建平允许低年级学生单科或全科参加高一个级的考试。结果，全校18名同学参加跃级考试。有一名6科考试全部合格的初二学生，当场被宣布升入初三年级。其余15名单科成绩优良，发给"单科特许证书"——虽然他们还不能升级，这门功课却可以听，教师资料室对他开放，供他自行深入钻研……

"到底是统死、补短出人才，还是放活、扬长出人才？"冯恩洪说，"我看是放活、扬长出人才。只有这样，学生才不是靠文凭的引力、待业的压力来学习；这种学习才能使学生感到乐趣，才能成为学生的需要！"

在建平，第一课堂活起来，第二课堂更活。1987年以前，这所中学一个课外兴趣小组都没有，临到市里学科竞赛，临时凑几个磨磨枪，获过奖的学生几近于零。冯校长来了以后，认为开发学生潜能、培养学生特长，最佳突破口是第二课堂。他狠抓第二课堂建设，他的口号是"课内打基础，课外出人才"。面对上下午排得满满的课，1991年又迈出大胆的一步，每堂课必修课的时间压缩掉九分之一，上午变为五节课，全部上必修课，下午增加选修课，提供学生选择的时间扩大到整个下午。

学校开设的选修课不是点缀，不是应付，而是在培养、发挥学生的特长。学校最优秀的教师担任第二课堂的指导，社会名流，老校友、学有所长的家长，都被请来担任兼职教师。

目前，建平中学的选修课与课外兴趣小组多达98种，数量之多，在全国恐怕很难找出第二家。为学生真正构筑了一片自主学习的天空。选修课与课外兴趣小组分五类：

第一类是学科知识。这是要培养拔尖人才，由各科拔尖老师挂牌，带"研究生"。学校理化生实验对这些学生随时开放，可以去做课堂上老师做的验证实验，也可以自行设计方案经任课老师签字去做发现实验，进行科学探索。

像邵伟达老师培养数学尖子张健就是典型例子，张健到了高一，数学就不进课堂了，到高二时，学校已没法教他了，因为大学一年级数学课程他全学过了。学校就专门派车送他到华东师大、复旦大学等单位，请专家、学者给他上课。张健获得的各种数学竞赛的奖牌多不胜数。

第二类是技术类。如电脑、修车、开车、缝纫、无线电技术等，培养学生的生存能力。

第三类是文化艺术类。如艺术欣赏、绘画、演奏、演讲、公关、模特表演等。

第四类是新兴行业类。如证券、导游、现代办公、物业管理等。

第五类是体育类，如网球、国际舞、桥牌、国际象棋等。

现在，建平中学的学生中未毕业的就有了几张社会承认的证书已不是什么新鲜事了。

为鼓励学生冒尖，发展特长，建平中学评“三好生”的标准既不是分数，更不是各科成绩门门优秀、全面发展，而是必须要有一项特长，评的是特长“三好生”。有了一项特长就可以去评“三好生”。在参加竞赛、动手能力等活动中发现和展示自身特长的学生，随时冒出来随时评，“三好生”不再是少数学生的专利，几乎每个学生都有机会成为各具特长的“三好生”。一位高三同学说，建平人十分自信，因为学校没有压抑我们，人人都帮助你尽情发挥，并得到学校的认同。所有学生争特长“三好生”的积极性被充分调动起来。

在这样的条件下，建平中学学生的特长是不是被培养，发挥出来了呢？数字是枯燥的，但又最能说明问题。建平中学合格加特长教育模式始于 1987 年，一年后就收到了明显效果。

在 1978 年到 1984 年的 6 年中，建平中学获得市级竞赛一等奖的仅 1 人。而 1988 年，黄浦区 38 所中学参加全市高三年级语文、数学、外语三门学科竞赛，全区获英语竞赛一等奖 1 名；获数学一等奖两名；获语文一等奖两名。1988 年，从全上海 800 所中学选拔 50 名学生参加国际奥林匹克化学竞赛，黄浦区一共入选 8 名，有 7 名是建平学生。到 1988 年底，建平中学获奖已达 174 人次；不仅 6 门学科都有获市一等奖，还有全国数学竞赛一等奖，全国天文论文评比一等奖，国际奥林匹克化学竞赛优胜奖。

仅 1991 年，建平中学获市级以上竞赛一等的就有 112 人次。从 1991 年到 1992 年，建平学生参加区、市级以上各类竞赛获奖 512 人次，占全校学生数三分之一。截至 1999 年底，该校在市、国家、国际级各类竞赛中获奖者逾 3000 多人次。现在，建平的师生们抱怨的是：“为什么总是搞科学竞赛，如果搞非学科竞赛，如动手比赛，我们这里动手能力强的学生多着呢!”

建平中学合格加特长教育模式是否对学生升学造成影响呢？非也！该校近几年大学升学率接近 100%，升学率之高，在上海数一数二。1999 年该校考上北大、清华的学生有10名（全上海21名），进复旦、上海交大的学生有100多名。

“让学生在选择中得到充分发展”，这是冯恩洪的另一个基本教育观念。大一统的课程表，提供的是“拉平教育”，培养的是“标准件”，虽易控制教学，但学生没有按自己兴趣特长选择的权力。学生从进校到出校始终处于被支配的地位，学校把个性、兴趣、潜能不同的学生都纳入统一的轨道，纳入统一的课程表。教育是培养人的工程，可人的成长不能是一个模子里浇出来的。教育要为培养学生的兴趣特长提供多元选择的机会。而传统的大一统、“标准件”式的教育模式，学生始终是一个被动的求学者，进校后没了自主选择权，你让学生如何培养自己的兴趣特长，这是教育不成熟的表现。

冯恩洪认为：“学校教育既要满足社会发展需要，又要满足人的个体发展的需要。人类发展的基本目标是扩大人的选择范围，校园生活要给学生以充分选择的余地，让学生个性特长在自主选择中健康和谐地发展。”

实施合格＋特长教育模式的关键在选择，要把学习的主动权和选择权下放给学生，而且要创造条件让学生选择，如ABC分级教学，让学生按自己的意愿和能力在不同学科选择不同教学进度的课堂。有了选择权，学生在自己擅长的科目和领域就可以多学多钻研，扬己所长。而在自己不擅长的科目和领域就可以少学，只求合格即可。

建平中学的选修课和课外兴趣小组多达98个，甚至还有“红学研究”、“激光全息摄影”这样的冷门项目，如此多的选修课和课外兴趣小组足以使学生的各种特长都能找到施展发挥的舞台。而且还可任由学生选择，可以多次变换、多次选择。一旦发现所选的选修课和课外兴趣小组不符合自己特长，马上可退出重选，这样在反复选择中，学生总能找到能发挥自己特长的选修课和课外兴趣小组，并通过积极参与其中的学习、活动与探讨来培养自己特长。

学校内部管理也适应建立学生选择机制的需要：教师要一专多能，根据学生发展和经济建设、社会发展的需要开设选修课。图书馆、计算机房、语音室等教学设施向学生全天开放，只要凭学生证，学生可以自由出入校内有关场所……

所以要培养学生特长，就得给学生提供选择的权力，给学生提供选择的机会，允许学生在选修课程范围内选择课程，允许学生在选修课的课程中选择教师，允许学生在必修课中通过分级教学法选择学习进度与难度。总之，学校要创造选择的氛围，扩大选择的范围，发展选择的能力。要求学生自主选择，家长参与选择，教师指导选择，管理保障选择……

建平中学就是这样建立起让学生有充分选择的机制，教学生在变化着的社会中学会正确地选择，并在正确的选择中发展。选择激发了建平学生学习的能动性和对人格自我完善的追求，他们变“要我学”为“我要学”，充分利用学校的优越条件发展自己的能力和特长。学生们在选择中最终学会了选择，在选择中培养了自己个性特长，使他们今后面对市场经济和激烈竞争的社会，能有立足和适应的根基。

冯恩洪强调“我们建平这些年做的和继续要坚持的，就是使每个学生的个性特长能得到最充分完全的发展。走上社会后，每个学生依据自己的个性特长进行专业、职业定向。最后，每个建平毕业生服务于社会的方面，应该是他的特长方面!”

冯恩洪提出的合格＋特长的教育模式中的特长，实际就是指笔者在前面所说的特殊才能，或者称独特优势、强项智能、天然优势，尽管叫法不同，但其本质和含义是完全相同的。合格＋特长的教育模式也完全符合前面介绍的独特优势论和多元智能论教育理念，是独特优势论和多元智能论在中国教育中的创新和发展。

对于冯恩洪合格＋特长的教育思想，在教育界或许有人还不理解，因为许多人依旧死抱住所谓全面发展的观念不放，但冯恩洪就是敢于冲破全面发展的束缚。做教育园地里经过理性思考后“第一个吃螃蟹的人”。他先后有六项教育科研成果获得国家和市级成果奖，先后被评为全国优秀班主任、德育特级教师、全国教育系统劳动模范。这说明他的大胆探索是成功，他的教育理论与实践得到了教育界、家长、学生的好评与认可。但建平中学的宝贵经验一直没有得到重视和推广，一花独放也就难以产生大的影响，这是我们应当从中吸取的教训。

现在学生学习负担重，主要表现在两方面：

一方面表现在不允许偏科，要求学生全面发展、门门优秀，迫使学生在其不擅长的科目也得花大量时间精力学习，却只能收到事倍功半的效果。而合格加特长的教育模式，只要求学生在其不擅长的科目合格即可，这样就能极大地减轻学生在其不擅长科目的学习负担。

另一方面表现在，许多学生在课余时间被家长强迫去学艺术与外语，但合格加特长中的特长不只是艺术特长、外语特长，应是学生原本具有的特殊才能。如果孩子不具有艺术特长、外语特长，家长却采用拔苗助长方式进行培养，只能压抑和摧残孩子在艺术与外语之外的其他特长。这就有违于合格加特长的初衷。所以合格＋特长的教育模式有助于引导学校、教师和家长给学生们减负。

合格＋特长教育模式的本质是一种非均衡教育，在教育中不搞平均主义、扬短避长，而是允许学生扬长避短、有限目标、突出特长，这将使特长生脱颖而出，造就一大批大师级偏才。

现在提倡愉快教育，但搞补短教育，迫使学生在其不擅长的科目也得花大量时间精力学习，却只能收到事倍功半的效果，甚至受到严重挫折，学生怎么能愉快？那些学外语“牛死赔本”的学生有几个愉快？倒有不少学生因“牛死赔本”而饱受折磨，痛苦不堪。而合格＋特长，让学生在其擅长的科目“腿长跑得快”，让其特长得到充分发挥，不仅在学习上收到事半功倍的效果，还能使学生不断体验成功的快乐，这样才谈得上愉快。

一些人总把特长教育与素质教育对立起来，说素质教育强调全面发展，而特长不利于全面发展。但我们不能片面理解全面发展。曾有几家报纸载文批评一位14岁的少年大学生，说他知识面窄，只会学习，连柏拉图是何许人都不知道，甚至发出疑问：这位少年大学生是天才还是“废人”？按这些记者的看法，仿佛人一聪明，就得一通百通，什么都知道，什么都会，这真是荒唐的逻辑。古往今来，除极个别的通才大家，谁能够门门精通？2001年获诺贝尔物理奖的华裔科学家崔琦，连被有些人誉为21世纪通行证的计算机都不会用，但这并不妨碍他在自己专长的学科领域做出世界一流的贡献。人不可能个个全能，前面也介绍了很多大师级偏才。尤其在知识爆炸的信息时代，每天24小时不睡觉，知识都学不过来，怎么能如此苛求一个14岁的孩子。所以素质教育也可以是非均衡教育，只要像建平中学那样，学生在发挥自己特长的同时，做到其他课目都能合格，这也是一种全面发展的表现。即在各科目全面合格的基础上，发现和培养学生特长。所以全面发展并不是齐头并进、拉长补短，更不是扼杀学生个性特长，那就不是全面发展，而是平均发展，只能培养出缺乏个性特长，不被社会所欢迎的“标准件”。所以全面发展也可以是主次分明、程度不同的非均衡发展，就像“山”字形那样，有一门突出擅长的科目，其他科目合格即可。

与中国形成鲜明对比的是，美国的教育是典型的非均衡教育，美国教师都坚信每个学生都各具特长、各有优势，即使是学一样的事物，某些孩子就是要比其他孩子掌握快，能力也更强，这是事实。正因为每个人都有不相同的才能和优势，教育就应培养各具特长的学生。在教育中不搞全面均衡发展，不制造“标准件”。注重培养学生特长与优势，张扬个性，允许学生按自己的兴趣特长自由选择科目，选择科目自由度非常大，有的高中可供选择的科目多达600余种，选择范围之大，超出了我们的想象。

我们是否可提出这样一个教育和成才的口号：“人人有才、人无全才、各有所长、各有所优、扬长避短、因材施教、因才择业、人人成才。”

长篇大论谈理论，多数读者不会感兴趣。但笔者深信，正确地教育理论只能来源于实践。通过建平中学的实践，而不是理论上的推导与争辩，我们完全可以得出这样的结论：素质教育的核心或关键就是特长教育，即开发和培养学生特长（特殊才能，或者称独特优势、强项智能、天然优势）的教育；素质教育的基本模式是合格＋特长。经济和社会的发展并不需要“统一规格，统一模式”的标准件，而需要多层次、多类型、多规格，具有某一方面特殊才能的人。这就必须通过特长教育与采用合格＋特长的基本模式来培养。有不同看法的同志也许可以从理论上去反驳这两个素质教育基本观点，但实事胜于雄辩，以上这些事实是谁也反驳不了的，我们要推行素质教育就必须这么做。

## （二）教育和创新的本质是扬长

中央所提出的在2020年把我国建成创新型国家的战略目标，极大地激发了全国人民的创新热情，吹响了向科技创新进军的号角。

然而创新的关键是什么？前面所举的大量事例表明，每个人的创新潜能只能蕴藏在他的特长（强项智能或独特优势、天然优势）之中，如杨振宁只能在他擅长的理论物理领域才能做出重大创新；丁肇中只能在他擅长的实验物理领域才能做出重大创新。天才入对行实际上就是在他的擅长领域去创新。相应的，要提高中华民族特别科技人员的创新能力，教育就必须扬长避短，要注重培养学生的优势和特长，然而我国教育最突出问题却是克短或补短。

现行的教育模式要求学生全面、均衡发展，最好门门优秀，学生只好把大量时间用在补短上，教育成了补短教育。然而补短教育事倍功半，短处并没有补起来，没有语言天赋的学生再努力学外语也只能是“牛死赔本”（英语“报纸”一词的汉字注音）尴尬结局。该发挥的特长也没有被培养出来，扬长避短成了扬短避长，因材施教成了因短施教。这种教育不能培养出社会急需的专（偏）才，特别是大师级偏才，只能培养出缺棱少角，无个性特长的平庸之辈，使社会饱受专（偏）才型人才匮乏之苦。

常言道：有比较才有鉴别。微软全球副总裁李开复博士以自己在中、美两国接受教育、工作的亲身经历评论说：“与美国教育相比，中国式教育最大问题是认为学生的成长就是不断克服缺点的过程，所以老师更多是在批评学生，让学生把主要精力用于弥补最差的学科。”

他所说“弥补最差的学科”，按我们的话说就是补短教育，数学不行补数学、外语不行补外语、作文不行补作文……哪门课目不行补哪门，补短的实质是强迫学生克服自身的客观缺点、而客观缺点是无法克服的，补来补去的结果成了扬短避长，就像强迫小兔子去学游泳。

以笔者的观察，学生学习负担之所以重，很大程度上是由于补短教育造成的，学生花在补短教育上所用时间远多于自己在擅长科目上所花时间。例如高中理科班学生往往花大量时间来补语文、政治之短；高中文科班学生往往花大量时间来补数学之短。可补来补去，尽管累得半死不活，也并没有把短处变成长处，因为客观缺点是无法克服的，数学依旧是多数文科班学生的短腿，语文、政治依旧是多数理科班学生的短腿。

上海的少年作家韩寒，虽擅长于文学创作，但偏科现象严重，数理化都很差，三门都不及格。韩寒的父母很着急，想找老师给他补习理科，希望他能上大学。他们说：“偏科只能害了自己，因为现在社会需要的是全面发展的人才。”韩寒也觉得如果认真读书的话，考上大学没问题。但他还是坚持不做自己不喜欢的事。他认为，对今后不搞理科研究的人来说，数学只要上到初二就够了，物理、化学只要学一两年就行。韩寒痛恨家长和老师的开导，他说："我就要片面发展！培养人才是培养筷子吗？自己选定的路就要走下去。"于是韩寒办理了休学手续，以体验生活，继续走他的文学创作之路并取得成功。

笔者认为韩寒的决定是明智的，像韩寒这样的文学少年，普遍是文科强、理科弱，如硬要他们在理科上也取得好成绩是勉为其难的，甚至是徒劳的。既然数理化这个客观缺点难以克服，且在文学创作中也用不到多少数理化知识，家长也就没有必要让韩寒去"补短"，"补短"只是"扬短避长"，只有像韩寒那样果断"弃短"（数理化），才能扬长避短，取得成功。

李开复博士说，每个人在成长过程中都试着"改变自己的缺点，希望把缺点变为优点"，但他们却总不能如愿（李开复博士在演讲中经历；后面提到的英语教育中"牛死赔本"现象及朱德庸的例子是三个典型）。因为人才的价值在于充分发挥个人最大的优点。

李开复博士介绍说美国盖洛普公司最近出了一本畅销书《现在，发现你的优势》（此书已在国内翻译出版）。盖洛普的研究人员发现：大部分人在成长过程中都试着"改变自己的缺点，希望把缺点变为优点"，但他们却碰到了更多的困难和痛苦（这与笔者所说客观缺点是无法克服的观点是一致的）。而少数最快乐、最成功的人的秘诀是"加强和充分发挥自己的优点，并管理自己的缺点"。"管理自己的缺点"就是在不足的地方做得足够好或尽可能好就行了，因为你的先天不足决定了你只能如此。"加强和充分发挥自己的优点"就是把大部分精力花在自己有优势和兴趣的事情上，从而获得无比的自信。不仅在职业生涯中是如此，在教育中也是如此。

李开复博士建议：学生对自己不擅长的学科只要学得"足够好"即可。笔者对此是举双手赞成，因为你的先天不足决定了你只能如此。"足够好"可理解为"合格＋特长"教育模式中的"合格"，即"合格"相当于"足够好"，"特长"相当于每个学生的独特优势或者说强项智能、天然优势。可以说独特优势论、多元智能论、天然优势论也能证明"合格＋特长"教育模式是完全正确和可行的。

无论是独特优势论、多元智能论、天然优势论，还是李开复博士的见解，以及众多偏才型大师的实例，都证明人的智能发展是不均衡的，是存在差异性的，是各有优势、各有长短的，根本不可能全面发展。如非要全面发展，就只能像强迫小兔子去学游泳那样扬短避长，或者说"削长补短"。补短教育并没补出短来，反而压制学生的天赋优势，最后培养出的是没有什么优势特长，比较平均（也可以说是比较平庸）的人才，就像在一个模子里大批量生产出的同一品种的"标准件"。

加德纳教授的多元智能论、克里夫顿博士的独特优势论、张贵良的天然优势论也从另一方面证明了由于特殊才能先天差异所造成的客观缺点，通常靠自身努力是难以克服的。如果你不是"知彼"型，你必然不擅长交际，不适合从事推销员、外交家等职业；如果你不是音乐型，你必然不擅长音乐，你再努力学音乐也不能收到好的效果，这类与生俱来的客观缺点通常是无法克服的，克服不了不妨保留，那么扬长避短，设法避开这些客观缺点也就成了明智的选择。张贵良的转行成功即是一例，他曾因入错行（数学）而被某些人认为是最差、最没有前途的学生，他在数学学习与工作（讲课）的苦海煎熬了10年，也未能克服自己不擅长数学的缺点。张贵良最后的明智选择是通过考文科专业研究生去避开而不是去克服不擅长数学的缺点，扬长避短使他获得了成功，在事业上他成为大学全班同学的佼佼者。

所以客观缺点是无法克服的，短处（客观缺点）无法补成长处，采用补短教育方式无法成功。既然以克服客观缺点为目的补短教育行不通，那就只能采取扬长（避短）教育模式。事实表明，越是扬长（避短），越容易成功。既然如此，作为培养人才的教育就应采取扬长（避短）教育，而不是补短教育。

学校教育的功能不能仅局限于传授知识。首先，在知识爆炸时代，知识更新换代和淘汰速度很快，在学校所学知识如在工作中用不上，随着时间的流逝，那些用不上、用得少的知识就会被逐渐遗忘。唯有特殊才能（或称独特优势、强项智能、天然优势）对每个学生择业和工作的影响是终身的、巨大的。其次，党的十六大报告提出要建立学习型社会，任何人都将终身学习。如在学校所学知识不够，可以在走上工作岗位后（通过各种继续教育途径）继续学习。可以说在知识学习上可以做到校内不足校外补。但如果学校教育没有发现和培养学生的特殊才能，学生在学校学习多年，却对自己的特长和潜能认识不清，走上社会后，很可能出现入错行的悲剧，其结局只能比入错行的天才更惨，甚至有可能毁了自己的一生，这种人生的损失不可能像知识学习那样校内不足校外补。学校教育必须承担起这个责任，更新教育观念，把开发和培养学生的特殊才能放在学校教育的首位，即努力发现和培养学生的特殊才能，使其成为学生择业之本、工作之本、立足之本、成功之本，这是素质教育的核心和关键。

学生智能类型的多元性和差异性导致每个学生既有强项和优势，也有短项和劣势，在有限学习时间里，要把短项和劣势都弥补起来是不可能的，而且也没有必要，只要善于“避短”，就不会影响既有强项和优势的发挥。

所以学校教育的首要职责就是要善于发现、发展和发挥学生的长处，要用各种教育手段扬学生之长，避学生之短。哪怕一开始这些长处还处于很弱小的状态，我们每一位教育工作者都要以饱满的热情，从多个角度去观察和赏识学生，寻找和发现学生身上的闪光点即特长，才能有针对性地去开发和培养学生潜能。

学生站在短处发展，这是非常可怕的。他可能会在永久的卑微和失意中沉沦。培养学生，不能只看他是学了多少知识，不能只看他是否考高分、升大学，更要看能否使学生的长处得到充分的发展和发挥，使每个学生都能扬长避短，向着自己最擅长的方向发展。这是种扬长教育，是以学生发展为本的教育理念。

扬长可以激活学生的兴趣，极大地调动学生的积极性、主动性，张扬学生的个性，使学生体验成功的喜悦；扬长可以帮那些不同个性、不同层次的学生树立了自信，找回了自身价值，增强学生的自信心；扬长可以避短，可以克服自身弱点对学习和成长的影响，发掘了学生自身的优势，激发了学生成才的原动力，提高学生成才的竞争力；扬长可以克服整齐划一的均衡教育模式对学生的种种束缚，发展学生潜在的智能优势，让学生在扬长中走向成才之路，为学生的成才找到了一个突破口，为学生将来的成功奠定良好的基础。

（在中学推行）“合格＋特长”与（在大学推行）“有限合格＋特长”的教育模式从本质上来说就是扬长教育，它对整齐划一的传统教育模式提出了挑战。现行的同一课程标准、同一教学进度、读同一本书、做同一作业与试卷的整齐划一的均衡教育模式，是与扬长避短的教育理念相违背的。由于它忽视学生存在的智能类型差异性和对教育选择性的需求，就会剥夺学生选择和尝试的权利，扼杀学生个性特长的发展和创造力的发挥！因而是不可取的。

学校教育以开发和培养学生特殊才能（称独特优势、强项智能、天然优势）为中心，实质上就是扬长教育。扬长教育中的“长”就是指学生的特殊才能或特长。实行扬长教育，就必须从教育观念、教育体制、课程设置、师资队伍、教育管理、教学模式等方面进行一系列的根本改革。西方国家在 20 世纪初就开始了这样的改革，才能为成为今日的科技、工业强国打下坚实的人才基础。今天，我们已跨入 21 世纪，一个伟大的时代——信息社会已经到来，其对人才素质的要求越来越高。我们必须在总结传统教育经验教训基础上，大力实施扬长教育；大力倡导（在中学推行）“合格＋特长”与（在大学推行）“有限合格＋特长”的教育模式；大力倡导在高考理科生录取中采用有限统考科目＋关联科目成绩计分的做法；大力倡导多元智能论、独特优势论在教育中的运用，把中国由人口大国转化为（特长）人力资源强国，这已成为我们每位教育工作者责无旁贷的任务，任重而道远，必须从现实做起。扬长（避短）教育模式作为素质教育中的一点星星之火，必将成为素质教育中主流！必将形成自己的燎原之势！

以上这些观点不仅适用于学生，也适用于成年人；不仅适用于教育，也适用于工作；不仅适用于选择专业，也适用于选择职业。

## （三）以单好生取代三好生

如同传统的百分制一样，已实行了近半个世纪的三好学生评选标准已引起了越来越多的争议。传统的三好生的评选标准是指身体好、学习好、思想好，但真正评选的时候，三好学生的标准倾斜了，往往是（主课门门）分数高、听话守纪律的孩子就是三好学生。被评出的三好学生可以说是千人一面，缺乏个性特长，基本上是分数高（主课门门优秀）、听话的学生。迫使所有的学生向分数靠拢，追求分数；追求门门优秀、全面发展。这种情形下，学生很难发展自己的个性特长，只能扼杀自己的创造力，因分数高被评上三好学生的学习尖子更是如此。有些门门优秀、分数高的三好（尖子）生中有相当一部分走入社会后并不成功，甚至成为失败者。而有其他特长的学生特别是偏才，即使某方面表现再出色（如上海少年作家韩寒），在三好学生评选标准面前却难以脱颖而出，往往与三好学生无缘。但恰恰是这些学生走入社会后却取得较大的成功。

一位中国记者来到北京的某国际学校采访，这个学校有来自 30 多个国家的 130 多名学生和美、英、法、澳等国的老师。记者问了一个对我们来说再简单和普通不过的问题："好学生标准是什么？"没想到这个学校的行政总监被问得一脸茫然和诧异，好半天才说："我们这里没有什么好学生、坏学生之分。"

记者又问："从来不评好学生、三好学生什么的。"对方回答："从来不评。学生不是学习好就好或打球好就好，这样不行。每个人都有自己的特长、品质、人格，包括很多方面，有的这方面好，有的那方面好，今天他做得这件事好，明天他做得那件事好，怎么能断言谁是好学生，谁是坏学生呢？"

别人评价学生的做法，应当引起我们的思考。过去我们的教育理念是"谁是好学生"？"好学生是少数"，评三好就是这种理念的反映。于是三好学生的评比有着严格的名额限制。绝大多数没评上的就不算好学生，只能算一般的学生，个别的成了坏学生即差生。但素质教育是让每一个学生都成功，而不是只让少数三好学生成功。素质教育理念是"每个学生都是（潜在的）好学生"、"每个学生都各具特长"、"每个学生都能成功"。现在大力倡导赏识教育，然而赏识教育决不是只赏识少数三好生，而是赏识所有学生。名额限制实际上是只赏识少数三好生，宣判多数学生不成功；只让少数三好生享受成功的快乐，使多数学生体验不到成功的快乐，认为自己与少数三好生相比，差距太大，根本赶不上他们，产生自卑心理，认为自己没有多少前途和希望，丧失自信心和进取心。这显然不利于多数同学的健康成长。所以，单靠评三好生这种方式激励学生已经不能适应素质教育发展的要求，其导向作用大打折扣。

笔者认为如果推行"合格＋特长"教育模式，就应像上海建平中学那样，把特长而不是把分数作为评三好学生的主要标准，只评特长三好生，不评分数三好生，更不评门门优秀的三好生。既然只评特长三好生，笔者建议把"三好生"改为"单好生"，即拥有某项特长（单好）的学生。任何学生只要拥有任何一项特长，都可被评为"单好生"，这就给了每个学生展示特长的机会，能对特长生的培养与成长产生正确的导向作用。其实建平中学早已这样做了，建平中学评的都是"单好生"，但仍然套用原来"三好生"的称呼，似乎有些"名不符实"。当然，特长三好生是叫"单好生"，还是叫其他称呼？可以探索，称呼可以不同，但含义和宗旨是一致的。这方面海口市、成都市高新三小、抚顺北台小学、临沂市第二实验小学、北京光明小学、珠海拱北小学评价学生的做法独具特色，很有借鉴价值。

据2000年4月24日《光明日报》(丁炳昌、杨明:“雏鹰行动在海口”):海口市龙峰实验小学六年级学生陈峥原来学习成绩不怎么好,但对小创造、小发明很感兴趣,经常在家里鼓捣电风扇、收录机等家电,“雏鹰”争(奖)章活动开始后,家长和老师便鼓励他争科学章,家长还专门给他买了天文望远镜。通过阅读科普读物和亲自动手,陈峥的天文、电脑知识大有长进。如今,他不仅戴上了科学知识、电脑、阅读、写作、国防和海洋知识等15枚奖章,学习成绩也有了明显进步。

在海口,像陈峥这样的儿童有一大批。据统计,截至1999年底,全市6万多名少先队员平均每人争得三枚奖章。2000年以来,全市参加雏鹰行动的少年儿童,正以“核裂变”的速度增加,海口的素质教育正从学校逐步走向社会。

过去,孩子的成绩如果不是前几名,就往往不受重视,孩子自己也认为“我不行”,缺乏自信心,倍感压抑,潜在的特长也没有展示的机会。现在,只要学生有闪光点,充分展示特长,就会得到肯定和鼓励。孩子分数不高,但创造力很强,就可得到一枚创造章;演讲能力强,就可得到一枚演讲章,让每个孩子都感受到“我能行”。看孩子胸前挂了几枚奖章,就像当年谈论孩子考了多少分一样,成了海口市民最为关注的话题之一。正是在“我能行”的鼓励下,海口市6万多名少年儿童“人人有向上的追求、队队有攀登的行动、天天有奋斗的目标、经常有成功的喜悦”。

让学生学会认识、学会做事,学会服务、学会创造、学会生存,是素质教育的重要目的,海口市设立的雏鹰奖章共达四十八枚:孝敬章、艺术章、纳税章、青春知识章……每一枚奖章的设计都考虑到了面向全体学生,把素质教育的无形内容转化为可以考核和量化的有形奖章。

在“雏鹰”争章行动实施之初,人们未曾估计到它会带来一场深刻的社会变革,不仅对全市6万少年儿童,而且对绝大多数学校、家庭都带来了始料未及的深刻影响。

海口市第27小学原是郊区的一所落后学校,现在校园里种植着鲜嫩的芦荟、饲养着肥硕的鸽子——这都是学生的争章基地。记者看到,课余时间,孩子们轮流或给芦荟浇水除草;或给鸽子喂食投料,活泼有趣的课外活动吸引了他们强烈的争章兴趣,如今,该校学生已争到雏鹰章达一千多枚。

1999年7月,该校少年军校60多名同学代表海南省参加“第二届全国少年军校检阅”活动,一举夺得“团体优胜奖”、“最佳队列奖”、“野外拉练优秀奖”三项大奖,在首都人民面前展示了特区雏鹰的风采,该校一举成为全国的名校。

1999年4月,团中央、教育部、全国少工委作出决定,把海口市列为区域性“深化雏鹰行动、推进素质教育”的全国唯一试点。

海口市这项活动与建平中学评选特长三好生有异曲同工之妙,多达四十八种雏鹰奖章,品种齐全,可以给任何一个学生以展示特长的机会,只要你努力发现、培养、展示自己的特长,为社会做出有益的贡献,就能获得与你特长相符的雏鹰奖章,雏鹰奖章成了发现、培养学生特长的“催化剂”。

据2000年11月3日《教育导报》报道（胥茜《“三好生”评价制遭遇质疑》）：2000年秋开学后，成都市芳草小学对在中国已沿袭了半个世纪之久的“三好生”的评价，提出了如下质疑：只让少数学生获得成功的体验，忽略了对孩子个性特长和创新性的激励，个性特长突出、创新精神与实践能力强的孩子，可能与“三好生”无缘；这违背了教育规律，对受教育者是一种不公平，不利于大多数学生素质的提高。

质疑之后，一个新思路指导的创新计划在芳草小学紧张酝酿。2000年10月初，名为“争章夺星”的活动展开在全校教师、学生和家长面前，用“争章夺星”活动取代传统三好生评选。活动实施方案及评价细则足足写了17页，并附各种评价量表10页。2000年10月8日，“争章夺星”活动正式启动，各年级选班试点。

据芳草小学校长朱祥烈介绍，“争章夺星”是一种强调过程的评价。与“三好生”的评比相比，其重在让大多数的学生体验到成功的愉悦、被认可的快乐。强调关注孩子一生的成长，希望孩子一直处于一种积极的、可持续发展的成长状态。

记者通过采访了解到，“争章夺星”的评价奖项分为基础奖、发展奖、特长奖和综合奖四类。基础奖、发展奖、特长奖属于单项奖，包含礼仪章、学习章、自理章、家政章、交际章、创造章、电脑章、法制章等。年级不同，“章”的设置也略有不同。如高年级语文课设有“小小书法家”、“小小口才家”、“小小语言储蓄家”等章，低年级数学课设有“双基章”、“应用章”、“思维章”等。

学校常设的“章”有30种，“星”有20种，几乎涵盖学生所有的兴趣特长，连家务做得好的学生都可得“孝敬章”。所有的“章”，学生皆可以自主选择。当学生所获得的“章”达到一定数量时，则可夺“星”。一等为“金星”，需要争得90%的章；二等为“银星”，需争得80%的章；三等为“铜星”，需争得60%的章。此外，学校还设定了学科奖，如语文学科的“超常之星”、“特长之星”、“写作之星”等奖项。

朱校长说，三类章与三级星构成倒“T”字，其争夺的过程是由易到难、循序渐进的。学校希望所有的孩子都可以在这个过程中不断体验成功的快乐，不断得到教育的关怀，又不断追求新的目标。

“争章夺星”活动使芳草小学不少学习成绩一般。但各具特长学生纷纷脱颖而出，大显身手。每得到一枚“勋章”，同学们就会充满成功的快乐，“争章夺星”活动受到了全校学生普遍欢迎，于是在校园里掀起了追“星”热潮。从2000年到2005年，共有2000人次参与“争章夺星”活动，每个学生都得了“章”，还有70%左右的学生得到了“星”，可以说每个学生都体验到成功的快乐。

该校学生参加成都市的一些活动时，在美术比赛、科技发明、体育活动等方面多次夺奖，有着成都“小杨丽萍”称号的五年级学生陈典，因孔雀舞跳得特别突出被解放军艺术学院录取；周可禅等六位学生，写出了一部《太空女孩降临地球》童话小说集并出版。

2005年9月，成都市芳草小学《争章夺星促进小学生个性化发展研究》课题成果获得四川省政府教学成果最高奖项一等奖。

成都市芳草小学“争章夺星”活动在具体做法上虽与海口市“雏鹰”争章活动有所差别，但基本思路是一样的，有异曲同工之妙。

据2000年11月7日《工人日报》报道（郑耀辉《“个个都好”胜过“三好”》）：从2000年起，辽宁市抚顺北台小学不再评三好学生，改为设立16个单项奖：团结奖、助人奖、勇敢正直奖、尊师奖、孝敬奖、规范行为奖、服务奖、礼仪奖、抵制不良诱惑奖、自立自强奖、自学奖、炼身奖、兴趣特长奖、卫生奖、劳动奖、实践创新奖。获得多个单项奖的还可得综合奖。

校领导：一次成功的尝试。校党支部书记李化铎介绍说，我校设立的16个单项奖和3项综合奖的激励机制，是对三好学生制度的深化、细化。以往能够当选“三好学生”的就是有数的几个学生，而且“年年岁岁花相似”，大多数学生在六年小学时光中与三好学生无缘，他们觉得三好学生高不可攀。这对他们幼小的心灵是个不小的遗憾。而16个单项奖和3项综合奖的设立是面向全体学生的，上学期，全校有80%以上的学生获得了5个以上的单项奖。16个单项奖有利于引导学生成长。

班主任：工作起来更方便了。四年（3）班班主任崔静老师：说实话，过去评“三好学生”，很多时候都是走过场，说是“三好”，实际上看重的只是“一好”——学习好。在小学生阶段，教育更应该注重学生素质的培养，现在设的16个单项奖内容广泛，每个学生都能充分展示自己最优秀的地方，能够调动每个学生的上进心。在刚刚结束的学校小百灵演唱节中，我们班所有的节目都是学生自编、自导、自演的，这在以前是不可想象的。

学生：单项奖给了我们信心和动力。四年（6）班的刘思充同学：我过去是三好学生，总是沾沾自喜，现在设立了16个单项奖后，才知道自己在很多方面都需要努力。

四年（1）班的栾雪基同学：同学们谁有什么长处和优点，彼此都知道，谁得了奖，大家不是嫉妒而是羡慕，互帮互学。

家长：孩子越来越懂事了。刘雨蕾（该校四年级〈5〉班学生李锂的母亲）：我孩子从一年级上到四年级，从没评上过一次三好学生。上学期他得了综合奖——“进步奖”，孩子可高兴了。每逢家来客人，他都要拿出自己的荣誉卡片给人家看。孩子变得比原来懂事多了。

据2003年2月16日《光明日报》报道（邢兆远、肖楠《临沂实验二小淡化三好，创新学生评价机制》）：

能否被评上“三好学生”，牵动着孩子和家长的心，山东沂南县学生家长刘玉芬对记者说：“孩子读小学二年级，今年没评上‘三好’，耷拉着小脑袋垂头丧气，看到孩子难过的样子，我心里酸酸的。”刘玉芬的话道出了众多家长的苦衷。

临沂市一位市民告诉记者，他亲眼看到初一的4个学生为蒙骗家长，到商店买来“三好学生”奖状，加盖上私刻的所在学校的公章，给自己“发奖”。

在小学，一般一个班的“三好”名额只占总数的十分之一左右，而且都是学习好、听话的尖子生才有资格被评上，至于德、体则往往不被重视。创新与独立意识更被经常搁置一边，有特长的学生，往往评不上“三好”。这种做法不利于素质教育的实施。如果“三好生”或“好孩子”的标准只局限于成绩好，听老师家长的话，却缺乏独立与创新意识，长大成人后可能会成为现代社会的落伍者，“第十名”现象（见后面介绍）充分证明了这一点。

从2002年开始，临沂市第二实验小学改革对学生的评价机制，淡化“三好评选”。评价内容包括学习小博士（语文、数学、自然等）、体育小健将（乒乓球、长跑、跳高等）、艺术小明星（绘画、书法、舞蹈、声乐等）、科技小能手、小朗诵家、作业优胜奖、文明礼貌奖、拾金不昧奖、团结友爱奖、小记者奖、小编辑奖、小作家奖等。

据该校校长陈雪峰介绍，评价面广泛而丰富，由学生自己申报，全班评选，学校发奖。通过这种机制，大多数学生看到了自己的优势和发展空间，创造力得到激发，众多家长也开始换个眼光看自己的孩子。在政府工作的李先生说：“去年寒假，读二年级的孩子得到了一个遵守纪律奖，孩子非常高兴，学习上也来了劲头。”一位姓张的家长说：“孩子数学成绩一直不好，整天愁眉苦脸的，老师发现了他的朗诵能力，给予点拨与鼓励，此举激发了他的自信心，进步很快，从此作文每一篇都有亮点。”

临沂市教育局负责人说，临沂第二实验小学这种新的评价机制遵循孩子的成长规律，是与新的教育理念接轨，值得提倡和推广。

北京光明小学的学生们现在心气儿可高了，因为从2003年起，期末评价他们的不只是试卷的成绩，还有另外一项“别人没有的第一”。而且，只要在某一方面做得好，具有某项特长，任何一名学生都能成为班里的“第一”。

除了常规的“笔试”外，这学期学校专门抽出半天时间，让学生在全班同学面前展示自己“最优秀的一面”，除书法、乐器外，漫画、表演、讲故事也都能出来竞争“第一”的头衔，喜欢足球的学生甚至可以在同学面前来一次足球表演，说不定还能被评为“足球大王”呢。此举不仅能增强每个同学的自信心，还有助于培养每个同学的个性特长。

珠海拱北小学已取消了“三好学生”这一传统的评价体系，改用新的评价标准。新标准总共包括二十项内容，如故事大王、阅读大王、交际大王、艺术大王、品学兼优小能人、勤劳小蜜蜂等，基本上涵盖了学生所有的特长，任何学生只要有某个特长就可以申报获得相应的头衔。而且学生还可根据自己的特长申报新的头衔。这一实践在培养学生特长中取得了很好的效果。

最后再顺便介绍一家大学的新做法。据2002年11月4日《中国青年报》报道

（郑燕峰《青岛海洋大学废除“三好学生”评选》）：从德、智、体三方面对学生进行考评，是我国大中小学校多年以来的传统，“三好学生”一直以来都是人们心目中优秀学生的代名词，而在青岛海洋大学，随着对学生考评制度的重大改革，“三好学生”这一荣誉称号将成为历史。

青岛海洋大学是唯一一所作为特色大学被纳入国家重点建设的高校，根据该校最新修订的优秀学生评选条例，学校今后不再评选“三好学生”，从这个学期开始，将只有优秀学生标兵、优秀学生、优秀学生干部、优秀毕业生四种荣誉称号，其中优秀学生标兵是学生的最高荣誉。

海大建立的是一种从德、智、体、能四个方面，对学生进行单项素质测评的新机制，这项机制在对学生进行评价时，鼓励个性张扬、鼓励特长展示、鼓励大胆创新。

例如，实践能力单项测评，就力求反映学生在实践中的创新能力、组织协作能力、社会活动能力、学习能力和语言表达能力。学生参加志愿服务活动，承担社会工作以及就学校及社会改革与发展等向有关部门献计献策并被采纳的，都将获得相应的加分。

据了解，在海大，思想政治素质、科学文化素质、实践能力素质以及身心素质，这四项专门素质得分将不再进行综合测评和排名。学生的单项素质测评得分，将作为其参加评选优秀学生的重要依据。

新的评优条例改变了原来必须获得三好学生才能获得有关奖学金的条件，变为必须获得有关的单项奖学金才能获得相关的优秀学生称号。校方称之为变“学而优则奖”为“学而奖则优”。

比如，要获得优秀学生标兵荣誉称号，必须获得科技创新奖学金、社会工作奖学金、学习优秀奖学金和思想品德奖学金；要获得优秀学生荣誉称号，除了必须获得学习优秀奖学金和思想品德奖学金外，还至少要再获得一项以上（含一项）的单项奖学金。

在这种评优制度下，学校取消了原有的综合类奖学金，大大增加了单项奖学金的数量和额度。由原来的100元/人，增加到200元/人、300元/人，每项奖学金的获奖者比例可高达25%。

同时，海大奖学金评定将普遍实行“申报制”，只要学生认为自己在哪方面有特长并取得相应的成绩，就可自己申报相关单项奖学金，如学习优秀奖、思想品德奖、社会工作奖、科技创新奖、文体获得奖等等，不主动申报的学生将不能获得奖学金。

因为不同的院（系）具有不同的特点，用同一把尺子难以衡量不同学科的特色，所以新的测评体系为不同的院（系）也留有很大的自主空间，如单项奖金评选比例只是规定总的额度和数量，具体的各个单项奖学金的比例及标准，可在学校规定的范围内，由各院（系）根据各自的专业特点制订，经学校批准后实施。

青岛海洋大学有关负责人认为，过去对学生的考评方式过于单调、统一，不利于学生个性、特长的培养与发挥。而国外著名大学的经验表明，学生的特长，能力在学校里得到张扬而不是泯灭，就是教育的成功。海大推行这种新的评价机制，目的就是力图与这样的教育理念接轨。在学校中取消评定“三好”，不等于说不要求学生全面发展，只是不赞成学生一味地按照一个固定的模式去框定自身的价值。校方希望在新的评价机制下，每一个学生的个性特长能得到最大限度的发挥。

海洋大学三年级学生林颖博很支持这项新制度，她说：“中国人崇尚谦虚，过去的三好学生都是别人评，而缺乏对自己的自我评价。前不久我就根据自己的创新实践审报了科技创新奖，并拿到了300元的奖学金。在过去若不被别人提名，绝不会得到奖项的。”

海洋大学四年级学生李颜说，新标准让每一个学生都感到“优秀”离自己近了，从前的奖学金基本限于几个学习尖子，从大学入校到毕业这种格局都不会有什么变化，新办法让更多学生看到了自己的优势和发展空间。

青岛海洋大学的大胆探索是可贵和有益的，青岛海洋大学对学生进行单项素质测评和所设各类单项奖学金，与笔者提出的评“单好生”的设想有异曲同工之妙。新的评优制度有利于培养和发挥学生特长，使有特长的学生脱颖而出，使其特长得到充分展示，其做法值得其他高校及中小学学习借鉴。

### （四）矿工与测绘员

这里，打算对本书五、六、七、八章整体写作思路做一梳理与说明，细心的读者会发现这四章与教育有关的内容可分为四大板块，分别是高考志愿的填报与入错行；学校教育（应以开发和培养学生的特殊才能为中心）；成功学（励志）；“三论”（多元智能论、独特优势论及天然优势论）。现在，大教育的理念已被越来越多的人所接受，然而书店里多如牛毛的教育书籍如同各管一段的铁路警察，高考志愿的书只是单一论述高考志愿的填报技巧；大学教育的书只是单一论述大学教育；中小学教育的书只是单一论述中小学教育；成功学（励志）的书籍只是单一论述成功学（励志）方面的内容；多元智能论书籍只是单一论述多元智能论在学校及家庭教育中的应用，却没有多元智能论在高考志愿填报和成功学方面应用的内容；独特优势论书籍只是单一论述独特优势论在职业生涯与管理领域的应用，而没有独特优势论在教育中研究和应用……

总之，这些众多的，以单一论述、单一板块为特征几大类教育书籍，将几大板块的内容完全割裂开来，使之成为互不联系的碎片，把读者变成挖煤的矿工，只能看到眼前的一小片，只能使读者从狭窄、单一的角度来观察、思考教育问题，这是与大教育的理念相违背的，不利于推进教育改革与素质教育，甚至有产生误导的可能，因而有待改进和完善。

有些教育观点和案例如果不放在大教育的背景下，就难以得到人们的理解和认同。如上海建平中学原校长冯恩洪提出的“合格＋特长”教育模式在实践中取得了很好的效果，理应成为素质教育的基本模式而得到普遍推广。但实际上，教育界对“合格＋特长”教育模式是存在分歧的，赞成的、怀疑的、反对的都有，既然认识不统一，“合格＋特长”教育模式就难以在全国得到普遍推广。对“合格＋特长”教育模式产生分歧的原因就在于这仅是冯恩洪校长教育思想的概括，缺少旁证来支持这个教育模式。而看过本书的读者都会觉得，本书中高考志愿的填报与入错行、成功学、“三论”三大板块内容都可作为“合格＋特长”教育模式的旁证，都可从三个不同角度证明“合格＋特长”教育模式是完全正确和可取的，那些对“合格＋特长”教育模式持有怀疑，甚至反对看法的人也能消除心中的疑虑，逐步理解和接受“合格＋特长”教育模式。笔者还提出在大学推行“有限合格＋特长”教育模式。

上海建平中学“合格＋特长”案例，也能反过来作为本书中高考志愿的填报与入错行、成功学、“三论”三大板块内容的旁证。换句话说，书中四大板块内容可以相互借鉴、相互印证。

社会是多样化，读者需求也是多样化的。读者肯定希望不仅有以单一论述、单一板块为特征几类教育书籍，还希望有反映大教育理念的综合性的教育书籍出版，本书在这方面作了大胆的、初步的尝试与探索。尽管本书字数较多，内容繁杂，涉及面广，但特殊才能即特长却是贯穿全书四大板块内容的主题或主线，把表面看来互不相关的四大板块内容有机地串联成一个整体。能使读者像大地测绘员一样拥有一个非常开阔的视野，而不是像挖煤的矿工只看到眼前的一小片；能使读者以大教育的理念来观察、思考教育问题，来推进教育改革与素质教育。

总之，从学校到社会、从青少年到老年，充分开发和培养特殊才能应成为每个学校、教师、家庭及每个人的自觉意识与行为，应成为教育的宗旨与目标，这样才能确保每个人在三百六十行中都能找到最适合自己的职业、岗位，并取得不同程度的成功，这不仅是个人之幸，也是国家、民族之幸。马克思所设想的共产主义理想社会，重要一点就是工作不再是谋生的手段，而是成为每个人的一件乐事。各尽所能一词就包含着各尽其长的意思，即按每个人特长选择最合适的专业、职业，从事自己最擅长的工作，这可以说是我们人类社会的一大共同理想和共产主义理想社会的重要特征。只要每个人的特殊才能都被充分开发和培养出来，则国家的富强指日可待，中华民族必将在21世纪实现伟大的复兴。

# 本书主要参考资料

1. 刘云：《中国制造——中国制造业所面临的困境与对策》，西南财经大学出版社 1999 年 5 月出版

2. 刘云：《技术创新整合战略——技术创新新思维与实战案例》，西南财经大学出版社 2002 年 12 月出版

3. 余辰：《合格十特长》，《中国青年报》1989 年 11 月 4 日

4. 童勤康：《我们开展职业指导的几点做法》，《中国教育报》1990 年 5 月 1 日

5. 刘槛农：《应该重视中学生职业指导》，《中国青年报》1990 年 5 月 4 日

6. 李柏榆：《儿童才智的七种类型》，《百事通》杂志 1990 年 6 期

7. 李志明：《中学毕业生的职业引导》，《人民日报》1990 年 8 月 25 日

8. 常青：《狭窄的通婚圈》，《四川日报》1990 年 9 月 20 日

9. 余逸群：《国外学校中的职业指导》，《科技日报》1992 年 2 月 5 日

10. 王军红：《走出怪圈，为国为己》，《经济参考报》1993 年 2 月 6 日

11. 许玉林：《你是何种类型》，《中国青年》1993 年 3 月 15 日

12. 钱群文：《嗜酒——印第安人的悲剧》，《中国医药报》1993 年 7 月 13 日

13. 刘毅：《优势致胜术》，《中国青年》1993 年 8 期

14. 蔡昌平：《面对现实，稳步推进》，《光明日报》1997 年 10 月 24 日

15. 王银泉编译：《因特网上风行跨国婚姻》，《上海译报》1998 年 4 月 30 日

16. 李仁丰：《能看病才是好医生》，《健康报》1998 年 6 月 14 日

17. 从锡印、王佩：《人才测评，用人机制》，《经济日报》1998 年 7 月 22 日

18. 游光荣：《科技产出知多少》，《经济日报》1999 年 2 月 2 日

19. 张存库：《西安理工大：创新者推研》，《中国青年报》1999 年 2 月 3 日

20. 小东：《培养你的核心能力》，《蜀报》1999 年 4 月 13 日

21. 陈源：《赴俄罗斯留学参考》，《青年参考报》1999 年 6 月 12 日

22. 薛驰、郑江：《科学测评、测量您的才能》，《成都晚报》1999 年 10 月 11 日

23. 秦思：《请买我的货》，《青年参考报》1999 年 10 月 29 日

24. 杨和平：《谈职业指导课的课程定位》，《铁路基础教育》2000 年 1 期

25. 名益：《智力多元论对教育的启示》，《铁路基础教育》2000 年 1 期

26. 张新学：《改革大学招生方式是减负的根本》，《光明日报》2000 年 1 月 26 日

27. 张玉来：《超越不是梦》，《人民日报》2000 年 1 月 31 日

28. 杨子：《我国早期航空教育》，《航空知识》2000 年 2 期

29. 刘思锋：《一场没有硝烟的战争》，《科学学与科学技术管理》2000 年 10 期

30. 王小林：《企业应尽人之能》，《经济参考报》2000 年 11 月 4 日

31. 靳达申：《考工具的误导》，《中国青年报》2000 年 11 月 25 日

32. 赵敬儒、翟洪昌：《建立现代化人才测评方法》，《光明日报》2001 年 5 月

33. 原春琳：《呼唤高素质公民》，《中国青年报》2001 年 7 月 22 日

34. 吴芯雯：《科技兴趣班黯然退出武汉青少年宫》，《中国青年报》2001 年 8 月 16 日

35. 李德万：《未来十年：煤炭企业靠何人支撑》，《工人日报》2001 年 8 月 23 日

36. 胡永球：《承认智力差别才能从根本上减负》，《中国青年报》2001 年 9 月 10 日

37. 黄先明：《人才测评：四川企业的盲区》，《四川日报》2001 年 11 月 2 日

38. 刁秀华：《俄罗斯科技改革与发展趋势》，《西伯利亚研究》2002 年第 2 期

39. 海川：《赌博般的跨国婚姻》，《世界博览》2002 年第 2 期

40. 蓝燕：《送孩子进重点中学也有省钱的门道》，《中国青年报》2002 年 3 月 5 日

41. 周强：《人才素质测试，成都受冷落》，《成都晚报》2002 年 3 月 12 日

42. 陈爱和：《职场流行人才测评》，《工人日报》2002 年 4 月 9 日

43. 李洪顺：《在留学前杜绝“盲目”》，《财经时报》2002 年 5 月 23 日

44. 何磊：《人是不会改变的，发挥你的独特才干》，《中国青年报》2002 年 6 月 5 日

45. 孙红：《适合自己的才是最好的》，《中国改革报》2002 年 7 月 10 日

46. 仲理峰：《在 25 岁的时候重新认识自己》，《中国青年报》2002 年 8 月 1 日

47. 刘刚：《人才测评浮出职场》，《中国改革报》2002 年 8 月 17 日

48. 天乐、向阳：《拥有“美丽人口密度”最高的地方》，《中国妇女报》2002 年 11 月 11 日

49. 王有国：《优生在美国》，《家庭主妇报》2002 年 12 月 18 日

50. 庞然：《飞行器动力工程专业介绍》，《求学》2002 年 12 期

51. 赵钰琳：《扬长避短：教育新模式》，《中国青年报》2003 年 2 月 20 日

52. 钟文：《成功心理学帮你发挥最佳效能》，《经济参考报》2003 年 7 月 11 日

53. 杨政：《我爱你——中国》，《光明日报》2003 年 8 月 25 日

54. 王晓玉：《圣彼得堡涌动“中国潮”》，《中国青年报》2003 年 8 月 26 日
55. 苏军：《教师的“错位发展”》，《文汇报》2003 年 12 月 8 日
56. 关丽萍译：《让人们重新说我愿意》，《海外星云》2003 年 30 期
57. 关丽萍译：《4000 万单身贵族网上配对》，《海外星云》2003 年 30 期
58. 李继忠：《远嫁的俄罗斯姑娘》，《现代女报》2003 年 3 期
59. 李抒音：《到俄罗斯寻找爱情》，《中国妇女报》2004 年 1 月 17 日
60. 冯家明：《网上征婚：美国男女的现实选择》，《中国妇女报》2004 年 2 月 2 日
61. 孙钱斌：《必须看到美女经济泛滥的社会成本》，《中国妇女报》2004 年 4 月 4 日
62. 胡慧平：《职业生涯设计》，《工人日报》2004 年 5 月 13 日
63. 杨政：《美国老人爱网上找对象》，《环球时报》2004 年 5 月 21 日
64. 李文云：《俄啤酒广告不能随便播》，《环球时报》2004 年 8 月 4 日
65. 李虎军：《海水淡化缓解中国水危机》，《南方周末》2004 年 6 月 24 日
66. 吕岩松：《俄啤酒广告不能随便播》，《环球时报》2004 年 8 月 4 日
67. 闻一：《俄罗斯人为伏特加烦恼》，《环球时报》2004 年 8 月 4 日
68. 邓晓洪：《今天我们建的是婚姻殿堂》，《成都日报》2004 年 10 月 2 日
69. 王丽华：《俄罗斯妇女现状》，《中国民族报》2004 年 10 月 26 日
70. 小米：《疾病造就天才》，《知音海外版》2004 年 10 期
71. 任玉岭：《让农民工在城里安居乐业》，《人民日设》2004 年 12 月 5 日
72. 郝建凤：《城市打工妹，感情无依托》，《中国妇女报》2004 年 12 月 5 日
73. 赵凌：《入口准入风波检视中国社会认知》，《南方周末》2005 年 2 月 1 日
74. 丁学东：《建立低收入者社区》，《中国青年报》2005 年 3 月 13 日
75. 傅新：《就业歧视？地域歧视？》，《中国青年报》2005 年 3 月 13 日
76. 潘志贤：《升学易就业难扼杀读书动力》，《中国青年报》2005 年 3 月 14 日
77. 顾小清：《俄核力量丧失一多半》，《环球时报》2005 年 4 月 6 日
78. 澜涛、李靳：《一位物理学博士的音乐殿堂》，《爱人》2005 年 5 期
79. 王维屯：《美女外嫁，俄罗斯很担忧》，《环球时报》2005 年 6 月 8 日
80. 欧木华：《给高校成本定个核算标准》，《中国青年报》2005 年 3 月 13 日
81. 之刚：《美国导弹专家后继无人》，《上海译报》2005 年 3 月 30 日
82. 漆家衫：《高校评估的部门化是腐败的温床》，《中国青年报》2005 年 3 月 13 日
83. 俊松：《天生我才必有用》，《南华时刊》2005 年 5 期
84. 魏启敏：《法王路易十六玩锁丢江山》，《环球时报》2006 年 6 月 2 日